Banzhaf · Tarot-Spiele

Hajo Banzhaf

Tarot-Spiele

Methodik – Legesysteme
Deutungsbeispiele

Hugendubel

Die im Abschnitt »Die Reise des Helden« abgebildeten Karten entstammen dem Marseiller Tarot in der Edition von Paul Marteau, alle übrigen Karten dem Rider Tarot von Arthur Edward Waite. Dabei wurde die von Waite eingeführte Umnumerierung der Großen Arkana rückgängig gemacht, so daß »Die Gerechtigkeit« die Ziffer VIII und »Die Kraft« die Ziffer XI hat.

CIP-Titelaufnahme der Deutschen Bibliothek
Banzhaf, Hajo:
Tarot-Spiele: Methodik – Legesysteme – Deutungsbeispiele / Hajo Banzhaf. – München: Hugendubel, 1988
(Kailash-Buch)
ISBN 3-88034-364-0

Umschlagentwurf: Hans Rüttinger, Uehlfeld
Produktion: Tillmann Roeder, Buchendorf
Satz: Fotosatz Otto Gutfreund, Darmstadt
Druck und Bindung: Wiener Verlag, Himberg

ISBN 3-88034-364-0

Printed in Austria

Inhaltsverzeichnis

Der Herr, dem das Orakel in Delphi gehört,
sagt nichts und verbirgt nichts,
sondern gibt ein Zeichen.

HERAKLIT
Fragment 93

Das Omen

Hekate, Tochter der Nacht und geheimnisvolle griechische Göttin von Magie und Wahrsagerei, wohnte nicht auf dem Olymp. Sie entstammte dem Geschlecht der Titanen, das vor den 12 Olympiern das Universum beherrschte. Aber sie verlor ihre Macht nicht, nachdem Zeus die Herrschaft der Titanen beendet hatte, indem er seinen Titanenvater Kronos entmachtete und in den Tartaros verbannte.

Die Alten erkannten sie in der trächtigen Hündin, die des Nachts durch ihre Gassen streunt. Und eben eine solche Hündin legte sich nieder und warf 9 Junge zur Stunde als ich dieses Buch begann.

Ao Nuan, Koh Samed, den 9. Dezember 1986, 11.00 Uhr

Einleitung

Die in diesem Buch gemachten Deutungsbeispiele entsprechen dem Verständnis der Karten, wie ich sie in dem *Tarot-Handbuch*** beschrieben habe. Das heißt natürlich nicht, daß sich jede hier gemachte Aussage dort im gleichen Wortlaut wiederfindet. Eine solche Starrheit würde den Fluß jeder Deutung zu sehr beschränken.

Manchem Leser mag die Tiefe einiger Deutungen etwas zu seicht erscheinen. Ich bin mir dessen sehr wohl bewußt, halte es aber im Sinne eines besseren Verständnisses für eine zulässige Vereinfachung. Je tiefer und meditativer die Deutungen sind, um so persönlicher und weniger nachvollziehbar wird ihre Aussage. Damit wäre dem Ziel dieses Buches nicht gedient. Darüber hinaus ist diese Art der Deutung gerade für den Anfänger eine wertvolle Hilfe, um zu sehen, wie sich zum Teil schwer faßbare Themen in ihren Alltagsformen ausdrücken.

Die Richtigkeit der Aussage an Hand des tatsächlichen Eintreffens eines vorausgeschauten Ereignisses zu messen, ist verführerisch aber irreführend. Die Karten zeigen uns Tendenzen an und damit die wahrscheinlichen Abläufe von Ereignissen. Jeder Verlauf kann aber durch bewußte Einflußnahme oder aber auch durch Veränderungen in der unbewußten Einstellung beeinflußt und gewandelt werden. Insofern habe ich auf effektheischerische »Erfolgsmeldungen« im Anschluß an die Deutungen verzichtet.

Um die Deutungen in diesem Übungsbuch nachvollziehen zu können, wird eine gewisse Grundkenntnis der Bedeutung aller 78 Tarotkarten vorausgesetzt. Abgesehen von diesen eingehenden Besprechungen, die ich bereits in meinem *Tarot-Handbuch*** gegeben habe, sind alle für das Legen und Deuten notwendigen Anleitungen und Erklärungen auch hier enthalten. Das dadurch bedingte notwendige Übel der Wiederholung des schon einmal Gesagten habe ich zu mindern versucht, indem ich solche Passagen aus dem *Tarot-Handbuch* im vorliegenden Buch um Varianten bereichert habe.

* Hajo Banzhaf, Das Tarot-Handbuch, Hugendubel, München 1986

1
ALLGEMEINE EINFÜHRUNG

Begriffsdefinitionen

Arkana	Plural des lateinischen Wortes Arkanum = Geheimnis dient als Bezeichnung aller Tarotkarten, die in die Großen und Kleinen Arkana unterschieden werden.
As	Die jeweils erste Karte einer Farbserie, die der Zahl 1 entspricht.
Deck	Das komplette Kartenspiel mit 78 Karten.
Farbserien	Die vier durch ein jeweils gleiches Symbol miteinander verbundenen Untergruppen der Kleinen Arkana. Jede Serie besteht aus 14 Karten der Symbole Stäbe, Schwerter, Münzen oder Kelche.
Große Arkana	Die 22 Karten – auch Trumpfkarten genannt –, die mit Namen bezeichnet und von 0 bis 21 mit römischen Zahlen durchnumeriert sind (0 = Der Narr, I = Der Magier... XXI = Die Welt).
Hofkarten	Die jeweils 4 Karten in den vier Farbserien, die König, Königin, Ritter und Bube zeigen.
Kelch	Das dem Wasserelement entsprechende Zeichen.
Kleine Arkana	Die 56 Karten, die sich in 4 mal 14 Karten aufteilen. Dies sind vier Farbserien (Stäbe, Schwerter, Münzen und Kelche) à 14 Karten, die sich jeweils in 10 Zahlenkarten und 4 Hofkarten unterteilen.
Münze	Das dem Erdelement entsprechende Zeichen.
Quintessenz	Die nachträgliche Addition aller aufgedeckten Karten mit der Bildung einer Quersumme, die entweder einstellig oder aber kleiner als 22 ist. (Siehe dazu Kapitel Quintessenz Seite 38).
Schwert	Das dem Luftelement entsprechende Zeichen.
Signifikator	a) Die Karte, die z. B. beim Beziehungsspiel oder beim Entscheidungsspiel in der Mitte liegt und den gegenwärtigen Stand der Beziehung oder das Fragethema darstellt.

b) Manche Deuter legen vor Spielbeginn eine den Frager oder das Fragethema symbolisierende Karte als sogenannten Signifikator neben die Karten oder unter die erste Karte. Ich halte das für weniger bedeutsam.

Stab Das dem Feuerelement entsprechende Zeichen.

Trumpfkarten Siehe Große Arkana.

Umgekehrte Karten Karten, die beim Auslegen mit dem Kopf nach unten aufgedeckt werden. Sie werden von einigen Deutern negativ bewertet. (Siehe Seite 28).

Zahlenkarten Die jeweils 10 Karten in den vier Farbserien, die von 1 bis 10 durchnumeriert sind, wobei das As gleich 1 ist.

Kurzbezeichnungen der Karten

Um im Deutungstext jeweils auf die Karten verweisen zu können, auf die gerade Bezug genommen wird, habe ich den Karten folgende Kurzbezeichnungen gegeben:

Trumpfkarten der **Großen Arkana** sind mit den römischen Zahlen I bis XXI und 0 für den Narren gekennzeichnet.

Achtung: Zur Vereinheitlichung bleibe ich beim traditionellen Aufbau dieser Karten und kennzeichne entgegen der von Arthur E. Waite eingeführten Reihenfolge **Die Gerechtigkeit** mit VIII und **Die Kraft** mit XI.

Die **Kleinen Arkana** unterteilen sich in 4 Farbserien (Abkürzungen in Klammern):
Stäbe (St), Schwerter (Sw), Münzen (M) und Kelche (K).

Zahlenkarten werden mit den Zahlen 2 bis 10 angegeben, nur das As bleibt As.

Hofkarten kürze ich wie folgt ab:
König (K), Königin = Queen (Q), Ritter (R) und Bube (B).

↓ heißt, daß die betreffende Karte auf dem Kopf liegt.

Im Beziehungs- und im Partnerspiel kennzeichnet:
♂ die männliche Seite und
♀ die weibliche Seite.

Beispiele:

VII	=	Der Wagen
XVII	=	Der Stern
KSt	=	König der Stäbe
QM	=	Königin der Münzen
3M	=	Drei der Münzen
AsSw	=	As der Schwerter
7K	=	Sieben der Kelche
RK ↓	=	Ritter der Kelche – auf dem Kopf liegend.

Die diesen Abkürzungen im Deutungstext häufig vorangestellten Zahlen geben das Feld an, in dem diese Karte innerhalb des Legesystems liegt.

Ich empfehle diese Schreibweise sehr, um sich selbst von gelegten Karten Notizen zu machen.

Die verschiedenen Kartenspiele

Die in den Beispielen dieses Buches gemachten Deutungen entsprechen meinem Verständnis der Tarotkarten von Arthur Edward Waite, die unter dem Namen Rider-Waite Deck bekannt sind. Sie decken sich aber auch weitgehend mit der Bedeutung der Spiele, die sich nach älteren Vorlagen richten, wie insbesondere dem Marseiller Deck.

Da dieses Buch weniger die Bedeutung der einzelnen Karten erklären will, sondern vielmehr die Art, wie sie gelegt und zu einer gemeinsamen Aussage verbunden werden, kann die hier gezeigte Methodik natürlich auch auf alle anderen Spiele angewandt werden.

Die stets zunehmende Fülle der am Markt erhältlichen Spiele ist schwer zu überschauen. Sie läßt sich jedoch grob in alte Spiele vor und neue Spiele nach Arthur Edward Waite unterteilen. Waite hat den Tarotkarten eine entscheidende und in meinen Augen erhebliche Bereicherung gegeben. Bis dahin waren nur die 22 Trumpfkarten, die 16 Hofkarten und manchmal auch die 4 Asse illustriert. Damit beruhte die Deutung der übrigen 36 Karten nicht auf inspirierenden Bildmotiven, sondern auf dem Auswendiglernen ihrer Bedeutung. Seit Waite nun alle 78 Karten illustriert hat (genau genommen geschah dies durch Pamela Smith), steht damit ein Tarotdeck zur Verfügung, das uns durchweg durch Bilder zu den Bedeutungsinhalten aller Karten führt. Seitdem hat er viele Nachahmer gefunden, die sein Deck variierten oder ebenfalls vollständig durchillustrierte neue Decks schufen.

Damit ergibt sich als grobe Übersicht aller Decks folgendes Raster:

1. Alte Decks – nur etwa zur Hälfte mit zur Deutung hilfreichen Motiven ausgestattet.

2. Neue Decks – durchweg illustriert, die sich in zwei Hauptgruppen unterteilen:

a) solche, die mehr oder weniger den Motiven von Waite folgen, sie variieren oder darauf aufbauen, und

b) solche, die andere, eigene Wege gehen.

Wer sich ein Tarotdeck kauft, sollte sich in erster Linie davon leiten lassen, welche Karten ihn persönlich am meisten ansprechen. In zweiter Hinsicht entscheidet allerdings, ob es brauchbare Literatur gibt, die die Symbolik der Karten zufriedenstellend erklärt. Das ist bei manchen Spielen der Gruppe 2b ein großer Mangel. Ich persönlich benutze überwiegend das Rider-Waite-Deck und bin damit sehr zufrieden.

2
GRUNDLAGEN DER DEUTUNG

Wege, das Kartendeuten zu erlernen

Um Karten deuten zu können, ist es zunächst natürlich unerläßlich, mit der Bedeutung der einzelnen Karten vertraut zu werden. Da die Fülle der 78 Karten gerade den Anfänger in der Regel entmutigt, ist es sinnvoll, sich zunächst nur mit der überschaubaren Zahl der 22 Trumpfkarten zu befassen.

Ziel sollte es dabei nicht sein, die Bedeutung, die andere diesen Karten zugeordnet haben, auswendig zu lernen. Das wäre ein zu mühevolles und letztlich wertloses Unterfangen, da es von »kompetenten« Stellen zu jeder Karte eine Fülle widersprüchlichster Deutungen gibt. Wer daran interessiert ist, dem empfehle ich das »Dictionary of the Tarot«*.

Es kann also nur das Ziel sein, ein eigenes Verständnis der Karten zu entwickeln. Dazu ist es natürlich schon hilfreich, zu erfahren, wie andere die Karten verstehen. Aber all diese anderen Deutungen sollen nur als Anregung und Hilfe genommen werden, um den eigenen Zugang zur persönlichen Bedeutung zu finden.

Oft bereitet es Schwierigkeiten, die zwar verständlichen, aber zum Teil sehr erhabenen Themen, die uns vor allem die Großen Arkana vor Augen führen, in »profanen« Alltagserlebnissen wiederzufinden. Natürlich wissen wir alle, was »Gerechtigkeit« oder »Tod« bedeutet, aber wie heißen die Entsprechungen in der Alltagssprache? Die Gerechtigkeit kann z. B. bedeuten, daß wir (positiven wie negativen) Folgen früherer Handlungen begegnen, daß wir uns fair verhalten oder Fairness erleben, daß wir zu unserem Recht kommen oder daß wir in einer Angelegenheit zu einem klaren, ausgewogenen Urteil kommen. Der Tod kann dagegen für alle Formen des Abschieds stehen. Das kann angenehm, unangenehm, freiwillig oder erzwungen sein. Der Abschied von der Zigarette gehört genauso dazu wie der langersehnte Abschied von einem schwierigen Vorgesetzten oder einer mühevollen Diplomarbeit. Natürlich kann es sich auch um den bedrückenden Abschied von einem geliebten Menschen handeln oder um den unfreiwilligen »Abschied«, wenn uns etwa die Geldbörse gestohlen wird.

Um diese Sprechweise spielerisch zu erlernen, sind vor allem *Tages-, Wochen- und Monatskarten* gute Helfer. Diese zieht man morgens (mit der linken Hand) aus den verdeckten 22 Trumpfkar-

---

* Bill Butler, Dictionary of the Tarot, Schocken Books, New York 1975

ten. Natürlich sollten wir uns vorher darüber klar sein, ob wir die Karte für den Tag, die Woche oder den Monat ziehen. Wir müssen dann die Augen offen halten und schauen, wo wir das Thema dieser Karte im Alltagserleben wiederfinden. Auf diese Art wird uns die Bedeutung der Karten täglich vertrauter, und wir lernen hautnah und ohne mühsames, eher schädliches Auswendiglernen. Dabei geht es nicht darum, daß uns die Karte »das Hauptereignis« des gefragten Zeitraumes anzeigt. Es ist einfach ein Thema, dem wir begegnen. Mal ist es von schlichter, mal von wirklich hoher Bedeutung.

Ein nächster Schritt und ein erstes Legesystem ist das Kreuz (Seite 215). Es wird in seiner Grundform nur mit den 22 Trumpfkarten gespielt und ist ein leider zu oft unterschätztes, aussagestarkes und vielseitig verwendbares Spiel.

In dem Maße, in dem wir mit den 22 Trumpfkarten vertrauter werden, sollten wir dann erste Versuche mit allen 78 Karten machen. Auch hierbei sollte zunächst weiterhin das Kreuz gelegt werden, da die Gegenüberstellung von nur 4 Karten das Verständnis der Einzelbedeutungen erheblich erleichtert. Im weiteren Verlauf können dann immer schwierigere Legesysteme verwandt werden, denen ich zu diesem Zweck Schwierigkeitsgrade zugeordnet habe. (Siehe Seite 48)

Darüber hinaus empfehle ich, sich die gelegten Karten zu notieren, um zu einem späteren Zeitpunkt rückblickend ihre Aussage nochmals zu betrachten. Gerade dabei wird uns ihre symbolhafte Sprache oft verblüffend klar. Um diese Notizen schnell und mühelos zu gestalten, habe ich Abkürzungen für die Karten gemacht, die ich auch in den Deutungstexten dieses Buches verwende. (Siehe Seite 13)

Nicht zuletzt ist es natürlich immer wieder bereichernd, sich die Karten von Freunden legen zu lassen, um dabei deren Deutungen und die damit verbundenen Erlebnisse zu erfahren.

Kartendeuten und Wahrsagerei

Auch wenn es jemanden, der sich zum ersten Mal mit diesem Thema beschäftigt, komisch anmutet: Es gibt einen erheblichen Unterschied zwischen dem Deuten von Karten und der Wahrsagerei. Zwar zielt möglicherweise beides in die gleiche Richtung. Der Entschleierung, was die Zukunft bringen wird, jedoch mit sehr unterschiedlichem Anspruch.

Der Kartendeuter beschränkt sich darauf, die Karten in dem Maße zu deuten, wie sie Bilder in ihm wachrufen. Dabei beschreibt er im Normalfall einen Rahmen, den der Frager mit seinen eigenen Bildern füllt. Das führt dazu, daß der Deuter häufig gar nicht weiß, über welchen Lebensbereich er gerade spricht. Das gilt insbesondere dort, wo der Frager das Thema vor Augen hat, die Frage aber nicht aussprechen möchte, oder wo die Karten ohne Fragestellung gelegt werden. Im letzteren Fall erfährt der Frager erst im Laufe der Deutung das Thema, indem er zu den Worten des Deuters seine eigenen Assoziationen hinzufügt (siehe Keltisches Kreuz, Beispiel C, Seite 222).

Der Wahrsager hat dagegen immer den Anspruch, das Thema von sich aus zu benennen und Ereignisse präzise zu beschreiben und vorauszusagen. Wenn er tatsächlich über die Gabe verfügt, den intuitiv visionären Weg zu gehen (siehe den nächsten Abschnitt), ist eine solche Sitzung sicherlich ein großes Erlebnis. Unter den vielen, die sich dazu berufen fühlen, sind aber leider nur sehr, sehr wenige auserwählt.

Zwei Wege, die Karten zu deuten

Es gibt zwei Wege, die Karten zu deuten. Ich möchte sie den intuitiv-visionären und den formal-methodischen Weg nennen.

Der intuitiv-visionäre Weg

Es steht für mich außer Zweifel, daß diejenigen, die die Gabe haben, diesen Weg zu gehen, die vorzüglichsten und verläßlichsten Kartendeuter sind. Nur ist nicht jeder dazu berufen, und für den Außenstehenden ist es nicht immer leicht, die wenigen begnadeten Talente in der Masse derer zu finden, deren vermeintliche Intuition nur ein munteres Herausprojezieren der eigenen Hoffnungen und Ängste ist oder ein chaotisch, strukturauflösendes Zusammenreimen unfertiger Gedanken.

Der letztere Typus ist meist harmlos und leicht erkennbar, weil sich seine Deutungen in der breiigen Fülle einer verwirrenden Vielfalt widersprüchlicher Aussagen selbst auflösen. Der projezierende Typ dagegen ist gefährlich, wenn sich seine Projektionen mit einer der eigenen Angst entspringenden Suggestivkraft verbinden, was dann auch in fragwürdigen Fällen zum Symptom der sich selbst erfüllenden Prophezeiung führen kann.

Der begnadete Deuter ist sicherlich am ehesten daran zu erkennen, daß er ohne jeglichen Sensationsdrang und ohne Hinweise auf »Dankschreiben aus aller Welt« in aller Schlichtheit eine Aussage trifft, die den Frager innerlich berührt. Diesen Weg gehen zu dürfen, ist ein Geschenk. Ich kann mir keine Schule denken, die ihn lehren könnte. Nur dort, wo diese Kräfte in gutem Maße vorhanden sind, können sie unter weiser Führung verfeinert werden.

Der formal-methodische Weg

Gegenüber dem soeben beschriebenen Weg ist der formal-methodische sicherlich minderwertig. Anstelle des erspürenden Zusammenschauens tritt hier die Kombinatorik: Die Bedeutung der Felder wird mit der Bedeutung der Karten auf diesen Feldern kombinatorisch verbunden. Das gleiche gilt bei der abschließenden Zusammenschau aller Karten miteinander.

Dort, wo diese Methodik ins mechanische abgleitet, ist der Aussagewert der Deutung sehr bescheiden. Ein gesundes Maß intuitiver Unterstützung gewährt jedoch auch für diesen Weg einen befriedigenden Anteil zutreffender Aussagen.

Es liegt in der Natur dieser Art der Deutung, daß sie im Gegensatz zur erstgenannten weniger Ereignisaussagen treffen kann (oder sollte), sondern statt dessen einen Rahmen anbietet, den der Frager mit seinen eigenen Bildern füllt.

Eine weitere Einschränkung dieses Weges ist, daß wir bei manchen Konstellationen keinen Zusammenhang herstellen, keinen Sinn finden können. Unsere Betrachtung wird ja von einem logisch ordnenden Anspruch geleitet, der natürlich nicht selten an den Widersprüchen des Alltagslebens abprallt. Ein typisches Beispiel dazu ist unsere leider häufig unterschätzte Trägheit, mit der wir lieber am »vertrauten Elend« festhalten, statt den »riskanten« Sprung ins Glück zu wagen. Die Karten, die diese Situation nicht selten zeigen, erscheinen uns dann unlogisch. Es will uns nicht einleuchten, daß der Frager eine so wertvolle Chance, die greifbar nahe ist, verstreichen läßt und statt dessen in einer undankbaren Situation verharrt.

Es sind Erfahrungswerte, die die Deutungen mit der Zeit immer ergiebiger machen. Dabei sollten wir bewußt darauf verzichten, Aussagen aus Karten, die uns im Moment nichts sagen, herauszupressen. Der Anspruch, in jedem Fall eine Aussage machen zu wollen, ist gefährlich. In allen Zweifelsfällen ist es am besten, die Karten zum gleichen Thema zu einem späteren Zeitpunkt noch einmal zu befragen.

Eine weitere wichtige Verhaltensregel auf diesem Weg ist die Respektierung der Aussagegrenze. Bei allem verständlichen Wunsch nach »handfesten« Aussagen darf die Gefahr, durch Suggestivaussagen (»Die Beziehung ist nicht mehr zu retten, usw.«) einen unverhältnismäßigen Einfluß auf den Frager auszuüben, nicht unterschätzt werden. Selbstverständlich sollten wir auch nicht auf gemachten Aussagen beharren. Wenn der Frager sie nicht annehmen will, sollte keine Diskussion über die Treffsicherheit des Orakels beginnen und schon gar nicht mit anmaßender Herablassung auf den »Nicht-Eingeweihten« geblickt werden, der »nicht den Mut hat, seinem Schicksal aufrecht entgegenzutreten«.

So weit zu diesem Weg. Er hat gegenüber dem intuitiv-visionären gewichtige Nachteile. Aber er hat auch einen großen Vorteil: Er ist erlernbar. Man kann ihn weitervermitteln. Das ist das Anliegen dieses Buches.

Entwicklung eigener Legesysteme

Ich werde häufig gefragt, ob es denn richtig und zulässig sei, eigene, neue Legesysteme oder aus alten Legesystemen neue Varianten zu entwickeln. Ich halte das nicht nur für richtig, sondern möchte, bei allem Respekt vor den überlieferten Systemen, ausdrücklich dazu ermutigen.

Weder für die Karten selbst noch für die Plätze, auf die wir sie legen, gibt es »die richtige Bedeutung«. Einzig entscheidend ist das Verständnis des Deuters. Hier liegt allerdings ein springender Punkt: Der Deuter muß sich *vor* Beginn des Spieles darüber im klaren sein, wie gespielt werden soll, wie die Karten verstanden werden, ob mit umgekehrten Karten gespielt wird (Seite 28), und welche Variation eines Legesystems er verwendet.

Abgesehen von den vielen Variationen zu verschiedenen Legesystemen habe ich die folgenden, in diesem Buch vorgestellten Systeme selbst entwickelt:

Das Beziehungsspiel
Das Geheimnis der Hohenpriesterin
Das Planetenspiel
Das Mythenspiel – Innanas Abstieg in die Unterwelt

Es würde mich freuen, wenn diese Spiele den Leser dazu anregten, seine eigenen Variationen oder Neugestaltungen zu entwickeln.

Ich halte mich dabei nur an einige Grundsätze:

- Die Spiele sollen der bildhaften Sprache der Karten gerecht werden.

- Sie sollen eine klare Struktur besitzen.

- Es sollen nicht mehr als maximal 15 Karten verwandt werden. Darüber hinaus verwässert die Fülle der Karten oft die Aussagequalität, abgesehen davon, daß wir mit steigender Zahl gezogener Karten dem Deck immer mehr Aussagealternativen entziehen.

Immer wieder auftauchende Fragen

Wie oft darf/soll man sich die Karten legen?

Aus besonderem Anlaß natürlich immer, ansonsten aber einmal die Woche, besser noch einmal im Monat. Das gilt natürlich nicht für Tages-, Wochen-, Monatskarten, die unabhängig davon regelmäßig gezogen werden können. (Siehe Seite 18).

In der Anfangszeit hat fast jeder eine Phase, in der er zu allem und jedem die Karten legt. Außer dem Effekt, daß die Karten dadurch vertrauter werden, hat das keinen Wert.

Grundsätzlich erhöht ein zurückhaltender Umgang mit den Karten deren Aussagequalität. Dies Phänomen erklärt sich weniger aus einer unterschiedlichen Treffsicherheit der Karten als vielmehr aus der Aufmerksamkeit des Fragers, die mit zunehmender Fragehäufigkeit abnimmt.

Soll man sich beim Mischen, Ziehen oder Abheben der Karten auf die Frage konzentrieren?

Auf keinen Fall. Das, was wir gängigerweise unter Konzentration verstehen, ist eher ein Gehirnkrampf. Wir »hämmern« uns die Frage angestrengt in den Kopf und blockieren damit alle Energien. Unser Unbewußtes weiß ohnehin schon lange, worum die Frage geht. Insofern ist jede bewußte Unterstützung überflüssig. Die beste innere Haltung ist: Achtsamkeit bzw. freundliche Aufmerksamkeit und Gelassenheit.

Wie soll man Fragen formulieren?

So präzise wie möglich. Dabei ist die stilistische Seite unerheblich. Die Frage darf ruhig holprig klingen (und tut dies in der Regel auch). Es muß nur ganz klar sein, was gefragt wurde.

Darf man die Karten aus der Hand geben? Wie soll man die Karten verwahren?

Diese und ähnliche Fragen werden häufig gestellt, wenn den Karten selbst ein sakraler Wert beigemessen wird. Das tue ich nicht. Für mich sind die Karten ein Mittel, mit dem wir unserem Unterbewußten einen direkten Ausdruck ermöglichen. Ihre Symbole haben einen tiefen und heiligen Ursprung. Die Karten selbst jedoch sind bedrucktes Papier. Insofern gebe ich meine Karten gerne und guten Gewissens in andere Hände und wickele sie nicht »zum Schutz gegen schlechte Schwingungen« in Samt oder Seide.

Woher weiß man, welche der vielen Bedeutungen einer Karte im Einzelfall richtig ist?

Aus dem Innersten – oder gar nicht. So alles entscheidend diese Frage auch ist, viel mehr läßt sich dazu nicht sagen. Ein hilfreicher Weg ist die richtige innere Haltung des Deuters (s. Seite 29). In manchen Fällen helfen uns allerdings auch die Karten selbst weiter, indem wir sie nach der speziellen Bedeutung einer Karte fragen (siehe: Das Kreuz – Beispiel C, Seite 222).

Für welchen Zeitraum sind die Karten gültig?

In der Regel für die nächsten 4 bis 6 Wochen. Das gilt natürlich nicht für Karten, die mit anderem Zeitbezug gelegt wurden, wie Tages-, Wochen- oder Monatskarten oder bei Fragen wie: »Was sind die wesentlichen Stationen im kommenden Jahr?«. Ausgenommen sind ferner alle Selbsterfahrungsspiele, insbesondere das Mythenspiel sowie die chronologische Betrachtung eines persönlichen Weges in der entsprechenden Variante des Narrenspiels.

Darüber hinaus haben einige Karten einen Zeitaspekt: Zeitverkürzend ist die 8 der Stäbe und manchmal auch der Wagen (VII). Dagegen verlangt die 7 der Münzen Geduld. Aber vor allem die 4 der Schwerter und der Gehängte (XII) deuten auf zum Teil erhebliche Verzögerungen hin.

Kann man Karten für nicht anwesende Personen legen?

Ja, man kann. Natürlich sollte der Fragesteller einen engen Bezug zu dieser Person und ein berechtigtes Interesse an der Frage haben. Es hat wenig Wert, die Karten zu fragen, was dem amerikanischen Präsidenten auf seiner Ranch in Kalifornien passiert. Es ist aber auch beeinträchtigend, wenn die Beziehung des Fragers und der Person, um die es geht, erheblich gestört ist. Gerade wenn der nicht anwesenden Person vielleicht wegen eines Trennungsschmerzes im Grunde nur alles erdenklich Schlechte gewünscht wird, spiegeln die Karten zwar oft diese drakonischen Wünsche wider, aber in keiner Weise die tatsächliche Verfassung des derart Verwünschten.

In jedem Fall sollte man sich mit dieser Form des Spiels vorsichtig vertraut machen, um sich nicht eines Tages in einem selbstgebastelten, weltfremden Kartenhaus wiederzufinden.

Kann man die Karten auch zu politischen Ereignissen befragen?

Ja, man kann. Die Antwort ist dabei allerdings nicht objektiv, sondern besagt, was dieses Ereignis für den einzelnen Frager bedeutet. Wir haben dies in einer Tarotgruppe kurz nach dem amerikanischen Luftangriff auf Ghaddafis Hauptquartier in Tripolis im Jahre 1986 gemacht. Es war interessant zu sehen, daß die Karten bei keinem Teilnehmer auf unmittelbare, schwere, weltpolitische Folgen hinwiesen. Sie machten allerdings sehr deutlich, daß dieses Ereignis für jeden etwas völlig anderes bedeutete.

*Sollen auch Linkshänder bei der Auswahl ihrer
Karten mit links ziehen?*

Ja.

Darf man sich die Karten auch von anderen ziehen lassen?

Ja. Insbesondere wenn der Frager innerlich sehr angespannt ist oder sehr fixe Erwartungen im Zusammenhang mit der Frage hat, ist es günstiger, wenn er sich die Karten von einem ihm sympathischen Menschen ziehen und legen läßt.

Wenn man die Karten zum gleichen Thema gleich zweimal hintereinander legt, kommen dann die gleichen Karten?

Wahrscheinlich nicht. Häufig genug aber kommen ähnliche Karten, so daß die Gesamtaussage weitgehend identisch ist. In Tarotkursen habe ich es wiederholt erlebt, daß Teilnehmer über Wochen hinweg immer wieder Karten zogen, die mit zuvor gezogenen identisch waren oder deutlich auf das gleiche Thema verwiesen.

Wenn das zweimalige Aufeinanderlegen allerdings auf der Neugier beruht zu testen, ob die Karten »funktionieren«, tun sie es üblicherweise nicht. Das liegt nicht so sehr daran, daß sie uns für die »unerlaubte Neugier eins auswischen«, als vielmehr an der inneren Haltung des Fragers und des Deuters: Nur dort wo Bewußtes und Unbewußtes in harmonischem Einklang sind, können Phänomene wie vorausschauende Kartendeutung entstehen. Wenn sich unsere bewußte Seite dagegen zweifelnd gegen unsere intuitive Ebene stellt, ist die Harmonie gestört und die Aussagequalität der Karten gemindert oder gar wertlos.

Mischen und Auslegen der Karten

Es gibt eine ganze Reihe von verschiedenen Misch- und Lege-regeln. Letztlich wird und sollte jeder, der die Karten benutzt, seinen eigenen Stil finden.

Ich mache es grundsätzlich so, daß ich die Karten gründlich mische und sie dann verdeckt, fächerartig vor dem Frager ausbrei-te. Dieser zieht dann mit der linken, intuitiven (vom Herzen kommenden) Hand die für das jeweilige Legesystem erforderliche Anzahl von Karten und legt sie verdeckt übereinander. Wer will, kann dabei die Augen geschlossen halten. Daraufhin nehme ich die Karten und lege sie in der gezogenen Reihenfolge, das heißt die unterste Karte zuerst, nach Art des Legesystems aus.

Diese bewährte Methode hat den Vorteil, daß der Frager jede Karte intuitiv auswählt. Dadurch, daß sie zunächst verdeckt blei-ben, wird er in seiner Stimmung nicht von bereits gezogenen Karten beeinflußt. Eine Ausnahme bildet dabei das Narrenspiel (siehe Seite 238).

Zwei andere, gebräuchliche Arten sind:

Der Deuter mischt, und der Frager hebt ab. Dieser Vorgang wird insgesamt dreimal wiederholt. Oder der Deuter mischt so lange, bis der Frager »Stopp« sagt. Er läßt ihn dann noch einmal abhe-ben.

In beiden Fällen wird dann die für das Legesystem notwendige Anzahl von Karten der Reihe nach vom Stoß genommen. Dabei sollte allerdings der Frager entscheiden, ob die Karten »von oben« oder »von unten« genommen werden, das heißt, ob mit der obersten oder der untersten Karte vom Stoß begonnen wird.

Wer auch umgekehrte Karten deuten will, sollte die Karten unbe-dingt mit der flachen Hand gründlich auf dem Tisch oder dem Boden mischen, damit sie eine echte »Chance« haben, aufrecht oder umgekehrt zu erscheinen.

Die Deutung umgekehrter Karten

Karten, die umgekehrt, das heißt auf dem Kopf stehend erscheinen, werden oft anders verstanden (Betonung der negativen Aspekte der jeweiligen Karte). Es gibt drei Möglichkeiten, diese Karten zu deuten:

1. Man läßt die Tatsache unberücksichtigt und dreht sie einfach richtig herum.

2. Man bewertet eine umgekehrte Karte wie eine richtig liegende mit dem Unterschied, daß der Zugang zu dieser Thematik erschwert ist, daß mit dieser Angelegenheit etwas »klemmt«. Dadurch kann eine sonst positive Aussage der Karte fragwürdig werden.

3. Man geht den traditionellen Weg, der umgekehrte Karten fast grundsätzlich negativ betrachtet.

Ich selbst folge dem ersten Weg und habe damit durchweg gute Erfahrungen gemacht. Das ist gewiß keine Methode einer Schönfärberei, wie so oft behauptet wird. Die Beispiele dieses Buches zeigen genügend Situationen, in denen auch diese Vorgehensweise auf bedrückende Erfahrungen hinwies.

Gelegentlich gehe ich auch den zweiten Weg und habe dabei festgestellt, daß er hilfreich ist für eine bessere Deutung der Hofkarten. Auf dem Kopf stehend, werden die dargestellten Personen, Situationen und Impulse etwas fragwürdig. Der dritte Weg erscheint mir dagegen zu starr und einengend.

Der Anschaulichkeit halber habe ich in diesem Buch auch verschiedene Beispiele mit umgekehrten Karten gegeben. Die Deutungen erfolgten dann in der Art des zweiten Weges.

Hinweis: Wer die Karten nur gelegentlich umgekehrt deutet, sollte sie in diesen Fällen unbedingt mit der flachen Hand auf dem Tisch oder dem Boden mischen. Werden die Karten nur in der Hand gemischt, verändern sie nicht ihre Lage. Da sie aber beim Auslegen oder Zusammenlegen häufig richtig herum gedreht werden, ist die Ausgangssituation in diesen Fällen nicht ausgewogen.

Die innere Haltung beim Deuten der Karten

Hier sind wir beim alles entscheidenden Herzstück der Kartendeutung angekommen: Die richtige innere Haltung ist die wichtigste Grundvoraussetzung für eine aussagefähige Kartendeutung. Sie ist gekennzeichnet von Demut, Gelassenheit, Bescheidenheit und Feingefühl.

Demut ist eine unablässige Voraussetzung, weil ihr Fehlen sich in Selbstbeweihräucherung ausdrückt, die den Deuter unter krampfhaften Erfolgsdruck setzt. Nichts aber blockiert das intuitive Gespür mehr als eben dieser Erfolgsdruck. Eine typische Ausdrucksform fehlender Demut ist der halbgottartige Verkünder oder gar Macher des Schicksals. Selbst wenn alles, was er sagt, »gut gemeint« ist und seine Verkündigungen Trost und neue Hoffnung bringen sollen, ist nicht die positive Absicht die treibende Feder, sondern der Wunsch nach allmächtiger Selbstüberhöhung.

Gelassenheit, damit meine ich diese innere Entspanntheit und die freundliche Aufmerksamkeit, mit der wir die Karten frei von festen Erwartungen auf uns wirken lassen können und in uns eine Aussage entstehen lassen.

Bescheidenheit, weil nur sie uns von dem Zwang befreit, immer und für alle Karten eine Deutung parat zu haben. Ich erlebe es immer wieder, daß ich Teile einer Aussage und gelegentlich die ganze Aussage nicht verstehe. Entweder lege ich die Karten dann erneut, oder ich frage die Karten selbst nach ihrer Bedeutung (siehe: Das Kreuz, Beispiel C, Seite 222). Wenn auch dadurch keine Klarheit entsteht, lasse ich die Frage offen und versuche es vielleicht einige Tage später nochmals.

Feingefühl ist natürlich insbesondere dann vonnöten, wenn wir die Karten für andere deuten. Die Karten zeigen Tendenzen, aber kein unwiderruflich festgeschriebenes Schicksal. Insofern sollten bedrückende Karten als Warnung und erfreuliche Karten als Ermutigung verstanden werden und nicht etwa als Mittel, um Angst und Schrecken zu verbreiten.

Die Reise des Helden

Zum besseren Verständnis der 22 Trumpfkarten und insbesondere der im nächsten Abschnitt beschriebenen Quintessenzthemen möchte ich eine kurze Darstellung der »Reise des Helden« geben, wie sie uns die Karten der Großen Arkana erzählen. Natürlich ist dieser Themenkreis auch bestens geeignet, um eigene, neue Legesysteme zu entwickeln.

Abweichend von den übrigen Illustrationen dieses Buches habe ich in diesem Fall die Karten des Marseiller Decks gewählt, weil sie die einzelnen Stationen der Heldenreise am besten wiedergeben:

0 Der Narr
Der Held

Unser Held ist der Narr. Waite nennt ihn »den Geist auf der Suche nach Erfahrung«. Seine Zahl Null steht für die Ganzheit, den vollkommenen Zustand der Einheit (im Gegensatz zur Dualität) und damit für das Paradies. Er ist das Kind, das sich des verlorenen Paradieses noch erinnert, sich aber in unserer verworrenen Welt der Dualität wiederfindet. Die tiefgehenden Erinnerungen an die Ganzheit, die verlorenging, und das Unbehagen mit der vorgefundenen Gespaltenheit geben ihm Kraft und Mut für seine Reise auf der Suche nach dem verlorenen Paradies.*

I Der Magier · II Die Hohepriesterin
Die himmlischen Eltern

Die großen Helden der alten Zeit waren von hoher Herkunft und hatten oft einen himmlischen Vater (Herakles, Perseus) oder eine himmlische Mutter (Phrixos). Manchmal war ihre Abstammung sehr geheimnisvoll und legte die Vermutung nahe, daß sie himmlischen Ursprungs

* Der berühmteste Held, der im Narrengewand auszog, ist Parzival.

waren (Moses). Durch diese Herkunft wird der Held als etwas Besonderes ausgezeichnet. Sie verdeutlicht zugleich die Vorstellung kleiner Kinder, derzufolge die Eltern allmächtig und ideal sind. Erst später spaltet sich das Idealbild vom Realbild und führt zur Bedeutung der nächsten zwei Karten:

III Die Kaiserin · IV Der Kaiser
Die irdischen Eltern

Vater und Mutter verhalten sich zu ihrer himmlischen Entsprechung wie Maria und Josef, die Eltern Jesus, zur Jungfrau Maria und zu Gottvater. Sie werden nicht mehr als vollkommen und ideal erlebt. Der Held (das Kind) muß einsehen und lernen, daß seine Eltern Grenzen haben und Fehler machen. Aber es gibt auch Vorteile: Sie sind erreichbar, anfaßbar, sie sind nah, eben wie menschliche Wesen.

V Der Hierophant
Die Erziehung

In dieser Zeit wird unser Held unterwiesen, Richtiges von Falschem, Gutes von Bösem zu unterscheiden. Er lernt, daß es mehr Dinge zwischen Himmel und Erde gibt, als er sehen und erklären kann. Er wird unterrichtet, seine Interessen erwachen, und er entwickelt die seelische Kraft, die er braucht, um all die Hindernisse zu überwinden, die auf dem langen Weg vor ihm liegen.

VI Die Liebenden
Die Pubertät oder der Abschied vom Elternhaus

Herangewachsen, erwacht in dem Jüngling die Neugierde, zu erfahren und zu erleben, was »da draußen« in der Welt passiert. Er fühlt sich zu einer Frau hingezogen und beschließt, sein Elternhaus zu verlassen.

VII Der Wagen
Der Aufbruch

Voller Zuversicht und Selbstvertrauen verläßt er die Stadt, die der Schutz und die Geborgenheit seiner Kindheit war, und geht hinaus in eine unbekannte Welt. Er sucht das Abenteuer. Sein Ziel ist: Die Wiederentdeckung des verlorenen Paradieses, das Aufspüren und Heben des Schatzes, die Befreiung der schönen Gefangenen oder die Suche nach dem lebensbringenden Elixier.

VIII Gerechtigkeit
Selbstverantwortung

Allein in der Welt und völlig auf sich gestellt zu sein, heißt, ganz und gar für sich selbst verantwortlich zu sein. Nun ist er frei, zu tun, was immer er mag. Aber er muß auch alle Konsequenzen dafür tragen. Unser Held erlebt zum ersten Mal in seinem Leben, daß sich niemand um ihn sorgt, keiner auf ihn aufpaßt oder ihn einschränkt und niemand ihm sagt, wohin er gehen oder was er tun soll. Trotzdem wird von ihm erwartet, daß er sich »richtig« verhält, was immer das sein mag.

IX Der Eremit
Insichgehen

Verloren in dieser großen Welt und ohne zu wissen, wo er nach dem Schatz suchen soll, trifft unser Held auf den weisen alten Mann. Hier in der Abgeschiedenheit der Einsiedelei oder in der Einsamkeit der Wüste findet er wieder zu sich. Er wird eingeweiht in all die Geheimnisse, die er kennen muß, und geübt in der Geisteshaltung, die er braucht, um das Große Werk zu vollenden.

X Das Glücksrad, das Schicksalsrad
Höhen und Tiefen

Zurück in der Welt macht unser Held sein Glück. Wir sehen ihn Dukaten gewinnen und ein großzügiges Leben genießen, zusammen mit vielen sogenannten Freunden. Doch mit der Drehung des Rades erinnert ihn die Stimme des Schicksals, daß es nicht der Sinn seiner Reise ist, hier zu verweilen oder gar aufzugeben.

XI Kraft
Selbstüberheblichkeit

Obwohl er diese Stimme klar versteht, versucht er sie zu überhören. Der stolze Löwe in ihm läßt ihn den höheren Ruf ignorieren. Die Mythen der Griechen beschrieben diese Selbstüberheblichkeit, die »Hybris«, als die größte menschliche Verfehlung, die von den Göttern unverzüglich bestraft wurde.

XII Der Hängende
Gefängnis

Folglich finden wir unseren Helden im Gefängnis wieder. Isoliert von der äußeren Welt, die ihn so faszinierte, erinnert er sich nun seiner ursprünglichen Ziele und der Lehren des weisen alten Mannes. Zur Unbeweglichkeit verurteilt, hat er nichts, was ihn ablenken könnte. Und nach und nach versteht er die tiefere Bedeutung seiner Situation.

XIII Tod
Das Große Loslassen

Solcherart zu tiefer Einsicht gezwungen, begreift unser Held, daß er sein aufgesetztes Image, seine Masken und alles, was er seine Identität nannte, fallen lassen muß. Der Held, den wir kennen, ist tot. Durch den Tod des Alten entsteht der Platz für das Neue: Es lebe der neugeborene Held!

XIV Mäßigkeit
Friede

Befreit von den Ketten eines falschen Selbstbildes und der Bürde, anderen gefallen zu müssen, findet unser Held Frieden, innere Harmonie, Freiheit und Ausgeglichenheit. Aber noch ist er nicht am Ende seines Weges. Er hat weitere Prüfungen zu bestehen und die schwersten stehen ihm noch bevor.

XV Der Teufel
Versuchung

Zum einen fühlt er sich nun frei und unschuldig wie ein neugeborenes Kind, zum anderen weiß er, daß er bereits einen langen, steinigen Weg gegangen ist. An dieser Stelle begegnet ihm der Verführer in seiner verlockendsten Erscheinung und versucht, ihn mit schmeichelnden Worten zu betören. Unser Held ist versucht, den felsigen Pfad zu verlassen und die Suche nach dem Schatz aufzugeben. »Sei doch kein Narr, der nach einem Schatz sucht, den es gar nicht gibt«, lacht ihn der Teufel aus und lockt verführerisch: »Ich mache dich so reich wie du willst, ich gebe dir all die Macht, die du haben möchtest und alle Vergnügungen und Schönheiten dieser Welt. Aber vergiß die Suche nach dem unsinnigen Schatz, bleibe hier und sei mein Partner.«

XVI Der Turm
Aufstieg und Fall

Die Versprechungen des Teufels klingen so verlockend, daß unser Held erneut seinen Weg verläßt, um sich der faszinierenden Welt zweifelhafter Vergnügungen zu überlassen. Mit seinem ganzen Ehrgeiz sammelt er nun die Schätze dieser Welt. Doch obwohl er dabei sehr erfolgreich ist, gibt ihm sein Tun keine echte Zufriedenheit. Während sein Äußeres härter und härter wird, leidet seine Seele Höllenqualen. Plötzlich, aus heiterem Himmel, trifft ihn der Schlag (der Blitz der Erkenntnis). Der Boden unter ihm gibt nach, und all der angehäufte Reichtum stürzt in sich zusammen.

XVII Der Stern
Neue Hoffnung

Die Katastrophe war erschütternd. Doch nun, da der Staub sich gesetzt hat, spürt unser Held neues Leben inmitten all der Ruinen und dem Chaos. Es ist seine Seele, die im engen Turm des falschen Bewußtseins gefangen und gequält worden war, die nun erleichtert und erlöst aufatmend zu neuem Leben erwacht. Hier auf den Trümmern seiner Vergangenheit findet er neue Hoffnung und tiefe Einsicht in die Erhabenheit kosmischer Gesetze. Voll tiefen Vertrauens in die göttliche Vorsehung begibt er sich wieder auf die Suche nach seinem ursprünglichen Ziel.

XVIII Der Mond
Innere Abgründe

Tief betroffen darüber, daß er seinen Weg so oft aus den Augen verlor, richtet sich das Interesse unseres Helden nun nach innen in die unbewußten Tiefen zu seinen Schattenseiten, seiner Instinktwelt. Diese Prüfung ist schwieriger als alle anderen. Jetzt hat er nicht mehr mit Feinden oder Versuchungen der äußeren Welt zu kämpfen. Hier muß er all den Ungeheuern entgegentreten, die in ihm selbst lebendig sind. Er muß in die Tiefen seiner Seele hinabsteigen in eine Welt, die ohne Grenzen und ohne Wegweiser ist, wie tiefstes Wasser. Und obwohl es hier auch gute und hilfreiche Wesen gibt, begegnen ihm erschreckend viele andere, die ihn das Fürchten lehren, wie die furchtbare Medusa, die achtköpfige Schlange Hydra, der Drache und die blutrünstige Kali, um nur einige zu nennen. Aber die größte Gefahr droht ihm nicht einmal von den angsterregenden Wesen, die er nach und nach besiegt, sondern von einschmeichelnden »guten Geistern«, die ihn betören, um ihn in das Land des ewigen Vergessens zu führen. Hier lauert die allergrößte Gefahr: Daß er sein Ziel, seinen Namen oder die lebenswichtige Zauberformel für immer vergißt.

XIX Die Sonne
Wiedergeboren

Vom tiefsten Grund seiner Seele taucht unser Held nun empor in die warme und lichte Welt der Sonne. Jetzt, nachdem er all die Feinde seiner inneren und äußeren Welt besiegt hat, ist er glücklich, zuversichtlich und unbeschwert wie ein Kind. Gleich der Sonne, die nach allmorgendliche Wiedergeburt ihre siegreiche Bahn über den Himmel zieht, fühlt er nun alle Kraft und Frische, die er braucht, um seine Reise zu einem glücklichen Ende zu bringen.

XX Gericht
Die Hebung des Schatzes

Endlich, nachdem unser Held auch die letzten gefahrvollen Schwierigkeiten überwunden hat, findet er hier, was er suchte: Das lebensbringende Elixier, den verlorenen Schatz. Dies ist der Augenblick, an der er Schneewittchen den lebensbringenden Kuß gibt oder die schöne Gefangene befreit. Dies ist der Ort, an dem er das alchemistische Gold in sich entdeckt.

XXI Die Welt
Das wiedergefundene Paradies

Dies ist das Ende der Reise. Unser Held hat das Paradies gefunden, das verloren war. Er hat seinen Platz in dieser Welt gefunden und sich sein Zuhause geschaffen. Für dieses Mal ist er am Ziel. Doch neue Abenteuer warten auf ihn...

Die Quintessenz

Eine sehr interessante Betrachtung am Ende eines Spiels ist die Quintessenz. Sie gibt aus den Karten heraus einen Hinweis, wie der Frager am besten mit dem Thema umgeht, sowie eine Warnung vor der jeweiligen Übertreibung.

Die Quintessenz ermittelt man aus der Quersumme aller aufliegenden Karten. Dazu addiert man zunächst die Zahlenwerte aller Karten zu einer Gesamtsumme, indem man die auf den Karten angegebenen Zahlen zusammenzählt. Hierbei macht es keinen Unterschied, ob die Karten zur Großen oder zur Kleinen Arkana gehören. *Im Sinne der traditionellen Reihenfolge der Karten zähle ich – abweichend vom Rider Waite Deck und anderen, später entstandenen Spielen – »Die Gerechtigkeit« mit 8 und »Die Kraft« mit 11.* Asse zählen 1, Hofkarten (das sind Könige, Damen, Ritter und Buben) zählen nichts.

Aus der so ermittelten Zahl wird die Quersumme gebildet, das heißt, die einzelnen Ziffern der Gesamtsumme werden addiert (Beispiel 81 = 8 + 1 = 9). Sollte die so errechnete Zahl noch zweistellig sein, bildet man daraus erneut eine Quersumme, bis eine einstellige Zahl entsteht (Beispiel 92 = 9 + 2 = 11 = 1 + 1 = 2). Die dieser Zahl entsprechende Trumpfkarte (1 = Magier, 2 = Hohepriesterin... 9 = Eremit) ist die Quintessenz und kennzeichnet den empfohlenen Weg in der jeweils eigenen, weiter unten beschriebenen Weise.

Nun bin ich oft gefragt worden, warum ich nicht 22 Wege als Quintessenzthemen nehme, eben den 22 Karten der Großen Arkana entsprechend. Ich persönlich schätze die Beschränkung auf das Überschaubare und bin mit den 9 Wegen, wie ich sie im *Tarot-Handbuch* beschrieben habe, immer sehr gut ausgekommen. Bei den Beispielen in diesem Buch bin ich ebenfalls nur von diesen 9 Möglichkeiten ausgegangen.

Für diejenigen aber, die eine größere Auswahl von Wegen wünschen, beschreibe ich hier gerne alle 22 Trumpfkarten in ihrer Ausdrucksform als Weg. Wer davon Gebrauch machen möchte, bildet also die Quersumme aus der Gesamtsumme aller aufgedeckten Karten, bis er zu einer Zahl kommt, die nicht größer als 22 ist. Es versteht sich von selbst, daß damit nicht zwei unterschiedliche und zum Teil sehr gegensätzliche Wege als Quintessenz zur Auswahl stehen. Der Deuter muß sich vor Beginn des Kartenlegens bewußt sein, ob er sich für die 9 oder die 22 Wege entscheidet.

I Der aktive Weg der Kraft, des Einflusses und der Initiative

Du mußt den Impuls geben, die Initiative ergreifen, den ersten Schritt tun. Du hast das Wissen, das Geschick und die Einflußkraft zu bewirken, daß sich die Dinge nachhaltig in die von dir angestrebte Richtung entwickeln. Diese Fähigkeiten sind gut. Du hast sie dir verdient. Doch hüte dich davor, sie zu deinem oder zum Schaden anderer zu mißbrauchen.

II Der intuitive Weg der Vorstellungskraft, der Geduld, des Abwartens und der Bereitschaft

Habe Geduld und warte ab, bis der richtige Zeitpunkt gekommen ist. Laß in deiner Phantasie ein ganz deutliches Bild von dem entstehen, was du erwartest. Halte dich bereit und höre auf deine innere Stimme, die dir sagen wird, wann die Zeit reif ist, zu handeln. Vertraue auf dein Gespür, aber verliere dich nicht in Realitätsflucht und entrückter Verwirrtheit.

III Der lebendige Weg der Veränderung, des Neuen und des Wachstums

Laß das Neue zur Welt kommen und gib ihm seinen Platz. Öffne dich für neue (auch unbequeme) Erkenntnisse, veränderte Lebensumstände und neue Möglichkeiten. Sei bereit, die Schmerzen der Geburt des Neuen zu ertragen. Vertraue darauf, daß die Dinge wachsen und sich üppig entfalten. Sei kreativ, aber vermeide den Wildwuchs.

IV Der pragmatische Weg der Ordnung, Klarheit und der Wirklichkeit

Verwirkliche deine Träume, verwirkliche deine Ideen, verwirkliche dich selbst. Geh dabei pragmatisch, bewußt und konsequent vor. Schaffe Klarheit und Ordnung in dir und um dich herum. Trenne das Brauchbare vom Unbrauchbaren: Befreie den Lebensbaum von Schlingpflanzen, Parasiten und totem Holz, damit die jungen Triebe sich frei entfalten können. Schärfe deinen Realitätssinn, aber laß kein Gefängnis daraus entstehen, und vermeide Kälte und Erstarrung.

V Der vertrauensvolle Weg der Wahrheit und der inneren Gewißheit

Suche nach der Wahrheit und der tiefen Gemeinsamkeit der Dinge, die nur an ihrer Oberfläche gegensätzlich erscheinen. Gehe den kraftvollen Weg des Glaubens und der zuversichtlichen inneren Gewißheit. Versuche mit deinem Herzen die Bedeutung deiner Situation zu begreifen, indem du die ihr zugrunde liegenden Beweggründe erspürst. Folge dem Pfad der Tugend, aber werde nicht zum Pharisäer.

VI Der liebevolle Weg der klaren Entscheidung und des gegenseitigen Vertrauens

Liebe wächst auf dem Boden von Vertrauen und Vertrautheit. Widme dich mit dieser Liebe deiner Aufgabe, deinem Partner. Schiebe keine Entscheidungen vor dir her, sondern gehe mit klarer Entschiedenheit deinen Weg und stehe zu dir. Sei liebenswürdig, aber vermeide Selbstaufgabe.

VII Der heldenhafte Weg des zuversichtlichen Aufbruchs und des großen Sprungs nach vorne

Du schaffst es! Geh sofort an deine Aufgabe heran, mache dich sogleich auf den Weg. Das, was dich bisher in zwei unterschiedliche Richtungen zog, läßt sich nun von dir zum großen Sprung nach vorn zu einer Kraft vereinen. Dies ist der Weg des freudigen Aufbruchs und der unermüdlichen Suche nach »dem verlorenen Schatz«. Mache dir dein Ziel in aller Deutlichkeit bewußt und versprich, es auf deiner Reise niemals aus den Augen zu verlieren. Sei mutig und halte durch, aber vermeide Selbstüberschätzung.

VIII* Der selbstverantwortliche Weg der Ausgewogenheit und der Fairness

Achte darauf, daß alle Beteiligten (auch du selbst) zu ihrem Recht kommen. Sei dir bewußt, daß du auf diesem Weg immer genau das bekommst, was dir zusteht. Begreife, daß die Umwelt dein Echo ist, die dir das zurückgibt, was du gegeben hast. Übernimm die volle Verantwortung für dein Tun. Sei fair und gib nicht den anderen die Schuld an dem, was dir widerfährt. Vermeide Selbstgerechtigkeit.

---

* Wie bereits erwähnt, hat das Waite-Kartensystem die klassische Abfolge VIII = Kraft und XI = Gerechtigkeit vertauscht. Mir erscheint die klassische Zählweise folgerichtiger, weshalb ich sie beibehalte.

IX Der besonnene Weg der tiefen Selbsterkenntnis und der weisen Bescheidenheit

Der EREMIT

Scheue dich nicht vor der Einsamkeit. Nur dort kannst du frei von Außeneinflüssen erkennen, was du tief in deinem Innersten wirklich willst. Ziehe dich zurück und komme mit dir ins reine. Ergründe, was für dich zuinnerst wahrhaft wichtig ist, wenn du dich nicht ständig den (vermeintlichen) Erwartungen anderer aussetzt. Sei bescheiden. Setze deine Erkenntnis zunächst für dich selbst um, bevor du andere lehrst. Aber vermeide geheuchelte Demut sowie Verbitterung und Starrheit.

X Der unabwendbare Weg des Schicksals und der Einsicht in die Notwendigkeiten

RAD des SCHICKSALS

Werde dir bewußt, daß deine jetzige Situation notwendig ist und eine tiefe, schicksalsweisende Bedeutung hat, der du dich nicht entziehen darfst. Selbst wenn es dir diesmal scheinbar gelänge, holt dich das Schicksal in Kürze wieder ein. Lerne die zwei Komponenten des Schicksals zu unterscheiden: 1. Das, was objektiv geschieht und 2. wie du damit umgehst. Begreife die Notwendigkeit des steten Ablaufs der Dinge. Das Rad der Zeit verteilt, was in verdichteter Form töten würde: Du kannst nicht alle Speisen deines Lebens an einem Tag zu dir nehmen. Nimm die Prüfungen des Schicksals an und wachse an ihnen, ohne zu resignieren oder dich über die »Launenhaftigkeit Fortunas« zu beklagen.

XI Der leidenschaftliche Weg des Mutes, der Stärke und der vitalen Lebensfreude

Gehe den selbstsicheren Weg der Kraft. Gib dein Bestes und gehe dabei bis an deine Grenzen. Erst dort wirst du deinen wahren Mut und deine wahre Stärke erfahren, mit denen du allen Gefahren auf deinem Weg begegnen und sie meistern kannst. Lerne die schöpferische und die Lebensfreude steigernde Seite deiner Leidenschaften schätzen, statt sie unter einer blassen, blutleeren Tugend zu verbergen. Aber hüte dich dabei vor Selbstüberheblichkeit.

XII Der einleuchtende Weg aus der Klemme und der völlig veränderten Betrachtungsweise

Du sitzt fest oder bist auf dem direkten Weg in die Klemme. Erst wenn du tief im Inneren bereit bist umzulernen und bisher als Nebensächlichkeiten betrachtete Gegebenheiten von einer neuen, bislang vernachlässigten Seite siehst und schätzen lernst, wird sich dir eine einfache, klare und ganz selbstverständliche Lösung zeigen. Übe dich in Geduld, aber vermeide (stolze) Resignation.

XIII Der schmerzvolle Weg des Abschieds und des großen Loslassens

Du bist am Ende eines Weges angekommen. Ohne zu wissen, wie und wo es weitergeht, mußt du dich hier von deinen Gefährten und auch von manch anderem trennen, was dir bislang lieb und vertraut war. Nimm Abschied und sei gefaßt: Tod ist die Ruhe zwischen zwei Atemzügen. Sei dankbar für die vergangene Zeit. Laß alles los und mache dich leer, damit das

Neue und Unbekannte, das schon auf dich wartet, dich mit offenen Händen findet und dich erfüllen kann. Unterwegs sein heißt: Immer wieder Abschied nehmen und sich neu begegnen. Spüre die volle Intensität dieses Erlebnisses, statt dich totzustellen, zu versteinern oder zu verkriechen.

XIV Der fröhliche Weg der inneren Gelassenheit und der tiefen Harmonie

Auch wenn du es nicht gleich erkennst: Deine jetzige Situation führt dich zurück in deine Mitte, zu tiefer innerer Ruhe, Harmonie und Gelassenheit. Gehe diesen Weg mit freundlicher Aufmerksamkeit. Gehe liebevoll mit dir selbst um, und sei herzlich zu anderen. Vermeide Übertreibungen und alles, was dich wieder aus deiner Mitte brächte, aber werde dabei nicht kleinlich und übervorsichtig.

XV Der gefährliche Weg der lockenden Versuchung und der eigenen Schwächen

Sieh der Versuchung direkt in die Augen, ohne etwas zu beschönigen, beschwichtigen oder zu verdrängen. Rede dir nicht ein, das Böse gäbe es für dich nicht. Erkenne *deine* Schattenseite und nimm sie nicht nur bei den anderen wahr. Hör auf zu mogeln. Werde dir statt dessen deiner Schwächen, deiner Abhängigkeiten, deiner Unaufrichtigkeiten, deiner unsauberen Machtspiele und anderer Machenschaften bewußt. Nur wenn du sie klar vor Augen hast und sie als zu dir gehörig erkennst, kannst du sie erlösen, indem du sie in deine Mitte zurückholst. Hüte dich vor Langeweile, sie ist die Eintrittskarte zum Reich des Bösen.

XVI Der erschütternde Weg der durchschlagenden Erkenntnis und der überraschenden Befreiung

Der TURM

Verzage nicht, weil sich die Dinge völlig anders entwickeln, als du es immer erwartet hast, weil du plötzlich erkennen mußt, daß du den Schatz bislang am falschen Ort suchtest. Betrete den schwankenden Boden. Das, was dir bisher als sicher galt, wird bis in seine tiefsten Fundamente erschüttert. Sei getrost: Am Ende des Tages wirst du befreit aufatmen und erkennen, daß die eingestürzten Mauern dir nur scheinbar zum Schutze dienten. Ohne daß du es wahrnahmst, waren sie seit langem nur noch die Mauern deines eigenen Gefängnisses. Freue dich auf den frischen Morgen, an dem du befreit und von all den Lasten völlig unbeschwert einen neuen Weg betreten darfst.

XVII Der weise Weg des Vertrauens in die Zukunft und der Einsicht in die kosmische Ordnung

Der STERN

Betrachte dein Leben aus großer Entfernung aus der Perspektive eines hochfliegenden Vogels und erkenne die vielen, großen Zusammenhänge. Was dir jetzt noch klein und unbedeutend erscheint, wird sich in Zukunft zu einer großen und bedeutsamen Angelegenheit entwickeln. Dagegen wird anderes, was du heute als real, unüberwindbar und bedrückend erlebst, in Kürze wie ein schlechter Traum von dir weichen. Vertraue in die Weisheit der kosmischen Ordnung und sei dankbar für die Fülle und die Vielfalt all dessen, was dich auf deinem Weg erwartet.

XVIII Der unheimliche Weg in die Abgründe der Seele und das Reich der ewigen Finsternis

Geh den Weg in die eigenen Tiefen. Erwarte nicht, in deiner Seele nur guten Feen und hilfreichen Geistern zu begegnen. Sei gefaßt, dort all die dunklen Mächte wirken zu sehen, von denen uns die Mythen und Märchen seit alters her erzählen. Begegne deinen Ängsten, indem du die Schwelle zum Reich der Nacht übertrittst. Besiege den Hüter des Waldes, den Zauberer, der dich am Betreten hindern will. Suche dann die schwarze Herrin vom See. Erschrick nicht, wenn sie das schlangenumgebene Haupt der Medusa trägt. Überwinde sie und schließe dann Freundschaft mit ihr. Wende deine ganze Kraft auf, dein Ziel nicht aus den Augen zu verlieren, und hüte dich, den einschmeichelnden Traumgestalten zu folgen, die dich mit süßen Worten in das Land des ewigen Vergessens locken wollen.

XIX Der glanzvolle Weg des Erfolges und der siegreichen Bahn der Sonne

Folge dem Weg der glorreichen Sonne, die allmorgendlich nach mitternächtlichem Sieg über die Mächte der Finsternis mit neuer Kraft majestätisch ihre Bahn über den Himmel zieht. Sei mutig und vertraue auf dich. Dein Weg wird dich ganz sicher zum Erfolg führen. Sei großzügig wie die Sonne, die ständig gibt und dafür nur die Spiegelung des eigenen Lichtes zurück erhält. Aber verliere dich weder in vordergründiger Überaktivität noch in aufgeblähter Selbstgefälligkeit.

XX Der befreiende Weg der Erlösung und der Hebung des Schatzes

GERICHT

Du hast den Ort erreicht, an dem der Schatz verborgen liegt, den du so lange gesucht hast. Auch wenn er völlig anders aussieht, als du ihn dir vorgestellt hast, genau hier mußt du dich an die Arbeit machen, um die schöne Gefangene zu befreien, den Prinzen aus der Froschgestalt zu erlösen. Sei mutig und bedacht. Erinnere dich der Worte und der Zauberformel, die der alte weise Mann dir sagte, und nutze die magischen Werkzeuge, die er dir gab. Freue dich, denn deine Reise steht kurz vor ihrem glücklichen Ende.

XXI Der glückliche Weg ins wiedergefundene Paradies

Die WELT

Du bist am glücklichen Ende deiner Reise. Du hast deinen Platz in dieser Welt gefunden. Du bist in deine Mitte zurückgekehrt. Hier kannst du mit dir und der Welt in Einklang sein. Lebendiges Leben ist Bewegung, und Bewegung ist Tanz. Genieße diese Zeit, und feiere sie mit deinen Gefährten. Laß es dir gutgehen, aber werde dabei nicht faul und träge: Du hast noch viele weitere Reisen und Abenteuer vor dir.

0 = XXII Der erstaunliche Weg der Unvoreingenommenheit und des steten Neubeginns

Der NARR

Betrete die Welt des Unbekannten frei von Vorurteilen und festen Erwartungen. Geh staunend und offenherzig deinen Weg. Verstehe, daß es keine Wiederholungen gibt, sondern dein Leben jeden Augenblick neu beginnt. Folge der Stimme deiner Instinkte, die dich vor Gefahren warnen, und vergiß nicht, die richtigen Fragen zu stellen.

Schwierigkeitsgrade und die Auswahl des richtigen Legesystems

Abgesehen vom Schwierigkeitsgrad, der hier jeweils in Klammern von 1 = leicht bis 5 = sehr schwer angegeben ist, unterscheiden sich die Legesysteme nach der Art, wie sie benutzt werden können, wie folgt:

A Für Beschreibungen von Situationen und Personen

1. Ohne spezielle Fragestellung

   a) Der astrologische Kreis (4)
   b) Das Beziehungsspiel (2)
   c) Das Partnerspiel (1)
   d) Das Planetenspiel (4)
   e) Der Stern (3)

2. Mit Stellung einer bestimmten Frage

   a) Die Varianten des astrologischen Kreises (4)
   b) Das Entscheidungsspiel (3)
   c) Der Stern (3)

B Für Trendverläufe

1. Ohne spezielle Fragestellung

   a) Die Tür (4)
   b) Das Kreuz (1)
   c) Das Geheimnis der Hohenpriesterin (3)
   d) Der Zauberspruch der Zigeuner (2)

2. Mit Stellung einer bestimmten Frage

   a) Das Kreuz (1)
   b) Das Keltische Kreuz (2)
   c) Die Tür (4)
   d) Das Narrenspiel (5)

C Spiele zur Selbsterfahrung

1. Ohne spezielle Fragestellung

   a) Das Planetenspiel (4)
   b) Das Mythenspiel – Innanas Abstieg in die Unterwelt (5)

2. Mit Stellung einer bestimmten Frage

   a) Das Kreuz (1)
   b) Das Keltische Kreuz (2)
   c) Das Geheimnis der Hohenpriesterin (3)
   d) Das Narrenspiel (5)

Eine andere Unterscheidung ergibt sich aus der Zielrichtung der Frage:

A Allgemeine Situationsbeschreibung

Der astrologische Kreis (4)

B Allgemeine Personenbeschreibung

Das Planetenspiel (4)

C Gegenwartsbeschreibung und Zukunftsaussichten

a) Das Keltische Kreuz (2)
b) Das Geheimnis der Hohepriesterin (3)
c) Das Narrenspiel (5)
d) Der Stern (3)
e) Die Tür (4)
f) Der Zauberspruch der Zigeuner (2)

D Fragen nach dem Stand einer Beziehung

a) Das Beziehungsspiel (2)
b) Das Partnerspiel (1)

E Entscheidungsfragen

a) Das Entscheidungsspiel (3)
b) Das Kreuz (1)

3
LEGESYSTEME
UND
DEUTUNGSBEISPIELE

Deutungsteil

Von Bildern kann man nicht im allgemeinen sprechen – und selbst spezifische Traumbeispiele werden, wenn sie eine Praxis veranschaulichen sollen, zu Verallgemeinerungen. Ein Bild ist per definitionem etwas Individuelles und bringt seine Kriterien und internen Beziehungen mit, durch die es verständlich wird. Die Generalisierungen, die jetzt folgen, können nur helfen, *eine Perspektive zu vertiefen* auf bestimmte Bildergruppen hin, aber sie können keine umfassende Erklärung eines speziellen Bildes sein, das vielleicht in deinem Traum erscheint. Auf gar keinen Fall. Erwarte also nicht, Leser, daß dieses Kapitel dir sagen wird, was deine Träume bedeuten.

JAMES HILLMAN,
Am Anfang war das Bild
Einleitung zum Deutungsteil

Der astrologische Kreis

Der astrologische Kreis eignet sich, wie kaum ein anderes Legesystem, zur umfassenden Beschreibung einer Situation. Werden die Karten ohne spezielle Frage ausgelegt, so geben sie Einblick in die derzeitigen Themen von 12 Lebensbereichen. In seinen weiter hinten beschriebenen Variationen kann dieses Spiel auch mit bestimmten Fragestellungen gespielt werden.

Die Karten werden den 12 Feldern (Häusern) des Horoskopes entsprechend im Kreis ausgelegt:

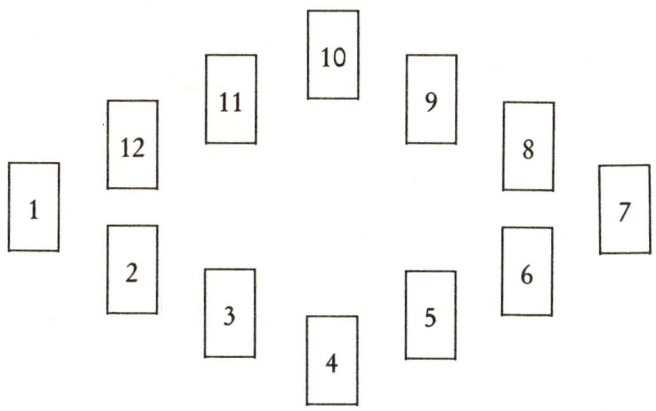

Ohne die Tiefe der astrologischen Häuser zu verkennen, muß deren Bedeutung für ein aussagefähiges Spiel zum Teil erheblich reduziert werden. Ich schlage dazu vor:

1 = Grundstimmung *Widder*	Bedeutend für die Art, wie die Erlebnisse in allen übrigen Feldern empfunden werden.
2 = Finanzen *Stier*	Umgang mit Geld. Einnahmen und Ausgaben.
3 = Alltagserfahrung *Zwillinge*	Themen, die den zeitlich größten Bereich unseres Lebens betreffen.
4 = Das Zuhause *Krebs*	Der Bereich, wo wir uns geborgen fühlen, in dem wir uns verwurzelt wissen. Der Schoß, nach dem wir uns

sehnen, wenn die äußere Welt zu bedrohlich wird.

5 = Alles was Spaß
macht

Löwe

Spiele und Vergnügungen jeder Art:
Spielen mit Kindern, Spiele mit Geld.
Das Spiel der Liebe (»ernst« wird es
erst in Feld 7), Hobbies.

6 = Die Arbeit

Jungfrau

Die gegenwärtige Aufgabe, die Art
der Arbeit, die Arbeitsmethodik, der
Arbeitsalltag.

7 = Die Partnerschaft

Waage

Die Beziehung, die Ehe, die dauerhafte Liebesverbindung.

8 = Das Hintergründige

Scorpion

Alle Tabus und ihre Überschreitungen. Insbesondere Sexualität, aber
auch tiefe, okkulte Erfahrungen. Das
Stirb und Werde.

9 = Höhere Erkenntnisse

Schütze

Erweiterung   unserer   Horizonte
durch innere und äußere Reisen.
Überzeugungen, Erkenntnisse und
Glaubensgewißheiten,   die   daraus
entstehen, einschließlich der sich daraus ergebenden Grundsätze und unserer »guten Vorsätze«.

10 = Öffentliche
Anerkennung

Steinbock

Insbesondere der berufliche Erfolg
und damit verbunden die berufliche
Zukunft.

11 = Die Freunde

Wassermann

Freundschaften, Freundschaftsideale,
Gruppenerlebnisse   und   die   Gastfreundschaft.

12 = Die geheimen Hoffnungen und Ängste

Fische

Unsere Sehnsüchte und Befürchtungen, die sich jeweils auf ein oder
mehrere andere Felder des Kreises
beziehen.

Die Deutung

Um zur Gesamtaussage zu gelangen, deute ich zunächst die
einzelnen Karten an ihren Plätzen. In diesem ersten Durchgang
bleiben manche Aussagen noch sehr vage und verschwommen.

Anschließend betrachte ich die folgenden Positionen auf mögliche Zusammenhänge, wodurch sich dann eine gehaltvollere Deutung ergibt.

Die Hauptachsen

Haus 1 und 7 *AC ↔ DC*   Die Ich/Du-Thematik.

Haus 4 und 10 *IC ↔ MC*   Das Woher und das Wohin.

Die Häuserelemente (ich nenne sie auch Dreiklänge)

Haus 1, 5 und 9   Der Feuerdreiklang. Er sagt uns häu-
Widder, Löwe, Schütze   fig etwas über Temperament und Ideale.

Haus 2, 6 und 10   Der Erddreiklang. Entspricht der
Stier, Jungfrau, Steinbock   Welt des Geldes und der Arbeit.

Haus 3, 7 und 11   Der Luftdreiklang. Die Ebene der
Zwilling, Waage, Wassermann Gedanken, Ideen, Kontakte und Gespräche.

Haus 4, 8 und 12   Der Wasserdreiklang, der für die Ge-
Krebs, Skorpion, Fische   fühle, das Gespür, die Sehnsüchte und Launen steht.

Diese erste Zusammenschau muß nicht an allen Plätzen zu einer einheitlichen Aussage führen. Es kann gut sein, daß einzelne Betrachtungen keinen sinnvollen Zusammenhang ergeben. Als Stiergeborener (Erde) mit starker Schützebetonung (Feuer) erkenne ich dabei in der Regel die Zusammenhänge in den Erd- und den Feuerhäusern recht gut. Dagegen beibt mir die Bedeutung der anderen beiden Gruppen öfters verborgen.

Sonstige Verbindungen

Löwe

Themenmäßig ergibt sich häufig ein Zusammenhang der Häuser 5 (Flirts, Affairen und lockere Verbindungen), 7 (Beziehung, Ehe) *Waage* und 8 (Sexualität). *Skorpion*

Sehr oft erklären sich auch die Hoffnungen und Ängste in Haus 12 *Fische* aus der Grundstimmung in Haus 1. *Widder*

Beispiel A

Als Vorschau für einen, durch den Frager auf 6 Wochen begrenzten Zeitraum, zeigte der astrologische Kreis das folgende Bild:

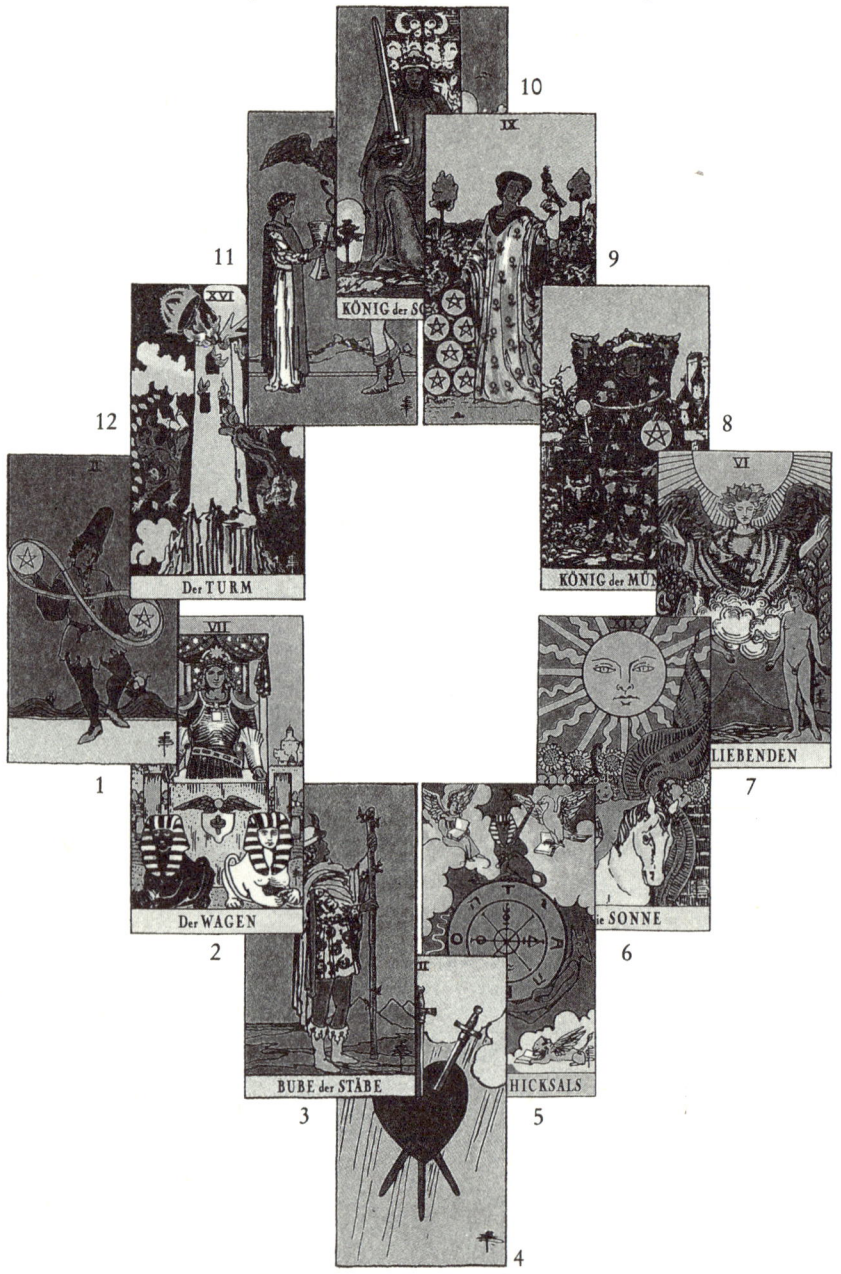

Einzelbetrachtung

1 = 2M
Die Grundstimmung ist von Leichtigkeit und Urvertrauen gekennzeichnet. Der Frager spürt, daß Entscheidungen zu treffen sind, geht aber spielerisch damit um.

2 = VII
Die Karte des zuversichtlichen Aufbruchs zeigt im finanziellen Bereich einen wesentlichen Schritt nach vorne.

3 = BSt
Im Alltagsleben wird es manchen interessanten Impuls geben, manche von außen kommende Anregung, die der Frager gerne, vielleicht sogar mit Begeisterung aufnimmt.

4 = 3Sw
Im Zuhause, im Bereich der Geborgenheit, die Karte von Schmerz und Enttäuschung. Sie verweist auf betrübliche Erfahrungen wie Verlassenheit, Abschied oder andere schmerzhafte Konflikte im häuslichen Bereich.

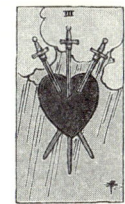

5 = X
Schicksalhafte Erfahrungen im 5. Feld sind große Gewinne oder Verluste im Spiel der Liebe oder des Glücks.

6 = XIX
Die Sonne im Arbeitshaus bringt Klarheit sowie Tatkraft, Anerkennung und Optimismus in das Arbeitsleben.

7 = VI
Die Liebenden im Beziehungshaus bedürfen wohl keiner weiteren Erklärung: Sonnenzeiten für die Liebe.

8 = KM
Eine Karte, die ich mit dem Frager verbinde, und die ihn, hier im Haus der Sexualität, als genußfähigen, sinnesfrohen und lebenslustigen Mann darstellt.

9 = 9M
Die (finanzielle) Glückskarte im Haus der inneren wie äußeren Reise zeigt Glücksfälle und beglückende Erfahrungen in diesen Bereichen.

10 = KSw
Ein klar denkender Mann wird für die berufliche Zukunft des Fragers bedeutungsvoll.

11 = 2K
Im Freundschaftsbereich gibt es eine wertvolle Begegnung. Wahrscheinlich eine neue Freundschaft.

12 = XVI
Der Turm im Haus der Hoffnungen und Ängste zeigt entweder die Hoffnung auf Befreiung aus Beengungen oder die Angst vor der Zerstörung des Erreichten.

Zusammenschau

Die Ich-Du-Achse 1 und 7

Hier haben wir es mit zwei Entscheidungskarten zu tun*. Damit wird für das Beziehungsleben eine Entscheidung notwendig, die der Frager mit Unbeschwertheit (1 = 2M) trifft.

Die Woher-Wohin-Achse 4 und 10

Offenbar führt die Erkenntnis, die der König des Verstandes (10 = KSw) vermittelt, zu schmerzhaften Konsequenzen im häuslichen Bereich. Das könnte eine berufliche Veränderung sein, die einen Umzug voraussetzt.

Der Feuerdreiklang

Wenn das Schicksalsrad (5 = X) mit Leichtigkeit und Lässigkeit (1 = 2M) gedreht wird, bringt es große Gewinne (9 = 9M). Nur durch diese 3. Karte wird klar, daß sich das Schicksalsrad von seiner freundlichen Seite als Glücksrad zeigt.

Der Erddreiklang

Die optimistische Aufbruchsstimmung (2 = VII), verbunden mit Tatkraft und Erfolg (6 = XIX) und die diesen beiden Karten gemeinsame Unternehmungslust und Zuversicht stehen für einen bedeutsamen, beruflichen Fortschritt, bei dem ein kluger und versierter Mann (10 = KSw) entscheidend sein wird.

Der Luftdreiklang

Die liebevolle Begegnung im Freundeskreis (11 = 2K) entwickelt sich überraschend (3 = BSt) zu einer intensiven Liebesbeziehung (7 = VI).

Der Wasserdreiklang

Für mich ist hier kein Dreiklang zu erkennen.

Sonstige Zusammenhänge

Feld 5, 7 und 8

---

* Die Karte »Die Liebenden« wurde und wird häufig auch »Die Entscheidung« genannt.

Die glücklichen Wendungen des Rades (5 = X) führen zu einer glücklichen Beziehung (7 = VI) und zeigen den Frager als sinnesfrohen Genießer im Bereich der Sexualität (8 = KM).

Feld 12 und 1

Hinter der nach außen gezeigten spielerischen Haltung (1 = 2M) verbirgt sich Unsicherheit und die Angst vor Erschütterungen und großen Umbrüchen (12 = XVI).

Ferner

Die hohe Anzahl der Trumpfkarten (5 von 12) zeigt ganz allgemein, daß der Frager sich in einer sehr bedeutsamen Phase seines Lebens befindet.

Wie ein Gespräch ergab, steht die Kummerkarte (4 = 3Sw) in diesem Fall »lediglich« für den Abschiedsschmerz angesichts einer (überraschend) längeren Reise, die wir in gewisser Weise schon hinter 9 = 9M vermuten durften.

Die Quintessenz

Die Quersumme aller Karten ist 2 und verweist damit auf den Weg der Hohenpriesterin. Diese Karte fordert den Frager auf, mit Gelassenheit und Geduld an die Fülle der Themen der nächsten Zeit heranzugehen und sich dabei vor allem durch seine vortreffliche Intuition leiten zu lassen.

Übungsbeispiele

Wenn die Karten anders lägen, hätten sie folgende Bedeutungen:

a) Tauschen wir die Karten auf der ersten Hauptachse aus, so daß 7 = 2M und 1 = VI ist, heißt das: Trotz liebevoller Grundstimmung wird die Notwendigkeit zur Entscheidung im Beziehungsleben nicht ernst genommen, was gemeinhin als Wankelmut verstanden wird.

b) Tauschen wir die Karten der zweiten Hauptachse zu 3 = KSw und 10 = 3Sw, so wird im häuslichen Bereich ein Mann des kühlen Lufttemperamentes bedeutsam, die berufliche Entwicklung ist aber trotz der ausgesprochen positiven Aspekte von 2 = VII und 6 = XIX mit Härten und schmerzvollen Erfahrungen oder auch Enttäuschungen verbunden.

c) Tauschen wir die beiden Könige miteinander zu 10 = KM und 8 = KSw, verändert sich nach meiner Erfahrung die Aussage trotz der relativen Unschärfe, die die Hofkarten außerhalb der Jahrmarktskartenlegerei immer haben: Der kühle König der Schwerter ist nicht der sinnesfrohe König der Münzen. Im achten Haus wird er daher eher einen Menschen zeigen, der sich mit diesen Themen (Lebenshintergründiges, Sexualität, Okkultes) intellektuell auseinandersetzt. Der König der Münzen zeigt dagegen im 10. Feld den auf greifbaren, vorwiegend materiellen Erfolg bedachten Menschen. Er könnte hier sowohl den Frager selbst (als erfolgreich) anzeigen, aber auch eine außenstehende Person, die Einfluß auf das Thema nimmt.

d) Drehen wir den Feuerdreiklang um eine Stufe zurück zu 1 = X, 5 = 9M und 9 = 2M, so wird zunächst einmal die Grundstimmung »schicksalhaft«. Der Frager hat damit den Eindruck, derzeit nicht besonders viel Einfluß auf den Gang der Ereignisse ausüben zu können. Statt dessen spürt er, daß er sich seinem Schicksal im Positiven wie im Negativen stellen muß.

Dies würde natürlich seine angstvollen Befürchtungen (12 = XVI) größer werden lassen und einen negativen Niederschlag in den schmerzvollen Erfahrungen im Bereich der Geborgenheit (4 = 3Sw) haben. Andererseits würde es aber auch gerade die Intensität der Glückskarte im Haus der Spiele (5 = 9M) positiv verstärken und materielle Gewinne versprechen, für deren Erreichen die moralischen Grundsätze diesmal denkbarerweise nicht so ernst genommen werden (9 = 2M).

Beispiel B

Der astrologische Kreis eignet sich hervorragend für Monats- oder Jahresprognosen. In diesem Fall wollte der Frager eine Vorschau auf ein Jahr.

Einzelbetrachtung

1 = X
Ein schicksalhaftes Jahr mit viel Auf und Ab. Der Frager hat dabei häufig das Gefühl, wenig Einfluß auf den Verlauf der Dinge nehmen zu können.

2 = 7Sw
In Geldangelegenheiten sind Unaufrichtigkeiten zu befürchten sowie die Neigung, sich oder andere zu täuschen, eventuell gar zu betrügen.

3 = RSt
Das Alltagsleben ist von einer ungeduldigen Stimmung gekennzeichnet, einer Unternehmungslust, die eine baldige Veränderung, Bereicherung, Neuerung oder Abwechslung verlangt.

4 = QSw
Im häuslichen Leben wird eine Frau bedeutsam, die hier in der kühlen, verstandesbetonten Art des Luftelements charakterisiert ist.

5 = 10M
Der Bereich des Spielens und der Vergnügungen ist von Fülle gekennzeichnet und verspricht damit viel Freude und Gewinn.

6 = 5M
Das Erleben am Arbeitsplatz ist dagegen sehr ärmlich dargestellt. Diese Karte beinhaltet zumindest Sorgen und Verlustängste, eventuell auch tatsächliche Verluste und Engpässe.

7 = AsSw
Falls der Frager verheiratet ist oder in enger Beziehung zu jemandem steht, weist diese Karte auf eine wichtige Entscheidung hin, bei der es auch um Trennung gehen kann. Lebt er dagegen als Single, zeigt diese kühle und eher distanzierte Karte an, daß er das in dem gefragten Zeitraum auch bleiben wird.

8 = 3M
Im Bereich des Hintergründigen wird eine neue, tiefere Erfahrungsebene betreten. Das kann sich sowohl auf okkulte Erfahrungen wie auch auf tiefreichendes sexuelles Erleben beziehen.

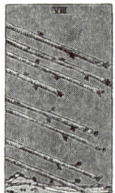

9 = 8St
Lebendige, überraschende Erlebnisse, die die Horizonte erweitern, versprechen fruchtbare Erfahrungen durch innere oder äußere Reisen.

10 = VI
Das berufliche Weiterkommen geht über persönliche Sympathien oder wird mit Liebe betrieben. Das Entscheidungsthema dieser Karte kann aber auch anzeigen, daß unbedingte Entschiedenheit vorausgesetzt wird.

11 = 10Sw
Im Freundeskreis muß mit dem willkürlichen, völligen Abbruch einer Freundschaft gerechnet werden.

12 = 7K
Diese Karte zeigt entweder die Hoffnungen des Fragers auf traumhafte Lösungen oder seine Angst, daß seine Erwartungen sich als Seifenblasen entpuppen.

Zusammenschau

Die Hauptachse 1 und 7

Die notwendige Entscheidung im Beziehungsfeld oder das Fehlen einer Beziehung (7 = AsSw) wird als schicksalhaft erlebt (1 = X). Vermutlich wird der Frager diesen Bereich mit der Einstellung leben, daß er das, was dort passiert, nicht gewollt hat und anderen die Schuld zuweisen.

Die Hauptachse 4 und 10

Die klar denkende Frau, die im häuslichen Bereich auftaucht (4 = QSw), hat Einfluß auf die Entscheidung für das berufliche Voran-kommen oder auf die Liebe an der Arbeit (10 = VI).

Der Feuerdreiklang

Das Schicksalsrad (1 = X) zeigt sich als Glücksrad (5 = 10M) und verspricht baldigen, überraschenden (9 = 8St) Vermögenszuwachs (5 = 10M), der denkbarerweise auch für eine Reise genutzt wird (9 = 8St).

Der Erddreiklang

Die Unaufrichtigkeiten im finanziellen Bereich (2 = 7Sw) und die Sorgen und Geldknappheit im und durch den Arbeitsbereich (6 = 5M) lassen eine wichtige Entscheidung über die berufliche Zu-kunft notwendig werden oder verlangen liebevolle Entschieden-heit für das weitere Vorankommen (10 = VI).

Der Luftdreiklang

Trotz, vielleicht sogar wegen der ungeduldigen Veränderungsstim-mung und Unternehmungslust im Alltagsbereich (3 = RSt) steht im Freundschaftshaus das Thema von Ende und Trennung (11 = 10Sw). Im Beziehungshaus ist eine klar überlegte Entscheidung fällig (7 = AsSw), die von der Ungeduld (3 = RSt) jedoch eher negativ beeinflußt wird.

Der Wasserdreiklang

Dies ist die Vision, wahrscheinlicher die Illusion (12 = 7K), mit der Windsbraut (4 = QSw) einen neuen Erfahrungsbereich betre-ten zu können (8 = 3M).

Sonstige Zusammenhänge

Feld 5, 7 und 8

Die Fülle der spielerischen Begegnungen und Erfahrungen (5 = 10M) ermöglicht neue Erlebnistiefen im Bereich der Sexualität (8 = 3M), führt aber zu keiner dauerhaften Verbindung bzw. bedroht sie, falls eine solche besteht (7 = AsSw).

Feld 1 und 12

Diese Karten zeigen die träumerische Hoffnung (12 = 7K), das Schicksalsrad möge sich als Glücksrad erweisen (1 = X), aber auch die dahinterliegende Angst, ge- oder enttäuscht zu werden (12 = 7K).

Die Quintessenz

Die Quersumme aller Karten ergibt 4 und verweist damit auf den wirklichkeitsnahen, praktischen Weg des Herrschers. Der Frager ist damit aufgefordert, sich von irrationalen Erwartungen, aber auch von fatalistischer Phlegmatik freizumachen und seinen Weg aktiv, pragmatisch zu gehen und dabei sich und seine Vorstellungen soweit wie möglich zu verwirklichen.

Der HERRSCHER

Beispiel B – Ergänzungen

Wenn sich trotz aller Betrachtungen eine oder mehrere Karten hartnäckig dem Verständnis entziehen oder eine Hintergrundinformation gebraucht wird, kann man an diese Karten eine, maximal zwei weitere Karten anlegen. Diese zusätzlichen Karten werden vom Frager aus dem übrigen Kartenstoß gezogen. Dies sollte jedoch nicht gemacht werden, wenn man mit der Aussage der

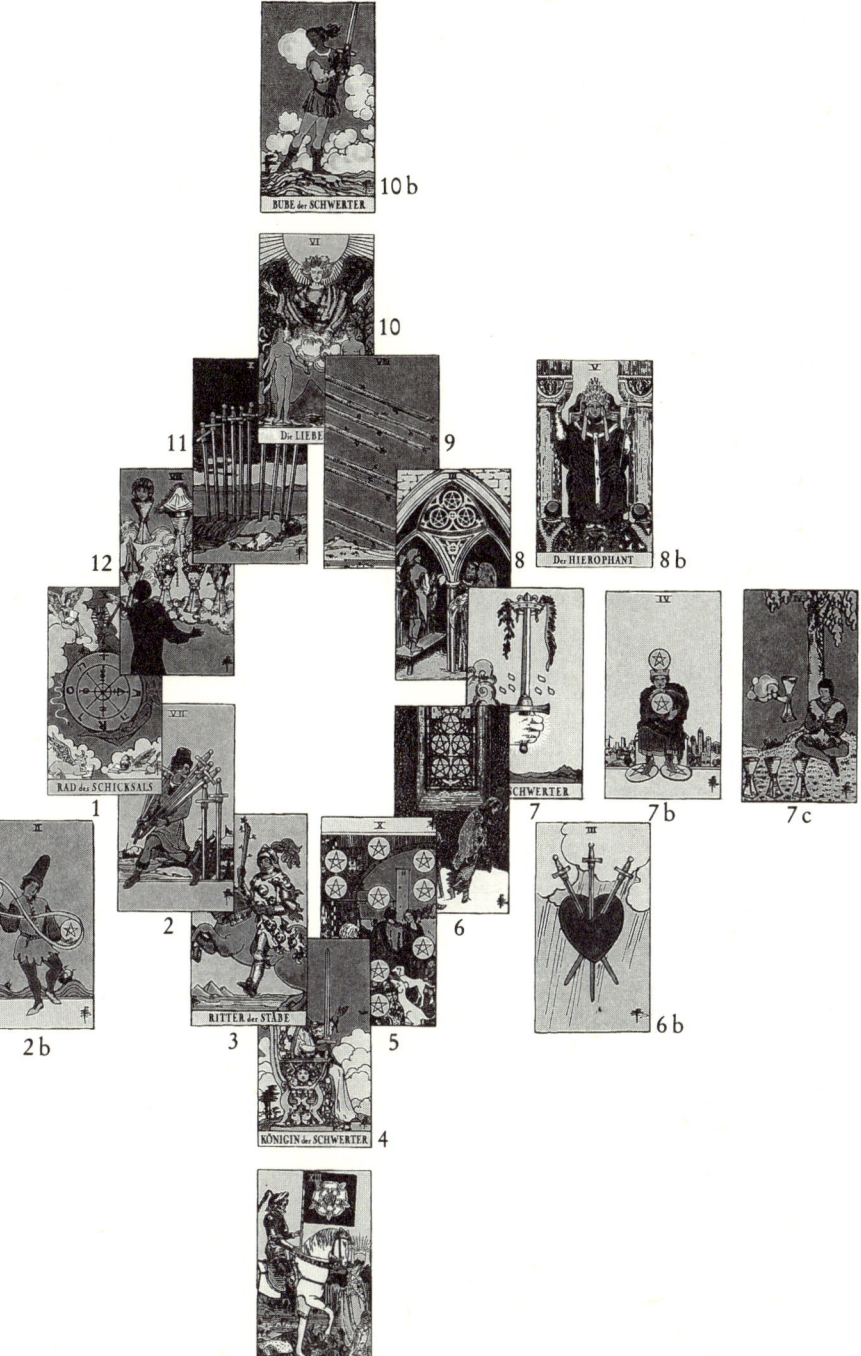

Karten nur unzufrieden ist. Das würde lediglich dazu führen, solange Karten anzulegen, bis uns alle Aussagen angenehm sind, aber dafür an Bedeutung verloren haben.

Grundsätzlich bevorzuge ich es, zu unklaren Karten eigens neue Karten zu legen. Dazu eignet sich insbesondere das Kreuz (siehe Beispiel C, Seite 222). Doch auch ein maßvoller Gebrauch der Möglichkeit des einfachen Anlegens führt zu interessanten Erklärungen, wie diese Fortsetzung des vorherigen Beispiels zeigt (Abb. auf Seite 67).

Ergänzende Deutung

Im beruflichen Erleben ergibt die Deutung der zusätzlichen Karten, daß sich hinter der fragwürdigen Haltung (2 = 7Sw) Wankelmut (2b = 2M) verbirgt und dies im Arbeitsleben zu Enttäuschung und Abschied führt (6b = 3Sw). Leider sind auch die Einflüsse auf der Hauptachse (4 und 10) kurzlebig geworden. Der Einfluß der Luftkönigin stirbt (4b = XIII), und im beruflichen Vorankommen bahnt sich ein Konflikt an (10b = BSw).

Der Hohepriester weist darauf hin, daß die Deutung des achten Hauses wohl eher im Bereich des Mystisch-Magischen oder Okkulten als in der Sexualität zu suchen ist (8b = V). Andererseits kann er aber auch gerade das tiefe (Selbst-)Vertrauen (8b = V) anzeigen, das dem Frager durch die fortgeschrittenen Erfahrungen (8 = 3M) erwächst.

Im Beziehungshaus ist keine günstige Entwicklung zu erkennen. Die angelegten Karten bedeuten Erstarrung und unlebendiges Festhalten am bisherigen Zustand (7b = 4M), gleichgültig ob dieser angenehm oder unangenehm ist. Der nachfolgenden Karte darf man sicherlich entnehmen, daß es sich um einen unangenehmen Zustand handelt, da sie Verdrossenheit und Überdruß bedeutet (7c = 4K).

Beispiel C

Auf die Frage nach der gegenwärtigen Situation zeigten die Karten folgendes Bild:

Einzelbetrachtung

1 = 4Sw
Die Grundstimmung ist von äußerer, zwangsläufiger Ruhe gekennzeichnet. Der Frager hat das Gefühl, nicht tun zu können, was er eigentlich möchte. Er ist in einer Phase »verhinderter Aktivitäten«, die z. B. durch eine Krankheit bedingt sein kann.

2 = XVII
Im Bereich der Finanzen und der Existenzsicherung werden sich Möglichkeiten mit großer Zukunft ergeben. Dieses Feld steht langfristig unter einem guten Aspekt. Der Frager darf vertrauensvoll in die Zukunft schauen.

3 = XII
Das Alltagsleben zeigt die gleiche Beeinträchtigung wie die Grundstimmung (XII und 4Sw sind themenmäßig verwandte Karten). Hierdurch erhält die Aussage, daß der Frager festsitzt oder in einer Klemme steckt, noch erheblich mehr Gewicht.

4 = BK
Im Feld des Zuhauses und der Geborgenheit wird eine Gelegenheit, eine Einladung auf ihn zukommen, die an sein Gefühl gerichtet ist und von ihm gerne angenommen wird.

5 = 8M
Im Bereich des Vergnügens bedeutet diese Karte, daß ein völlig neues Gebiet betreten wird, das sich langfristig positiv gestaltet. Im Spiel der Liebe eine neue Bekanntschaft oder im Bereich der persönlichen Interessen ein neues Hobby.

6 = 10Sw
Die gegenwärtige Arbeit wird entweder aufgegeben oder zumindest in der bisherigen Form nicht weitergeführt. Wahrscheinlich kommt es zu einem abrupten Ende.

7 = IX

Der Frager ist dieser Karte zufolge ohne feste Bindung oder fühlt sich in seiner Ehe sehr einsam. Diese Situation, die zunächst noch anhalten wird, bringt die Notwendigkeit wie auch die Gelegenheit mit sich, daß der Frager sich zutiefst im Inneren darüber klar wird, was er in dieser Hinsicht wirklich will.

8 = 4M

Im Bereich der Sexualität werden sich keine Veränderungen ergeben, da der Frager an seiner derzeitigen Situation festhält, gleichgültig ob sie ihm behagt oder nicht.

9 = 5K

Die Kummerkarte im Haus der inneren wie der äußeren Reise, der Einsichten und Erkenntnisse, kann sowohl für eine betrübliche Einsicht stehen wie auch das Scheitern von Reiseplänen sein. Genaueres kann uns nur die Zusammenschau sagen.

10 = AsK

Für die berufliche Zukunft tut sich eine erhebliche Chance auf, die weit über das normale Erfahrungsspektrum hinaus tatsächlich den Aspekt tiefer innerer Berufung beinhaltet.

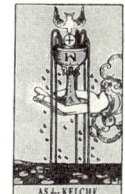

11 = 7M

Im Freundschaftserleben ist derzeit mit keiner spürbaren Veränderung zu rechnen. Langfristig kommen hier jedoch wichtige Erfahrungen auf den Frager zu.

12 = BM

Hoffnungen und Ängste zeigen hier die Hoffnung auf ein greifbares, konkretes Angebot. Vermutlich ein Arbeitsangebot, eine Chance, Geld zu verdienen.

Zusammenschau

Die Hauptachse 1 und 7

Der Ich/Du-Bereich ist gelähmt und ruhiggestellt. Der Frager befindet sich in einer Phase eines geringen Aktionsradius, in der er wohl allein ist und sich einsam fühlt. Sowohl der Nebenaspekt der meditativen Ruhe (1 = 4Sw) wie auch die Möglichkeit des tiefen, inneren Auslotens der eigenen Wünsche und Wichtigkeiten (7 = IX) zeigen, wie diese Zeit am besten genutzt werden soll.

Die Hauptachse 4 und 10

Buben bieten Chancen, die von außen auf uns zukommen, Asse zeigen Chancen, die in uns liegen. Auf dieser Achse treffen sich diesmal beide Möglichkeiten. Dies spricht für einen Impuls von außen (4 = BK), der möglicherweise eine völlig andere Zielrichtung hat, aber plötzlich als die entscheidende Chance für die berufliche Zukunft erkannt wird (10 = AsK).

Der Feuerdreiklang

In dieser Zeit kühler Ruhe (1 = 4Sw) erkennt der Frager mit Schmerzen, daß er manches aufgeben muß und mancher Plan, den er hatte, zum Scheitern verurteilt ist (9 = 5K). Andererseits zeigen sich dafür neue Wege, die einen aussichtsreichen Neuanfang ermöglichen (5 = 8M).

Der Erddreiklang

Die bisherige Tätigkeit wird wohl auf jeden Fall beendet (6 = 10Sw). Der Frager spürt, daß sich ihm völlig neue Horizonte auftun, die ihm die Gelegenheit bieten, weit in seine Zukunft hinein zu planen (2 = XVII). Dabei findet er eine ihn wirklich erfüllende Aufgabe, die seiner inneren Berufung entspricht (10 = AsK).

Der Luftdreiklang

Der gesamte Bereich der Geselligkeit und der Kontakte ist von Stillstand gekennzeichnet. Lediglich im Bereich der Freundschaft wächst langsam etwas heran, doch auch hier ist allem voran Geduld verlangt (11 = 7M). Das Alltagsleben hat die gleiche Kennzeichnung wie die Grundstimmung und zeigt, daß der Frager sich den äußeren Umständen ausgeliefert fühlt, ohne viel verändern zu können (3 = XII). Vor diesem Hintergrund mag das Alleinsein hart erlebt werden, beinhaltet aber die große Chance, Klarheit zu gewinnen, was in diesem Bereich wirklich gesucht wird (7 = IX).

Der Wasserdreiklang

Hier finden sich zwei Impulse, die von außen kommen. Davon zeigt die Karte im 12. Haus nur die Hoffnung auf diese Gelegenheit, ohne sie wirklich zu versprechen (12 = BM). Mit dem freundlichen Angebot des Kelchbuben darf der Frager dagegen rechnen (4 = BK). Dabei wird es wichtig für ihn sein, daß er diese Offerte nicht mit Verschlossenheit und sturer Haltung ablehnt (8 = 4M), nur weil sie im Moment nicht seinen konkreten Erwartungen (12 = BK) zu entsprechen scheint. Wie wir aus Betrachtung der Hauptachse 4 und 10 bereits wissen, entwickelt sich seine große berufliche Chance (10 = AsK) ja eben aus einem sympathischen Kontakt, der zunächst ganz anderer Natur ist (4 = BK).

Sonstige Zusammenhänge

Feld 5, 7 und 8

Während derzeit im Bereich des Beziehungslebens und der Sexualität noch Stillstand (8 = 4M) und Abgeschiedenheit (7 = IX) dominieren, liegen in der spielerischen Kontaktaufnahme neue Gelegenheiten, die sich langfristig positiv entfalten werden (5 = 8M).

Feld 1 und 12

Bei dem Stillstandsthema der ersten Karte (1 = 4Sw), das sich ja an vielen anderen Stellen dieses Kreises mehr oder minder stark wiederfindet, ist der Wunsch nach einem konkreten Impuls, der tatsächlich etwas in Gang setzt (12 = BM), gut verständlich.

Quintessenz

Die Quersumme aller Karten ist in diesem Fall 5. Der Hohepriester weist damit den Weg der Einsicht in die tiefen Beweggründe dieser Schwierigkeiten, die vordergründig oft wie Gemeinheiten des Schicksals aussehen. Dabei ist der Frager aufgefordert, diesen Weg voller Vertrauen zu gehen.

Anmerkung: Diese Legesituation führte zu der Frage: »Was ist die Ursache für mein Festsitzen?«, die als Beispiel C im Geheimnis der Hohenpriesterin (Seite 151) besprochen wird.

Beispiel D

Als allgemeine Situationsbeschreibung für eine Fragerin zeigte der
Kreis folgendes Bild:

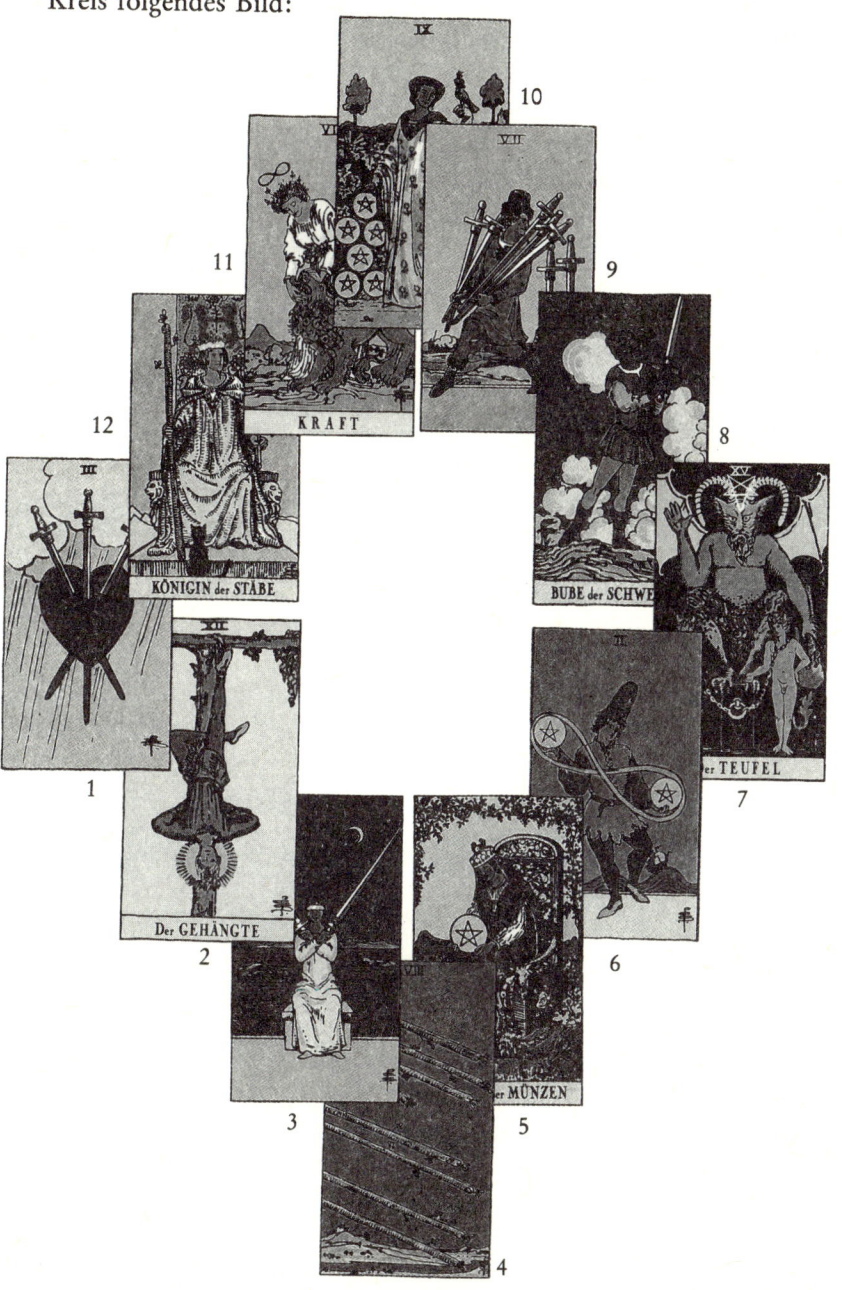

Einzelbetrachtung

1 = 3Sw
Das Grundgefühl ist von Schmerz und Kummer gekennzeichnet. Dabei kann es sich um alle Formen von Trennungsschmerzen handeln, aber auch um schmerzhafte Entscheidungen des Verstandes gegen Dinge oder Gewohnheiten, an denen unser Herz hängt.

2 = XII
Der Gehängte im Haus der Finanzen zeigt eine Stillstandssituation, die der Fragerin wie eine Zwickmühle erscheinen mag und aus der sie im Augenblick keinen Ausweg erkennt.

3 = 2Sw
Das Alltagsleben steht unter dem Schatten schwerer Zweifel, über deren Inhalt an dieser Stelle noch keine Aussage gemacht werden kann.

4 = 8St
In das Zuhause kommt Bewegung. Diese Karte kann auf einen baldigen Umzug verweisen.

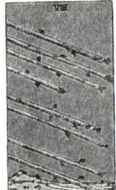

5 = QM
Die Königin mit dem erdhaften Temperament zeigt die Fragerin als die realistische, pragmatische, sinnliche Frau, die sich hier im Bereich des Vergnügens sehr wohl das zu nehmen versteht, was ihr gefällt, sich gleichzeitig aber auch ebensogut abgrenzen kann.

6 = 2M
Der Arbeitsplatz ist von der Karte der spielerischen Entscheidung dargestellt, mit der die Fragerin spontan und vorurteilsfrei auf sich ergebende Veränderungen, neue Möglichkeiten oder auch Notwendigkeiten reagieren kann.

7 = XV
Der Teufel im Beziehungshaus steht für leidenschaftliche Verstrickungen, Machtkämpfe in der Beziehung, Gefühle des Ausgeliefertseins oder die Erfahrung der Abhängigkeit.

8 = BSw
Im Bereich der Sexualität fühlt sich die Fragerin von
außen bedrängt oder bedroht.

9 = 7Sw
Die Karte der Unaufrichtigkeiten im Haus der Überzeugungen und den daraus entstammenden (guten)
Vorsätzen zeigt jemanden, der sich selbst etwas vor-
macht oder anderen gegenüber unaufrichtig ist*.

10 = 9M
Die berufliche Zukunft sieht ausgezeichnet aus. Diese Karte verspricht nicht nur glückliche Entwicklungen und finanziellen Vorteil, sondern auch inneren
Reichtum und Zufriedenheit.

11 = XI
Der Freundschaftskreis ist der Rahmen, in dem Kraft
gewonnen wird und in dem die Fragerin Unterstützung findet.

12 = QSt
Die Hoffnungen zeigen die Fragerin als die selbstbestimmte, risikofreudige, mutige Königin, die hier
durch das Feuerelement charakterisiert wird.

* Auf einer Ereignisebene kann diese Karte natürlich auch
bedeuten, im Urlaub (Haus 9) bestohlen zu werden (7Sw).

Zusammenschau

Die Hauptachse 1 und 7

Die Erkenntnis der Verstrickungen und des Ausgeliefertseins im Bereich der engen Beziehungen (7 = XV) mag wohl die Ursache für die schmerzvolle Verstandesentscheidung (1 = 3Sw) sein, die die Fragerin bedrückt. Offensichtlich ist sie dabei, sich aus den Abhängigkeiten zu lösen, an denen ihr Herz hängt.

Die Hauptachse 4 und 10

Eine in Kürze zu erwartende Veränderung im häuslichen Bereich (4 = 8St) – vermutlich ein Umzug –, steht in Zusammenhang mit der erfreulichen, lukrativen beruflichen Entwicklung.

Der Feuerdreiklang

Die wirklichkeitsnahe, pragmatische Frau (5 = QM) sieht sich zwischen der harschen Entscheidung gegen das Herz (1 = 3Sw) und der Versuchung, sich davor zu drücken und ihren schon gefaßten Vorsatz fallen zu lassen (9 = 7Sw). (Diesen Zweifel finden wir auch in 3 = 2Sw wieder.)

Der Erddreiklang

Die finanziell vertrackte Situation (2 = XII) wird gelassen, eher spielerisch hingenommen (6 = 2M) und löst sich überraschend in angenehmer Weise (10 = 9M).

Der Luftdreiklang

Die zermürbenden Zweifel im Alltagsleben (3 = 2Sw) beziehen sich offenbar auf die Frage, ob sie den Weg aus ihrer Abhängigkeit (7 = XV) findet. Aus dem Freundschaftskreis erhält sie dazu Kraft und Unterstützung (11 = XI).

Der Wasserdreiklang

Für mich ist hier keine klare, gemeinsame Aussage zu erkennen, es sei denn als fragwürdige Ereignisvoraussage: Die unabhängige, willensstarke Frau (12 = QSt) fühlt sich bald (4 = 8St) von außen bedroht (8 = BSw).

Sonstige Zusammenhänge

Feld 5, 7 und 8

Die bodenständige Frau, die sich sonst sehr wohl abzugrenzen versteht (5 = QM), fühlt sich durch die Abhängigkeiten in der Beziehung (7 = XV) bedroht (8 = BSw).

Feld 1 und 12

Die Karte im Haus der Hoffnungen zeigt die energische, willensstarke Frau (12 = QSt), die die Fragerin als Leitbild vor Augen hat, um die Kraft zu besitzen, den schmerzhaften Entschluß (1 = 3Sw) durchzustehen.

Quintessenz

Die Quersumme des Kreises ergibt VI, die Karte der Liebenden. Es sieht im ersten Moment fast wie eine Ironie aus, daß angesichts dieser Thematik die Karten den Weg der Liebenden empfehlen. In diesem Fall ist wohl ganz deutlich, daß die zweite Bedeutung dieser Karte, die »Entscheidung« und die »Entschiedenheit« voll zur Geltung kommt.

Anmerkung: Es ist naheliegend, daß die Fragerin nach diesem Spiel wissen wollte: »Wie kann ich mich am besten aus der Abhängigkeit lösen?«. Die Antwort auf diese Frage wurde durch das Geheimnis der Hohenpriesterin (Beispiel E Seite 159) gegeben.

Übungsbeispiele

Wenn wir zu Übungszwecken den Teufel (XV) als Karte des prickelnden Reizes, der lockenden Versuchung, der tiefen Abhängigkeit und der Warnung vor solchen Schritten einmal durch alle Häuser des Kreises wandern lassen, ergeben sich dabei folgende Bedeutungen:

1 = XV   Die Fragerin befindet sich in einer Phase, in der sie sich der Versuchung ausgesetzt fühlt, gegen ihre eigenen Überzeugungen zu verstoßen bzw. sich dieser bereits soweit ausgeliefert hat, daß sie Abhängigkeiten und Unfreiheit verspürt.

2 = XV   Der Umgang mit Geld ist von Verlockungen gekennzeichnet. Dies kann ein Hinweis auf unsaubere Geschäfte sein oder die Abhängigkeit der Betreffenden von materiellen Werten anzeigen.

3 = XV   Verlockungen des Alltagslebens, mit denen wir konfrontiert werden, liegen in einer Vielzahl von größeren und kleineren Angewohnheiten wie Rauchen, Trinken, Eßunsitten, Unzuverlässigkeiten, Lügen und Gemeinheiten.

4 = XV   Abhängigkeiten im häuslichen Bereich können Menschen darstellen, die zum Beispiel wegen des finanziellen Vorteils noch im Elternhaus leben, obwohl sie sich schon längst hätten lösen sollen.

5 = XV   Im Haus des Vergnügens steht der Teufel für alle Exzesse der Leidenschaft: Der Spieler, der nicht mehr aufhören kann, der passionierte Verführer, aber natürlich auch der Falschspieler und die erotische Sammelwut.

6 = XV   Der Teufel am Arbeitsplatz kann sowohl für den besessenen Angestellten oder Wissenschaftler stehen (amerikanisch: workoholic) wie auch für das Erlebnis der Abhängigkeit: die Erfahrung, mit Aufgaben betraut zu werden, die gegen die eigene Überzeugung verstoßen, deren Nichterfüllung aber den Arbeitsplatz gefährdet.

7 = XV   Die leidenschaftliche Verstrickung im Beziehungsleben reicht von Machtkämpfen in der Beziehung über die Erfahrung des Ausgeliefertseins, bis hin zu dem Extrem, einem zweifelhaften Partner mit Haut und Haaren verfallen zu sein.

8 = XV   Die falsche Art, tiefe Reichtümer jenseits der Tabugrenzen zu heben: Scheinheilig verklärte schwarze Messen, Mißbrauch archaischer Kräfte, kalte Lüsternheit, schwarze Magie und Besessenheit.

9 = XV   Abhängigkeit von religiösen »Vorbildern« (Gurus) und zweifelhafte Glaubensgrundsätze. Aber auch Versuchungen, die einen echten Härtetest unserer guten Vorsätze darstellen.

10 = XV   Machthunger und fragwürdige Praktiken, um an die Plätze der Macht vorzudringen. Sich an die Karriereleiter gebunden zu fühlen. An Titeln, Anerkennung, Ruhm usw. kleben.

11 = XV   Unsauberkeiten im Freundschaftserleben. Freundschaftsbetrug. Mißbrauch der Freundschaft für fragwürdige Ziele. Umgang mit oder Abhängigkeiten von halbseidenen Freunden.

12 = XV   Hoffnung auf den Kitzel und den Reiz der Versuchung; oder Angst vor Abhängigkeiten, Verstrickungen oder überwältigenden Leidenschaften.

Beispiel E

1. Variante des astrologischen Kreises

Das Prinzip des astrologischen Kreises eignet sich vorzüglich, um die Bedeutung der einzelnen Felder einer bestimmten Fragerichtung anzugleichen. Nimmt man ihn für die Frage nach einer Reise, so wandeln sich die Bedeutungen der einzelnen Felder wie folgt:

1 = Grundstimmung, Reiselaune.

2 = Urlaubskasse.

3 = Urlaubsalltag, Begegnungen.

4 = Geborgenheit (Heimweh oder sich in der Ferne zu Hause fühlen usw.)

5 = Vergnügungen.

6 = Gesundheit.

7 = Beziehung, Partnerschaft.

8 = Sexualität.

9 = Neue Erkenntnisse, Einsichten, die die Weltanschauung und Lebensgrundsätze betreffen.

10 = Reisehöhepunkt. Das, was (als Ergebnis) mit nach Hause gebracht wird.

11 = Reisebekanntschaften, Freundschaften.

12 = Hoffnungen und Ängste.

Dieses Buch entstand auf einer Reise, die sich wie folgt ankündigte:

Einzelbetrachtung

1 = BK
Die Reisestimmung wird (positiv) geprägt und beeinflußt durch freundliche, liebevolle Impulse, die von außen kommen.

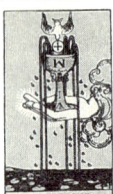

2 = AsK
Die Karte des tiefen inneren Glücks und der Zufriedenheit zeigt finanzielle Unbesorgtheit und darüber hinaus vielleicht auch Glück in Geldangelegenheiten.

3 = RSt
Der Urlaubsalltag ist von einer ungeduldigen, unternehmungslustigen Stimmung gekennzeichnet, das heißt Erlebnishunger, Abenteuerlust und Tatendrang.

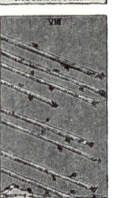

4 = 8St
Der Bereich der Geborgenheit wird hier von der Karte der bewegten Ereignisse dargestellt. Dies spricht für einen hohen »Wandertrieb« während der Reise oder für überraschende Erkenntnisse oder Ereignisse, die das Zuhause betreffen.

5 = RSw
Kühle, klare Berechnung und Distanziertheit ist das Beste, was diese Karte verkünden kann. Wahrscheinlicher sind Frost und Konflikte. Auf den Bereich des Vergnügens übertragen heißt das: Berechnetes Spiel, Verluste und Streit, sofern die Distanziertheit überhaupt spielerisches Vergnügen aufkommen läßt.

6 = IV
Der Herrscher als das Ordnungs- und Wirklichkeitsprinzip im Haus der Gesundheit steht für angemessene, überlegte Vorsichtsmaßnahmen ohne nennenswerte gesundheitliche Störungen*.

---

* Da dies sozusagen ein Arbeitsurlaub war, kann der Aspekt der Arbeit durchaus mit im 6. Haus gesehen werden. Damit verweist diese Karte auf Systematik, Ausdauer sowie die Verwirklichung von Ideen und Vorstellungen.

7 = 6K
Die Karte von Nostalgie und träumerischem Rückblick im Haus der Beziehungen verheißt manch sehn-
süchtigen Rückblick sowie den Traum von einer
liebevollen Beziehung.

8 = 6M
Großzügigkeit im Bereich der Sexualität läßt mannigfaltige Begegnungen vermuten. An dieser Stelle wäre
die Schattenseite dieser Karte sicherlich die käufliche
»Liebe«.

9 = 9St
Sich bedroht fühlen, auch wenn keine wirkliche Bedrohung vorhanden ist, sich verbarrikadieren und
verschließen, hier im Bereich der Erkenntnisse und
tiefen Einsichten, zeigt völlige Lernunwilligkeit und
damit eine ablehnende, sehr fragwürdige Haltung.

10 = VI
Die Liebenden als Reisehöhepunkt scheint die Erfüllung der Sehnsüchte des zuvor beschriebenen 7.
Hauses zu sein. Es muß aber berücksichtigt werden,
daß diese Karte auch die Entscheidung heißt, und
damit eventuell auf dieser Reise eine wichtige, weitreichende Entscheidung fällt.

11 = KK
Der König der Gefühle als Symbol für die Reisebe-
kanntschaften zeigt Offenheit und Wärme in diesem
Bereich, sofern die Karte für den Frager steht, oder
Freundschaft zu einem freundlichen und gefühlsbe-
tonten Mann.

12 = 5Sw
Die Angst vor Scheitern, Verlusten, Erniedrigung
und Abweisung begleitet den Reisenden.

Zusammenschau

Die Hauptachse 1 und 7

Die freundlichen, liebevollen Impulse von außen (1 = BK) bringen oder erwecken offenbar die Sehnsüchte und Erinnerungen an eine beständige Beziehung (7 = 6K).

Die Hauptachse 4 und 10

Diese Achse heißt entweder, daß der Frager überraschend (8St) die große Liebe findet (VI) oder aber, daß plötzliche Ereignisse und Erkenntnisse, die das Zuhause betreffen (4 = 8St), zu einer wichtigen und weitreichenden Entscheidung (10 = VI) führen.

Der Feuerdreiklang

Die freundlichen Impulse aus der Umwelt (1 = BK) finden leider keine positive Resonanz: Sie werden kühl, reserviert bis frostig aufgenommen (5 = RSw) oder prallen völlig ab (9 = 9St)*.

Der Erddreiklang

Die große Glückskarte (2 = AsK) in Verbindung mit der Karte der Wirklichkeit (6 = IV) zeigt, daß die Chancen genutzt und verwirklicht werden, was zu einer weitreichenden Entscheidung führt (10 = VI).

Der Luftdreiklang

Für mich kein sinnvoller Dreiklang erkennbar.

Der Wasserdreiklang

Überraschende Ereignisse (4 = 8St) bringen reiche Erfahrungen im sexuellen Bereich (8 = 6M), die aber mit Angst vor Verlust oder Erniedrigung verbunden sind (12 = 5Sw).

---

* Diese Aussage steht im klaren Widerspruch zu der Deutung der Hauptachsen 1 und 7 sowie 4 und 10. Erst eine abschließende Betrachtung kann dieses Mißverhältnis eventuell aufklären.

Sonstige Zusammenhänge

Feld 5, 7 und 8

Die Zusammenschau dieser 3 Karten bleibt widersprüchlich: Die kühle, distanzierte Haltung gegenüber dem Bereich des spielerischen Vergnügens einerseits (5 = BSw), und die Sehnsucht nach einer Liebesbeziehung (7 = 6K) andererseits, sowie die erlebte Fülle im Bereich der Sexualität (8 = 6M).

Feld 1 und 12

In Zusammenhang mit den durchaus positiven, warmen und freundlichen Impulsen aus der Umwelt (1 = BK) hat der Frager Angst vor möglichen, dahinterliegenden Verletzungen, Konflikten und Enttäuschungen (12 = 5Sw).

Abschließende Betrachtung

Die Bedeutung der Hauptachse 4 und 10 (8St und VI) bleibt weiter unbestimmt. Es kann sich hier sowohl um eine Liebesthematik wie um eine weitreichende berufliche Entscheidung handeln.

Das Liebesthema zeigt sich sehr verstrickt: Es mangelt sicherlich nicht an Gelegenheiten (1 = BK) und tatsächlichen Begegnungen (8 = 6M). Die Bereitschaft jedoch, sich wirklich auf eine weiterreichende Erfahrung einzulassen, ist sehr ambivalent. Hier steht die Sehnsucht (7 = 6K) der Angst vor Verletzungen (12 = 5Sw) und der kühlen Distanziertheit (5 = RSw) gegenüber. Andererseits würde gerade auch die von Waite selbst gemachte Deutung der 8 der Stäbe als eine Karte der Liebe, hier zusammen mit der Karte der Liebenden, natürlich dieses Thema betonen.

Das Berufsthema ist eindeutiger, da hier ohnehin sehr günstige Gelegenheiten (2 = AsK) verwirklicht werden (6 = IV) und in diesem Zusammenhang eine überraschende (4 = 8St) Entscheidung (10 = VI) naheliegt.

Nun dürfen wir uns nicht verleiten lassen, die naheliegendste Deutung als die selbstverständlich richtige anzusehen. Dafür verhalten wir Menschen uns zu widersprüchlich. In einem solchen Fall ist es sicherlich besser, diese Frage durch ein weiteres Spiel entscheiden zu lassen. Hier gaben die Karten einen für den Frager

klaren Hinweis auf ein berufliches Thema*, was sich auch rückblickend als richtig bestätigt hat.

Quintessenz

Die Quersumme aller Karten ist 9, die Karte des Eremiten. Sie
zeigt, daß der Frager die Reise nutzen soll, um in sich zu gehen
und unbeeinflußt von anderen für sich klären soll, was für ihn
wichtig ist, wo seine Schwerpunkte liegen.

---

* Das Kreuz zeigte: 1 = 5K = Abschied, Schmerz usw. (Der Frager hatte
seine alte Stellung gekündigt.) 2 = 4M = Es geht nicht darum, am alten
oder am Sicherheitsdenken festzukleben. 3 = 10M = Statt dessen soll er
den Weg des Erfolges und des Geldes gehen. 4 = 9K = Das führt ihn zu
einer zufriedenen Phase, einer »guten Zeit«.

Beispiel F

2. Variante des astrologischen Kreises

Eine weitere Möglichkeit, die Felder des astrologischen Kreises mit veränderten Bedeutungen zu belegen, ergibt sich bei Fragen nach einem Projekt, einem Unternehmen, einer Firmengründung und ähnlichen Vorhaben.

Die 12 Felder können dann wie folgt verstanden werden:

1 = Grundstimmung, Auftreten nach außen

2 = Betriebsfinanzen

3 = Arbeitsalltag, Lernfähigkeit

4 = Fundament, Anfangsjahre

5 = Kreativität, Freude an der Arbeit, Unternehmungslust

6 = Organisation, Zweckmäßigkeit der Arbeitsabläufe

7 = Langfristige Kooperationen, Firmenzusammenschlüsse, aber auch Konkurrenzkämpfe

8 = Krisen und deren Bewältigung

9 = Geschäftsgrundsätze, Unternehmensphilosophie

10 = Management

11 = Geschäftsfreunde, Geschäftsbeziehungen

12 = Verborgene Chancen und Risiken

In diesem Fall ging es um eine geplante Kooperation zwischen zwei selbständigen Unternehmern.

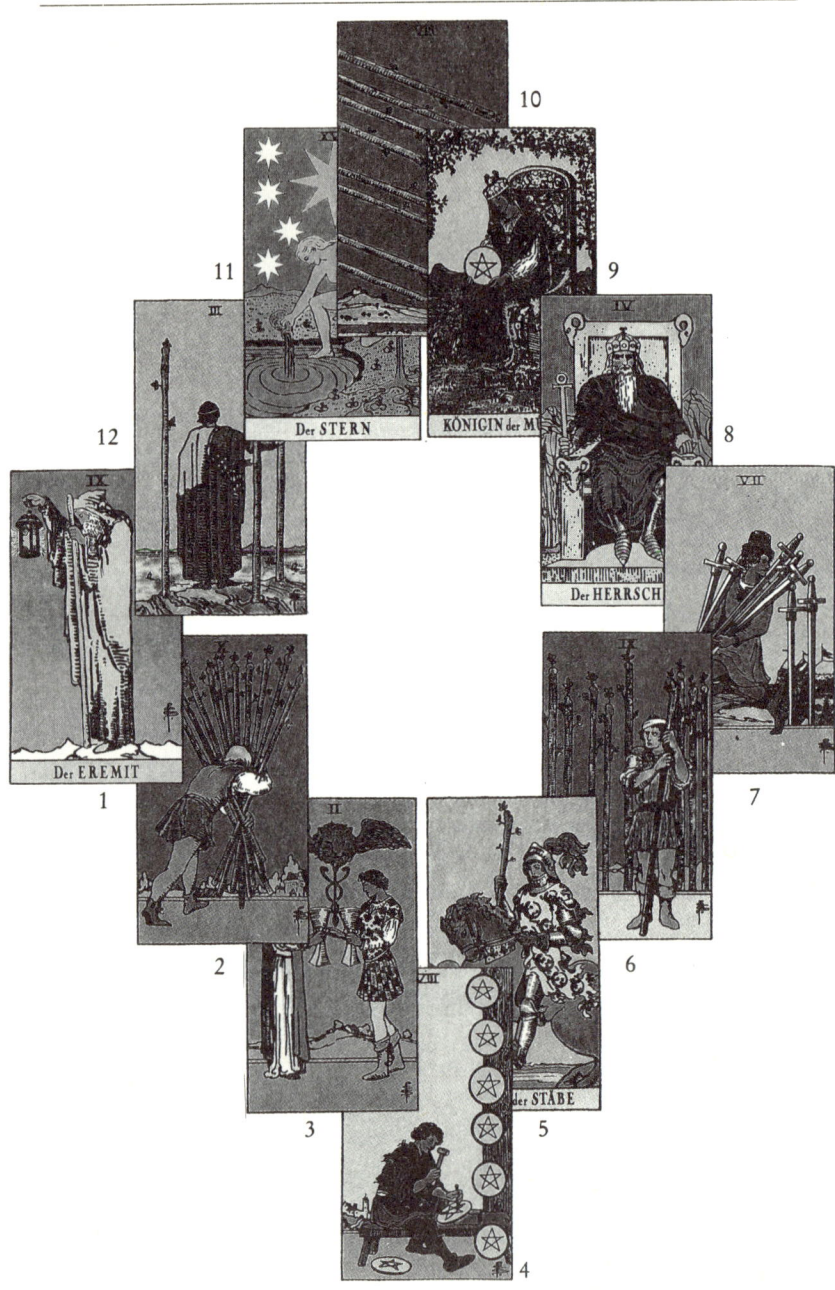

Einzelbetrachtung

1 = IX

Die Grundstimmung, durch den Ernst des Eremiten gekennzeichnet, weist darauf hin, daß das Projekt mit Gewissenhaftigkeit und Zuverlässigkeit betrieben wird. Das Auftreten nach außen ist von Seriösität, Bestimmtheit und Gradlinigkeit geprägt.

2 = 10St

Der finanzielle Bereich mag zumindest in der Anfangsphase Grund zur Sorge geben. Die Karte zeigt mangelhafte Perspektiven und Sorgen, verbunden mit dem Gefühl, sich zuviel zugemutet zu haben.

3 = 2K

Obwohl der Eremit und damit die Abgeschiedenheit die Grundstimmung charakterisiert, ist der Arbeitsalltag alles andere als ungesellig. Diese Karte weist auf freundschaftliche, liebenswürdige Kontakte hin, die den Geschäftsalltag bestimmen.

4 = 8M

Dies ist ein Hinweis, daß es sich um ein neues Projekt handelt, das ganz am Anfang steht und konsequent aufgebaut werden muß. Langfristig gute Aussichten liegen ebenso in der Karte wie auch der Hinweis, daß in der Anfangszeit sicherlich manches Lehrgeld bezahlt wird.

5 = RSt

Kreativität und Freude an der Arbeit wird von dieser Karte der Ungeduld dargestellt. Das verspricht starkes Engagement und hohen Einfallsreichtum, warnt aber gleichzeitig vor Unruhe bringenden Übertreibungen (Innovationsmanie).

6 = 9St

Die Organisation und Struktur des Unternehmens ist offenbar ein kritischer Punkt. Denkbarerweise prallen hier unterschiedliche Auffassungen der Partner aufeinander. Verhärtete Fronten können das Ergebnis sein.

7 = 7Sw
Diese Karte ist eine deutliche Warnung, sowohl bei eventuellen Kooperationen mit anderen Unternehmen als auch im Umgang mit der Konkurrenz, darauf zu achten, sich nicht übervorteilen zu lassen.

8 = IV
Mögliche Krisen, die das Projekt bedrohen, werden mit der Systematik und der pragmatischen Vorgehensweise des Herrschers behoben.

9 = QM
Auf die Fixierung der Geschäftsgrundsätze und der Unternehmensphilosophie wird eine Frau mit erdhaftem Temperament Einfluß nehmen.

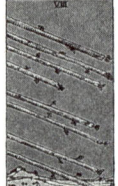

10 = 8St
Die bewegte Karte deutet auf eher unruhige Geschäftsführung hin und kündigt wohl eine baldige Veränderung in diesem Bereich an.

11 = XVII
Diese weit in die Zukunft reichende Karte verspricht wertvolle und sehr langfristige Geschäftsverbindungen. Damit wird ein Kundenstamm aufgebaut, mit dem das Unternehmen dauerhaft rechnen kann.

12 = 3St
Diese Karte zeigt das Erreichen eines soliden Fundamentes, von dem aus sich neue Perspektiven eröffnen. Als geheime Chance legt sie an dieser Stelle nahe, daß dieses Projekt nur ein erster Schritt und die Ausgangsbasis für ein größeres Anschlußprojekt sein könnte.

Zusammenschau

Die Hauptachse 1 und 7

Bei sorgsamer Vorgehensweise (1 = IX) kann den unlauteren Absichten der Konkurrenz oder bei Kooperationen (7 = 7Sw) sicherlich wirksam begegnet werden. Das Gewicht des Eremiten ist dem der 7 der Schwerter zweifellos überlegen.

Die Hauptachse 4 und 10

Die Zeit des Lernens und die Aufbauarbeit (4 = 8M) wird bald gute Ergebnisse zeigen (10 = 8St = Zeitindikator).

Der Feuerdreiklang

Im Zusammenhang mit der für das Projekt offenbar wichtig werdenden Königin der Münzen (in diesem Fall handelte es sich tatsächlich um eine begüterte Frau) wird die sonst in diesem Unternehmen vorherrschende Ruhe, Geduld und Gründlichkeit (1 = IX) durch Ungeduld (5 = RSt) überdeckt.

Der Erddreiklang

Der Druck der Verantwortung und der Pflicht sowie die unzureichende Perspktive (2 = 10St), verbunden mit dem Gefühl der Bedrohung und die eventuell selbst abgeschnittene Rückzugsmöglichkeit (6 = 9St) werden sich nach nur kurzer Zeit verändern und auflockern (10 = 8St). Interessant ist ferner, daß alle drei Karten auf diesen Erdfeldern Stäbe sind, die dem Feuerelement entsprechen. Das zeigt, daß viel Willenskraft und Ehrgeiz aufgebracht wird (Feuer), um zu greifbaren, materiellen Erfolgen zu kommen (Erde).

Der Luftdreiklang

Die täglichen Kontakte und neuen Verbindungen (3 = 2K) beinhalten das Risiko des Hintergangenwerdens (7 = 7Sw), führen jedoch vor allem zu langfristig wertvollen Geschäftsbeziehungen (11 = XVII).

Der Wasserdreiklang

Das mit Fleiß, Ausdauer und Systematik (8 = IV) neu begonnene Projekt (4 = 8M) führt zu einer stabilen Ebene, von der aus sich neue Möglichkeiten eröffnen (12 = 3St).

Abschließende Betrachtung

Eine insgesamt sehr ermutigende Aussage. Die für ein neues Projekt durchaus üblichen, anfänglichen, finanziellen (2 = 10St) und organisatorischen (6 = 9St) Schwierigkeiten werden zügig gelöst (10 = 8St). Die Seriösität, die das Unternehmen ausstrahlt (1 = IX), und die stark betonte Fähigkeit der Krisenbewältigung (8 = IV) sind starke Sicherheitsfaktoren. Besonders erfreulich sind die geheimen Chancen für weitere Anschlußprojekte. Der schwächste Punkt ist – nachdem die Probleme im Finanz- und Organisationsbereich ja baldigst behoben werden – die Gefahr des Betruges durch Konkurrenten (7 = 7Sw). Wie wir gesehen haben, kann dem aber mit entsprechender Vorsicht wirksam begegnet werden (1 = IX).

Quintessenz

Die Quersumme aller Karten ist 5, der Weg des Hohenpriesters. Als Schutzkarte verspricht er ein gutes Gelingen und fordert die Partner auf, vertrauensvoll an das Projekt heranzugehen und mögliche Gegensätzlichkeiten auf einer tiefen, verständnisvollen Ebene zu lösen.

Das Beziehungsspiel

Dieses Spiel gibt Auskunft über die Art, wie zwei Menschen zueinander stehen. Üblicherweise wird es wohl vor dem Hintergrund einer Liebesbeziehung gespielt, aber es eignet sich auch für jede andere Form von Beziehung zwischen Menschen. Insgesamt sieben Karten werden dazu wie folgt ausgelegt:

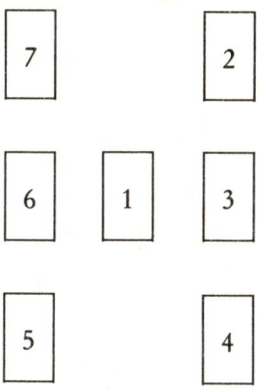

Die Deutung

1 =   Der Signifikator zeigt die Situation, in der sich die Beziehung befindet; das Thema, das die Beziehung derzeit regiert.

Die linke Säule (7, 6, 5) steht für den/die Frager(in), die rechte Säule (2, 3, 4) für den/die Partner(in).

7 + 2 =   Diese oberen beiden Karten zeigen die bewußte Ebene, auf der sich die Partner begegnen. Es ist das, was sich jeder denkt, was jeder im Kopf hat und wie jeder die Beziehung bewußt einschätzt.

6 + 3 =   Die mittleren beiden Karten stehen für den seelischen Bereich der Beziehung und zeigen, was jeder fühlt, empfindet und ersehnt.

5 + 4 =   Die unteren Karten können als die körperliche Ebene verstanden werden, die zeigen, wie die beiden körperlich miteinander harmonieren. Sie können aber auch als die nach außen gezeigte Seite verstanden werden, eben das, was jeder der beiden zeigt, unab-

hängig von den dahinterliegenden Gedanken (oberste Ebene 7 + 2) und Empfindungen (mittlere Ebene 6 + 3). Ich ziehe inzwischen diese letztere Form vor, weil sie sich zum einen für Beziehungen eignet, in denen die körperliche Seite keine nennenswerte Rolle spielt, und sie zum anderen interessante Hinweise gibt, was sich hinter der nach außen gezeigten Fassade verbergen kann.

Die Deutung der *Hofkarten* bedarf bei diesem Spiel einer besonderen Aufmerksamkeit:

Könige und Königinnen stehen in jedem Fall für Männer und Frauen:

Fällt eine gegengeschlechtliche Karte in eine der beiden Säulen, ist das ein Hinweis, daß die betreffende Person mit einem anderen Menschen im entsprechenden Bereich zu tun hat.

Die eigengeschlechtliche Karte in einer Säule ist weniger eindeutig, zeigt aber eventuell die Sorge an, der Partner könne sich für einen Dritten mit ebendiesen Charaktermerkmalen interessieren. Das ist zumindest dann wahrscheinlich, wenn die Karte auf der 1. oder 2. Ebene liegt. Dagegen veranschaulicht sie auf der 3. Ebene, wie sich der betreffende Partner nach außen gibt. Das kann bei eigengeschlechtlichen Hofkarten auch auf der 1. und 2. Ebene gelten.

Als Signifikator (Feld 1) heißt ein König oder eine Königin, daß eine solche Person ganz offenbar in die Beziehung getreten ist, oder – und dafür habe ich leider keine Erklärung – sie bedeutet an dieser Stelle einfach gar nichts.

Ritter zeigen in der üblichen Weise Stimmungen an und werden damit wie in anderen Spielen gedeutet.

Buben stehen für Impulse von außen. Auch hier gibt es leider keine Eindeutigkeit. Sie zeigen entweder, was der eine vom anderen haben will (obere Ebene), sich ersehnt (mittlere Ebene) oder bekommt (untere Ebene), oder aber, daß ihm die entsprechenden Möglichkeiten außerhalb der Beziehung offenstehen. Dies gilt insbesondere, wenn ein Bube auf der unteren Ebene auftaucht.

Als Signifikator (Feld 1) heißt der Bube, daß die Beziehung einen, dem Element des Buben entsprechenden Impuls von außen bekommt. Das ist in der Regel eine bereichernde Erfahrung.

Zur besseren Veranschaulichung ein konstruiertes Beispiel.

♀

7

♂

2

6 — KÖNIG der STÄBE

1 — BUBE der SCHWERTER

3 — KÖNIGIN der KELCHE

5 — KÖNIGIN der MÜNZEN

4

Die Deutung

1 = BSw
Der Signifikator zeigt, daß die Beziehung derzeit von einem Konflikt bedroht ist, der von außen naht.

2 = 7K
Es scheint, daß sich der Partner weigert, die Dinge zu sehen, wie sie sind, und statt dessen in die Welt der Träume flieht.

3 = QK
Teil dieser Träume ist offenbar die gefühlsbetonte Frau, die sich hier auf der seelischen Ebene findet und nicht seine Partnerin ist.

4 = 4M
Von all dem läßt er sich äußerlich nichts anmerken, sondern ist eher überanspruchsvoll, was die Verläßlichkeit und Beständigkeit der Beziehung angeht.

7 = 7Sw
Die fiktive Fragerin ist allerdings auch nicht ohne. Sie weiß, daß sie ihn betrügen wird.

6 = KSt
In ihrem Herzen trägt sie das Bild eines Mannes, der hier dem Temperament der Stäbe entsprechend als dynamisch, willensstark und unternehmungslustig dargestellt ist.

5 = QM
Nach außen hin zeigt sie sich dagegen als die verläß-
liche, beständige, gute und treue Frau im Sinne des
Erdelementes.

Beispiel A

Eine Fragerin wollte etwas über den derzeitigen Stand ihrer Beziehung erfahren. Die Karten zeigten folgendes Bild:

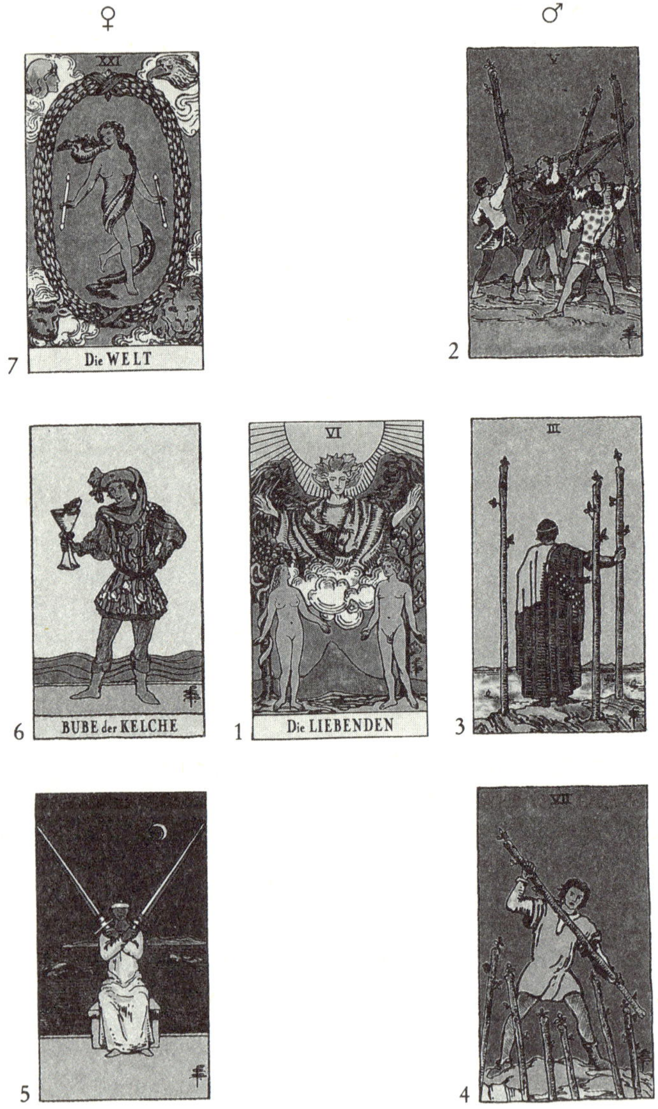
♀
♂
XXI
Die WELT
7
V
2
BUBE der KELCHE
6
VI
Die LIEBENDEN
1
III
3
5
VII
4

Einzelbetrachtung

1 = VI
Der Signifikator zeigt, daß diese Beziehung sich in der Hochblüte der Liebe befindet, oder aber (dies ist eine wichtige Nebenbedeutung der Karte der Liebenden) vor einer Entscheidung steht, hinter der sich allerdings ebenfalls große Liebe auftun kann.

7 = XXI
Die Fragerin weiß die Beziehung sehr wohl zu schätzen. Sie weiß, daß sie hier ihren Platz in der Welt gefunden hat.

6 = BK
Andererseits scheint es aber auch noch jemand anderen zu geben, der sehr liebevoll auf sie zugeht und dabei ihr Gefühl anspricht.

5 = 2Sw
Sie macht daraus keinen Hehl und zeigt auch nach außen, daß sie von Zweifeln geplagt ist.

4 = 7St
Der Partner ist sich dieser Situation bewußt und gibt deutlich zu verstehen, daß er sich bedroht und angegriffen fühlt.

2 = 5St
In der Tat erlebt er die Situation weitaus weniger bedrohlich, als er dies zeigt. Auf seiner Bewußtseinsebene betrachtet er dies eher als eine Herausforderung.

3 = 3St
Auf der seelischen Ebene hat er zudem die klare Gewißheit eines festen Fundamentes und eines weiten Horizontes, was sicherlich keine tiefgehenden Befürchtungen aufkommen läßt.

Zusammenschau

Angesichts der Einzelbetrachtung muß man den Signifikator (1 = VI) wohl als das Entscheidungsthema verstehen. Die Verführungskünste eines Dritten sprechen die Fragerin an (6 = BK), und sie zeigt offen ihren Zweifel über ihr weiteres Verhalten (5 = 2Sw). Doch ist es unwahrscheinlich, daß diese Versuchung die Beziehung ernsthaft gefährdet. Die Fragerin weiß, daß sie mit und in dieser Verbindung ihren Platz in der Welt gefunden hat (7 = XXI), und wird sich daher wohl über kurz oder lang zu ihrem Partner bekennen und die Beziehung damit in das volle Licht der positiven Seite der Liebenden (1 = VI) rücken.
Auffällig ist, daß auf der Partnerseite ausschließlich Stabkarten liegen, die für Wachstum, Reife, aber auch für Mut, Risikobereitschaft und Zuversicht stehen. So zeigt er sich bedroht (4 = 7St), erlebt dies aber eher als annehmbare Herausforderung (2 = 5St). Angesichts seiner tiefen inneren Stabilität und Gewißheit (3 = 3St) zweifelt er sicher nicht am letztendlichen Erfolg.

Quintessenz

Die Quersumme aller Karten ergibt 8 und verweist die Fragerin auf den Weg der Gerechtigkeit. Sie ist damit aufgefordert, sich ein klares und objektives Bild der Situation zu machen und dann zu einem eindeutigen Urteil zu kommen. Dabei sollte sie zum einen nicht gegen die Regeln der Fairness verstoßen und zum anderen bedenken, daß sich die Umwelt als ihr Spiegel zeigt, der ihr genau das zurückgibt, was von ihr ausgeht.

Beispiel B

Die Fragerin wollte etwas über eine Beziehung erfahren, die eigentlich schon seit über einem Jahr beendet war.

♀

7 Der STERN

2

6 Der EREMIT   1 KÖNIG der MÜNZEN   3 RITTER der KELCHE

5   4

Einzelbetrachtung

1 = KM
Im Signifikator sehe ich in diesem Fall keine Aussage (siehe Besonderheiten der Hofkarten bei den Grundregeln zum Beziehungsspiel). Dies entspricht der Tatsache, daß die Beziehung nach Auskunft der Fragerin in der Vergangenheit liegt und damit kein aktuelles Thema hat.

2 = 8K
Die Seite des Partners zeigt, daß dieser offenbar schweren Herzens gegangen ist und diesen Abschied noch in seinem Bewußtsein trägt.

3 = RK
Seine seelische Ebene ist weiterhin von sehr liebevollen Gefühlen für die Fragerin gekennzeichnet.

4 = 5M
Nach außen hin zeigt er sich »ärmlich«, das heißt verlassen bis elend. Vermutlich lebt er allein oder hat zumindest nichts gefunden, was ihm die verlorengegangene Geborgenheit ersetzen kann.

7 = XVII
Die Fragerin kann sich sehr wohl noch eine Zukunft dieser Beziehung vorstellen und macht sich gewiß einige Hoffnungen.

6 = IX
Emotional hat sie sich jedoch gelöst und müßte zunächst tief in sich selbst ergründen, was sie wirklich will, bevor sie auf den anderen zugeht.

5 = 6M
Nach außen hin zeigt sie sich ihrem Expartner gegenüber offen, großzügig und hilfsbereit.

Zusammenschau

Von den beiden macht die Trennung offenbar dem Partner heute
noch am meisten zu schaffen. Zwar können wir die Tragweite der
Beweggründe nicht abschätzen, die ihn veranlaßt haben zu gehen
(2 = 8K), aber es darf als sicher gelten, daß seine Situation (4 =
5M) und sein Gefühl ein Wiederaufleben der Beziehung ersehnt
(3 = RK). Die positiven Zukunftsvorstellungen der Fragerin (7 =
XVII) lassen den Versuch eines Neubeginns aussichtsreich erscheinen. Zunächst aber muß sie für sich klären, was ihr in diesem
Zusammenhang wirklich wichtig ist, was sie will (6 = IX). Zum
jetzigen Zeitpunkt ist sie innerlich nicht berührt (6 = IX), zeigt
sich aber von angenehmer Großzügigkeit (5 = 6M) gegenüber
ihrem Expartner und ist damit sicherlich bereit, seine Not (4 =
5M) etwas zu lindern.

Quintessenz

Die Quersumme aller Karten ist 9 und verweist damit auf die
schon zuvor gemachte Aussage, daß die Fragerin zunächst tief in
sich selbst und unbeeinflußt von außen ergründen muß, was sie in
dieser Beziehung wirklich will.

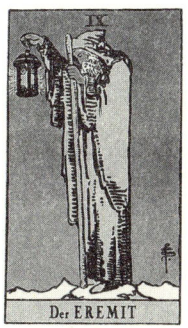

Beispiel C

Spiel mit umgekehrten Karten

Dieses Spiel ist eine Fortsetzung der Geschichte, die mit dem Geheimnis der Hohenpriesterin Beispiel A (Seite 142) begann und über das Keltische Kreuz Beispiel A (Seite 180) hierher führte. In beiden Fällen war dem Frager eine wichtige Liebesbegegnung in Aussicht gestellt worden. Nachdem er 2 Wochen später eine Frau kennenlernte, die ihm sehr gefiel, wollte er durch die Karten mehr erfahren. ♂

Einzelbetrachtung

1 = XIV

Der Signifikator ist vielversprechend: Die Karte der Harmonie zeigt eine entspannte, freundliche Atmosphäre, in der Zuneigung und feinfühliger Umgang miteinander viel Raum haben. Sicherlich einer der schönsten Signifikatoren für ein Beziehungsspiel.

2 = XVII

In ihrem Bewußtsein verbindet die Frau mit dieser Begegnung sehr zukunftsweisende, langfristige Möglichkeiten.

3 = 2St ↓

Sie fühlt, daß dazu echtes Engagement notwendig ist. Die Umkehrung der Karte heißt hier allerdings, daß sie sich dazu nicht imstande sieht.

4 = 5K

Nach außen zeigt sie Kummer über eine schmerzvolle Erfahrung, vielleicht auch über ihren inneren Zwiespalt. (Der Frager hatte sie mir gegenüber auch als »die traurige Frau« beschrieben.)

7 = 5Sw ↓

Auf der bewußten Ebene verbindet der Frager diese Begegnung mit Enttäuschung und Demütigung. Die Umkehrung dieser Karte ändert für mich nichts an ihrem Thema und macht nur klar, daß er nicht demütigen will, sondern selbst Demütigung befürchtet.

6 = XVII ↓

Der Mond auf der Gefühlsebene zeigt das volle Spektrum von Sehnucht, Angst und Bedrückung, das er verspürt. Einerseits drängt ihn sein Gefühl, einen Schritt auf sie zuzugehen, andererseits hat er große Angst, abgewiesen, enttäuscht und verletzt zu werden. Die Umkehrung stellt hier die Ängste eindeutig über die Sehnsüchte.

5 = 8M
Nach außen läßt er sich von seinen inneren Spannungen nichts anmerken. Er zeigt sich frisch und zuversichtlich und bereit, einen Anfang zu machen.

Zusammenschau

Aus dem Signifikator (1 = XIV) darf man schließen, daß sich die beiden von Anfang an mögen und damit eine gute Ausgangsbasis für eine Verbindung gegeben ist. Das wird auf seiten der Frau erfreulich unterstützt, indem sie in dieser Begegnung Möglichkeiten sieht, die weit in die Zukunft reichen (2 = XVII). Damit ist natürlich auch klar, daß ein kurzfristiges Abenteuer für sie nicht in Betracht kommt. Sehr schwer zu werten ist dagegen ihre Sperre, sich einzulassen, sich zu engagieren (3 = 2 St ↓).
Angesichts des offen gezeigten Kummers (4 = 5K) muß dieser Abwehrhaltung aber hohe Bedeutung beigemessen werden. Auf der Seite des Fragers sieht man vor allem die Angst (6 = XVIII ↓) vor Abweisung, Demütigung und Verletzung (7 = 5Sw ↓), jedoch auch die Aussage, daß er es auf jeden Fall versuchen wird (5 = 8M).

Quintessenz

Die Quersumme aller Karten ist 6 und steht damit für den Weg der Liebe und der Entscheidung. Eine für diese Frage sehr schöne Schlußkarte.

Anmerkung: Im Verlaufe dieser Begegnung bestätigten sich zwar die starken Sympathiekräfte, die die Karten prophezeit hatten, letztlich überwogen jedoch die hemmenden Faktoren. Erst drei Wochen später in einer anderen Begegnung sollte die Hohepriesterin ihr Versprechen (Beispiel A) einlösen, womit sich auch die im Keltischen Kreuz (Beispiel A) gemachte Aussage erfüllte, derzufolge dem Frager noch vor seiner Weiterreise die entscheidende Begegnung angekündigt wurde. Das folgende Beispiel zeigt diese Beziehung.

Beispiel D

Dieses Spiel ist eine Fortsetzung der Folge, die mit dem Beispiel Hohepriesterin A begann und über Keltisches Kreuz A und dem vorhergehenden Beziehungsspiel C hierher führte. Der Frager war inzwischen einer sehr sympathischen Frau begegnet. Die beginnende Beziehung zwischen den beiden stellte sich wie folgt dar:

Einzelbetrachtung

1 = 6St
Die Karte Sieg, Ruhm und Erfolg als Signifikator zeigt eine Beziehung voll positiver Elemente. Damit liegt in dieser Begegnung das Gefühl des Sieges, des »Angekommenseins«.

2 = 6Sw
Auf ihrer Bewußtseinsebene sieht die Partnerin eine Trennung, einen Abschied oder eine große Distanziertheit.

3 = VI
Ihre Gefühlsebene zeigt dagegen eindeutig positive Gefühle, Zuneigung und Liebe für den Frager.

4 = 2K
Das zeigt sie auch nach außen, indem sie offen, warmherzig und liebevoll auf ihn zugeht.

7 = 2Sw
Sein Bewußtsein ist voll nagender Zweifel und tiefer Unentschlossenheit.

6 = XX
Dabei sagt ihm sein Gefühl, daß hier etwas lebendig wird, was es schon lange nicht mehr für ihn gab, was er für tot gehalten hat. Diese Karte zeigt die archetypische Station der »Hebung des Schatzes« und drückt damit das Gefühl aus, seinen »Schatz« gefunden zu haben.

5 = BSw
Auf der äußeren Ebene aber zeigt er nur, daß er sich
bedroht fühlt, daß in dieser Verbindung für ihn eine
Gefahr liegt.

Zusammenschau

Der Signifikator (1 = 6St) ist für eine junge Beziehung sehr
vielversprechend, weil er dem Feuerelement (Stäbe) entsprechend
Wärme und Aktivität anzeigt, die in Verbindung mit der dieser
Karte eigenen Siegesstimmung für eine positive Entwicklung
spricht. Die am stärksten verbindenden Karten liegen auf der
entscheidenden, seelischen Ebene. Die Karte der Liebenden (3 =
VI) auf der Seite der Partnerin und die Hebung des Schatzes (6 =
XX) auf seiten des Fragers können in ihrer positiven Aussage nicht
übertroffen werden. Eine erhebliche Beeinträchtigung ergibt sich
allerdings auf der Bewußtseinsebene: Ihr ist klar, daß in dieser
Begegnung bereits ein Abschiedsthema mitschwingt (2 = 6Sw).
Nun muß es sich dabei nicht unbedingt um eine dauerhafte
Trennung handeln. Diese wäre eher durch 5K oder 8K und
eventuell durch 3Sw angezeigt. Hier kann es sich ebensogut um
die notgedrungene Trennung handeln, die Reisebekanntschaften
häufig genug mit sich bringen. Vor dem Hintergrund der tiefen
Liebesthematik (3 = VI) und der sehr offenen Art, mit der sie auf
ihn zugeht (4 = 2K), scheint es eine vorübergehende Trennung zu
sein.

Der Frager zeigt sich von dieser Aussicht bedroht (5 = BSw) und
weiß nicht, ob er sich auf diese Beziehung wirklich einlassen soll
(7 = 2Sw). Angesichts der ungewöhnlichen Möglichkeiten und
der großen Chancen, die er dabei spürt (6 = X) darf man davon
ausgehen, daß er seine Zweifel überwinden wird.

Quintessenz

Die Quersumme aller Karten ist 6 und empfiehlt ihm damit auch den Weg der klaren Entscheidung, der Entschiedenheit und der Liebe zu gehen.

Beispiel E

Variante des Beziehungsspiels

Eine interessante Variante dieses Spiels ist die Betrachtung der dritten Ebene (die Felder 4 und 5) als den körperlichen Bereich. Im Falle einer Beziehung, bei der diese Ebene in Betracht kommt, zeigen die Karten dann, wie die Partner geistig (Feld 2 und 7), seelisch (Feld 3 und 6) und körperlich (Feld 4 und 5) miteinander harmonieren.

Einzelbetrachtung

1 = 3St
Die Beziehung steht offenbar auf einem soliden und gesunden Fundament und bietet weit in die Zukunft reichende Aussichten.

2 = QSw
In seinem Bewußtsein beschäftigt den Partner noch eine andere Frau, die hier in der Art des Luftelementes als intellektuell, scharfsinnig, aber auch etwas kühl und distanziert beschrieben wird.

3 = AsM
Auf seiner Gefühlsebene spürt er, daß in dieser Beziehung die Chance zu tiefem Glück und großer Zufriedenheit liegt.

4 = XIX
Die Sonne auf der körperlichen Ebene spricht von einer warmen, lebendigen Zeit voller Freude und Genuß in diesem Bereich.

7 = 6St
Der Fragerin ist bewußt, daß diese Beziehung ein »wahrer Triumph« ist.

6 = VII
Ihre Gefühlswelt ist voller Zuversicht und drängt vorwärts. Sie hat die Kraft, eventuelle Dissonanzen und andere trennende Impulse zu meistern und in einen großen Schritt nach vorne zu wandeln.

5 = QM
Auf der körperlichen Ebene zeigt sie sich als die warme, körperlich sinnliche Frau, die der Qualität des Erdelementes entspricht.

Zusammenschau

Diese Beziehung ist in einer schönen Phase (1 = 3St) und wird von beiden Partnern äußerst positiv erlebt. Einzig möglicher Störfaktor könnte die Frau sein, deren Bild der Partner im Bewußtsein hat (2 = QSw). In Anbetracht aller übrigen Karten erscheint es jedoch wenig wahrscheinlich, daß von dieser Frau eine tatsächliche Bedrohung der Beziehung ausgeht. Es kann sich dabei sowohl um ein Wunschbild handeln wie auch ebenso um eine frühere Partnerin, deren Bild sich nachhaltig bei ihm eingeprägt hat und die damit auch in dieser Beziehung eine Rolle spielt.
Das solide, aussichtsreiche Fundament (1 = 3St) sowie die Siegesgewißheit und Zuversicht der Fragerin (7 = 6St) sollten stark genug sein, um mit diesem Phantombild leicht umzugehen. Die seelische Ebene stellt eine fast archetypische Situation dar: Vom Aufbruch des Helden (6 = VII) wissen wir, daß eines seiner Ziele das »Heben des Schatzes« ist. Daß er in dieser Beziehung gefunden werden kann, ist die tiefe Gewißheit, die der Partner in seinem Herzen spürt (3 = AsM). Die körperliche Ebene ist von sonniger Lebensfreude (4 = XIX) und warmer Sinnlichkeit (5 = QM) in schönster Form gekennzeichnet.

Quintessenz

Die Quersumme 9 verweist auf den Weg des Eremiten, der in diesem Fall bestimmt nicht der Weg der Einsamkeit ist, sondern beiden empfiehlt, die Tiefe der Beziehung auszuloten und »den Edelstein im Bergwerk zu finden«.

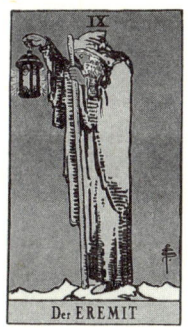

Übungsbeispiele

Wenn die Karten anders lägen:

Verschieben wir die beiden Säulen – zur übenden Betrachtung – von oben um eine Stufe nach unten, so daß folgendes Bild entsteht:

	QM		XIX
6St	3St	QSw	
	VII		AsM

verändert sich die Aussage wie folgt:

Linke Seite

Die Fragerin versteht sich in dieser Beziehung bewußt als die erdhaft sinnliche, praktische Frau (7 = QM). Ihr Gefühl ist auf das Höchste gesteigert im beglückenden Erleben des Erfolges und des erreichten Zieles (6 = 6St). Die körperliche Ebene ist ein Bereich freudigen Aufbruchs zu immer neuen Erfahrungen (5 = VII).

Rechte Seite

Der Partner betrachtet die Beziehung in wärmster Form positiv und wohlwollend. Dabei schätzt er es, sich als großzügig und als der verwöhnende Teil zu erleben (2 = XIX). Auf seiner Gefühlsebene spielt aber noch eine andere Frau eine bedeutende Rolle, die hier durch das kühle und vernunftbetonte Element Luft charakterisiert ist (3 = QSw). An dieser Stelle fällt diese Karte viel mehr ins Gewicht, als das im Grundspiel auf der Bewußtseinsebene der Fall war. Im körperlichen Bereich erlebt er die Chance zu tiefen, beglückenden Erfahrungen (4 = AsM).

Verschieben wir die Karten nochmals um eine Stufe zu

	VII		AsM
QM	3St	XIX	
	6St		QSw

so ergibt sich folgende Deutung:

Linke Seite

Sie erkennt klar, daß diese Beziehung vor dem »großen Sprung nach vorne« steht und daß alle eventuell auseinanderstrebenden

Kräfte miteinander zu einer starken Kraft vereint werden können (7 = VII). Auf ihrer Gefühlsebene ist sie dabei die beständige, starke, erdhafte und treue Frau, auf die sich der Partner verlassen darf (6 = QM). Die körperliche Ebene ist ein Bereich beglückender und »erfolgreicher« Erfahrung (5 = 6St).

Rechte Seite

Ihm ist klar, daß in dieser Beziehung die ganz große Chance liegt (2 = AsM), und seine Gefühle sind im hohen Maße positiv und zeigen Wärme und Lebenslust (3 = XIX). Trotz allem spielt auf der körperlichen Ebene noch eine andere Frau eine wichtige Rolle für ihn (4 = QSw).

Beispiel F

Variante des Beziehungsspiels

Ein weiteres Beispiel, in dem die dritte Ebene – wie schon zuvor – als der körperliche Bereich angesehen wird, zeigt folgendes Bild:

Einzelbetrachtung

1 = XI
Der Signifikator zeigt, daß in dieser Beziehung eine Quelle der Kraft liegt und große Anziehung, Faszination und Leidenschaft füreinander besteht.

2 = 2St
Auf der Bewußtseinsebene wird die Partnerin als zwischen zwei Polen stehend dargestellt; wobei sie weiß, daß sie sich entscheiden und engagieren muß, um die Beziehung zur wirklichen Entfaltung zu bringen.

3 = 6Sw
Diese Karte, die mehr das Weggehen als das Ankommen ausdrückt, zeigt, daß sie sich – wenn vielleicht auch unwillig – vom Partner löst.

4 = 9Sw
Der körperliche Bereich bereitet ihr starken, seelischen Druck, eventuell sogar schlaflose Nächte.

7 = IX
Dem Frager scheinen die Vorbehalte seiner Partnerin bewußt zu sein. Der Eremit zeigt ihn als jemanden, der weiß, daß er allein ist.

6 = 10M
Auf der Gefühlsebene spürt er all den Reichtum, den diese Beziehung für ihn beinhaltet.

5 = 8M
Im körperlichen Bereich zeigt die Karte des zuversichtlichen Beginnens, daß aus seiner Sicht die Beziehung hier ganz am Anfang einer aussichtsreichen
Entwicklung steht.

Zusammenschau

Trotz großer Leidenschaft und starker Faszination (1 = XI) steht
dieser Beziehung etwas Entscheidendes im Wege. Offenbar sieht
sich die Partnerin zwischen zwei Polen (2 = 2St), und im Wissen
um die notwendig werdende Entscheidung und das dazu erforderliche Engagement (2 = 2St) versucht sie sich seelisch vom Frager
zu lösen (3 = 6Sw). Angesichts der leidenschaftlichen Anziehung
(1 = XI) fällt ihr das insbesondere auf der körperlichen Ebene
schwer und betrübt sie (4 = 9Sw). Der Frager weiß um diese
Situation und sieht damit, daß er allein ist (7 = IX), aber aus einem
tiefen Gefühl innerer Sicherheit (6 = 10M) versucht er auf der
körperlichen Ebene immer wieder den Neubeginn (5 = 8M).

Quintessenz

Die Quersumme 1 verweist auf den Weg des Magiers und verspricht dem Frager genügend Kraft und Einfluß, die Entwicklung
in seine Richtung zu beeinflussen und in aktiver Weise zu gestalten.

Beispiel F

Ergänzungen

Dieses Spiel eignet sich gut, ergänzende Fragen durch das Anlegen von Karten zu beantworten. Dadurch kann eine Klärung herbeigeführt werden in Fällen, in denen einzelne Karten nicht eindeutig

interpretierbar sind. Es kann aber auch nach der weiteren Entwicklung gefragt werden. Natürlich gilt auch hier die schon beim Beispiel B des astrologischen Kreises gemachte Einschränkung, daß das Anlegen dann aussagelos wird, wenn es nur auf der Unzufriedenheit mit dem bisher Gesagten beruht.

In diesem Fall zeige ich die Fortsetzung des vorangegangenen Beispiels, wo durch Ergänzung von sieben Karten die weitere Entwicklung erfragt wurde.

*Ergänzende Betrachtung**

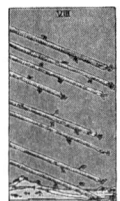

B1 = 8St
Die leidenschaftliche, kraftvolle Phase (A1 = XI) wird zunächst eine weitere Belebung und Intensivierung erfahren.

B2 = QK
In dieser Zeit wird die Partnerin ihr Bewußtsein von ihren Stimmungen leiten lassen und damit wohl das fällige Bekenntnis zu der Beziehung (A2 = 2St) hinausschieben.

B3 = 8Sw
Gleichzeitig fühlt sie sich innerlich unfrei und gebunden. Sie spürt, daß sie eine wichtige Seite in sich nicht lebendig sein lassen kann.

B4 = AsSw
Die Entscheidung, die sie treffen will, zeigt sich hier im körperlichen Umfeld. Diese Karte läßt vermuten, daß sie in diesem Bereich auf Distanz geht.

---

* Die im Deutungstext bei der Kartendefinition angegebenen Buchstaben stehen für: A = 1. Legerunde und B = 2. Legerunde.

B7 = 10K
Der Frager sieht in der Beziehung sein Zuhause und
erlebt Freude und große Harmonie.

B6 = 6M
Sein Gefühlsleben ist »großzügig«. Das heißt, er liebt
es, die Partnerin zu verwöhnen, und er zeigt großes
Verständnis für ihre Bedürfnisse und ebenso für ihre
Schwierigkeiten.

B5 = BSt
Im Gegensatz zum traditionellen Rollenverständnis
erwartet er, daß auf der körperlichen Ebene der
Impuls von ihrer Seite ausgeht.

Ergänzende Zusammenschau

Selbst wenn man den zweiten Signifikator in Waites etwas roman-
tischer Nebenbedeutung als die Pfeile der Liebe versteht (B1 =
8St), hat die wachsende Zuneigung des Fragers (B7 = 10K) und
sein offenes Entgegenkommen (B6 = 6M) keine echte Entsprechung auf der Seite seiner Partnerin. Sie zeigt sich zwar Stimmungen gegenüber offen und damit auch beeinflußbar (B2 = QK);
aber sowohl im körperlichen Bereich als auch im seelischen erscheinen weiterhin Schwerter (B3 = 8Sw und B4 = AsSw), die
einer positiven Entwicklung dieser Beziehung hartnäckig im Wege
stehen.

Sicherlich ist in einer solchen Situation die Versuchung groß,
durch immer weiteres Anlegen erfahren zu wollen, wie es denn
weitergeht. Trotzdem sollten wir uns zurückhalten und die Aussage der Karten nicht durch ein »Anlegen bis zum Happy-End«
verwässern.

Das Entscheidungsspiel

Die Karten sollen uns keine Entscheidungen abnehmen, sondern nur die Tragweite der mit der Frage verbundenen Themen ausleuchten. Insofern ist das hier vorgestellte Entscheidungsspiel nicht für Fragen geeignet, die sich nur mit »Ja« oder »Nein« beantworten lassen. Trotzdem hat es sich oft gezeigt, daß es in Entscheidungssituationen eine wertvolle Hilfe ist.

Wenn ich dieses Spiel für andere deute, ist es für mich am besten, zunächst nicht zu wissen, um welche Entscheidung es dabei geht. Erst wenn ich vom Fragethema unbeeinflußt die Karten weitgehend gedeutet habe, lasse ich mir gerne sagen, welche Entscheidung der Frager vor Augen hat.

In der hier vorgestellten Grundform gibt dieses Spiel die Antworten: »Das spricht dafür« und »Das spricht dagegen«. Natürlich sind auch andere Antwortpaare möglich. Einige davon sind in den Variationen dieses Spieles beschrieben.

Der Frager zieht 7 Karten, die wie folgt ausgelegt werden:

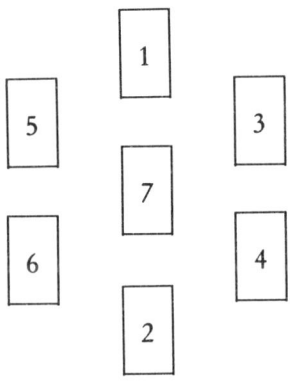

Deutung

7   = Der Signifikator. Er gibt eine bildhafte Darstellung des Fragehintergrundes, des Problems oder auch der Art, wie der Frager zu der Entscheidung steht.

1, 3, 5 = Diese Karten sprechen »dafür«.

2, 4, 6 = Diese Karten sprechen »dagegen«.

Dabei bilden diese 3 Karten in beiden Gruppen jeweils eine Gesamtaussage, ohne daß eine Karte vor der anderen Priorität hat. Es ist Aufgabe des Deuters, mögliche Höherbewertungen oder auch Vernachlässigungen einzelner Karten zu erkennen, ebenso wie er sehen muß, ob die angezeigten Ereignisse gleichzeitig oder zeitlich verschoben eintreten. Es ist also nicht richtig anzunehmen, die Karte 1 sei wichtiger als die Karte 3 oder sie habe ihre thematische Entsprechung in der gegenüberliegenden Karte 2. Ebensowenig kommt die Karte 1 zeitlich vor 3 und 5. All das kann so sein, muß aber in jedem Fall einzeln entschieden werden.

Ein weiteres Erschwernis der Deutung ist, daß nur in den seltensten Fällen ein ganz eindeutiger Schluß aus den Karten zu ziehen ist. Das erklärt sich aus der Natur der Fragestellung. Wäre die Entscheidung so eindeutig zu treffen, wäre es wohl kaum zur Frage gekommen. In diesem Fall ist es hilfreich, die Verteilung der Trumpfkarten auf beiden Seiten zu betrachten. Sie geben uns eine Hilfestellung, aber auch nicht mehr. Natürlich läßt sich nicht durch einfaches Auszählen sagen, welcher Seite mehr Bedeutung zukommt.

Wenn ausgesprochen positive Karten gegen das Thema sprechen, verweisen sie in der Regel darauf, daß es zu der in Frage stehenden Überlegung noch eine andere, angenehme Alternative gibt. Wenn dem Frager diese Möglichkeit nicht bewußt ist, kann sie durch andere Legesysteme (z. B. das Kreuz) erfragt werden.

Wenn fragwürdige oder negative Karten »dafür« sprechen, geben sie dieser Seite der Entscheidung ein entsprechend negatives Gewicht und sprechen somit in der Regel »dagegen«.

Besonderheiten der Karten VI, X, XVII, XX und XXI beim Entscheidungsspiel

1. Taucht die Karte der *Liebe und Entscheidung (VI)* auf, ist das ein Hinweis, daß die Entscheidung wohl schon zugunsten der Seite getroffen wurde, auf der diese Karte liegt.

2. Das *Schicksalsrad (X)* zeigt, daß der Frager in seiner Entscheidungsfreiheit so weit beschränkt ist, daß sich die Angelegenheit – auch wenn er es lieber anders hätte – in Richtung der Seite entwickelt, auf der diese Karte liegt.

3. Die *Welt (XXI)* zeigt den Platz, »auf den der Frager gehört«. Da dies im eigentlichen Sinne sein wahrer Platz ist, sollte dieser Seite in jedem Fall der Vorzug gegeben werden. Auch eventuelle

negative Begleitkarten sollten dabei in Kauf genommen werden. Ähnliches gilt für den *Stern (XVII)*, dort liegt seine Zukunft, und für das *Gericht (XX)*, dort kann er seinen Schatz finden.

Beispiel A

Die Fragerin wollte wissen, ob sie dauerhaft in das Ausland gehen würde. Die Karten gaben folgende Antwort:

Einzelbetrachtung

7 = 10K

Der Signifikator zeigt, daß die Fragerin offenbar große Glückserwartungen mit der Frage verbindet, die angesichts dieser Karte auch berechtigt erscheinen.

Dafür spricht

1 = 6St

Das Unternehmen ist von Erfolg gekrönt, und gute Nachrichten werden ihre Entscheidung leicht machen.

3 = II

Die Hohepriesterin als Schutzkarte gibt ebenfalls einen sehr deutlichen Hinweis auf den positiven Verlauf. Gleichzeitig bedeutet sie aber auch, daß die Fragerin Geduld aufbringen sollte, anstatt etwas herbeizuzwingen.

5 = 5St

Diese Entscheidung stellt für die Fragerin eine Herausforderung dar, an der sie wachsen wird.

Dagegen spricht

2 = 6Sw

Trotz all der vorgenannten positiven Aussichten fällt ihr dieser Schritt schwer. Diese Karte zeigt den eher verzagten, statt den freudigen Aufbruch. Sie verspricht ihr jedoch auch fremde Hilfe bei ihrem Vorhaben.

4 = QK

Die gefühlsbetonte Frau, die gegen die Entscheidung spricht, kann sowohl die Fragerin selbst darstellen, als auch eine ihr nahestehende weibliche Person.

6 = X
Diese Karte hat zweifellos das größte Gewicht auf der dagegensprechenden Seite. Es scheint nicht ihr Schicksal zu sein, diesen so vielversprechenden Schritt zu tun.

Zusammenschau

Stünde die Entscheidung jetzt an, wäre sie sicherlich leicht zu treffen, weil ein deutliches Übergewicht der Karten dafür spricht. Nachdem jedoch das Schicksalsrad (6 = X) dagegen spricht, wird es wohl gar nicht erst zu der Entscheidung in der gefragten Form kommen. Die anderen, dagegensprechenden Karten können eher vernachlässigt werden: Die Beklemmungen des Aufbruchs (2 = 6Sw) sind ohne tiefere Bedeutung, der Einfluß der weiblichen Person (4 = QK) für den Außenstehenden schwer meßbar.

Da soviel eindeutig positive Themen für die Entscheidung sprechen, wäre es sehr unbefriedigend, angesichts des starken Gewichtes des Schicksalsrades (6 = X) die gesamte Frage als nicht verwirklichbar abzutun. Es wäre ratsam, zu überlegen, ob die Frage richtig gestellt war. Mir scheint, daß das Wort »dauerhaft« zu einengend war. Insofern sollte die Frage nochmals gestellt werden, aber ohne eine zeitliche Dauer vorzugeben.

Quintessenz

Die Quersumme aller Karten ergibt die Zahl 3 und weist damit den Weg der Herrscherin. Die Fülle der Möglichkeiten, der neuen Entwicklungen und Erkenntnisse, die dieser Weg beinhaltet, entspricht in gewisser Weise der zuvor gemachten Vermutung, daß es eine Vielzahl von Alternativen zu der ursprünglichen Form der Frage gibt.

Beispiel B

In diesem Fall stand der Frager vor der Unterzeichnung eines Vertrages, der für seine berufliche Zukunft von weitreichender Bedeutung war, und wollte wissen, was für und was gegen die Unterzeichnung sprach.

Einzeldeutung

7 = 9St

Der Signifikator zeigt, daß es im Zusammenhang mit dieser Frage nicht unerhebliche Widerstände gibt. Diese können sowohl im Frager selbst liegen, oder aber Erschwernisse in den der Unterzeichnung vorausgehenden Verhandlungen darstellen.

Das spricht dafür:

1 = 7K

Die Karte der Träume und Illusionen zeigt, daß der Frager offenbar entschieden zu hohe Erwartungen mit dem Abschluß verknüpft. Sie zeigt ferner eine erhebliche Gefahr der Täuschung, verspricht allerdings auch unerwartete Hilfe, wenn er von der Fülle seiner überhöhten Erwartungen abläßt und sich statt dessen auf ein realistisches Ziel konzentriert.

3 = XXI

Die Karte »Die Welt« zeigt, daß die Unterzeichnung des Vertrages den Frager an »seinen Platz in der Welt«, also den Ort, an den er gehört, bringen wird. Damit ist nicht so sehr ein Umzug oder Auslandsaufenthalt gemeint, als vielmehr das Erreichen einer dauerhaft gesicherten Position.

5 = 5Sw

Diese betont negative Karte zeigt Hinterlist, Widrigkeiten, Gemeinheiten und alle Formen erniedrigender Auseinandersetzungen. Sie muß als eindeutiger Hinweis verstanden werden, den Vertrag nicht zu unterzeichnen. Selbst wenn sie den Verhandlungserfolg des Fragers über seine Kontrahenten darstellt, zeigt sie nur den Pyrrhussieg, der sich bekanntermaßen auf die Dauer nicht bezahlt macht.

Das spricht dagegen:

2 = BK

Buben zeigen Impulse, die von außen kommen. In diesem Fall ein gutgemeinter Vorschlag, ein Friedensangebot, eine Offerte, die vom Frager positiv aufgenommen wird.

4 = BSw
Der Schwertbube zeigt dagegen einen Konflikt, der
im Zusammenhang mit der Unterzeichnung auf den
Frager zukommt.

6 = 6St
Die Karte von Erfolg und Anerkennung liegt auf der
gegen die Entscheidung sprechenden Seite und rät
damit von der Unterzeichnung ab.

Zusammenschau

Angesichts der erheblichen Widerstände, die der Signifikator zeigt
(7 = 9St), werden bis zu einer eventuellen Unterzeichnung des
Vertrages ohnehin noch beachtliche Hemmnisse zu überwinden
sein. Da für den Vertrag die höchst positive Karte »Die Welt«
spricht (3 = XXI), sollte das Vorhaben keinesfalls aufgegeben
werden. Sie zeigt im Gegenteil, daß der Frager auf dem richtigen
Weg ist. Im Zusammenhang mit den beiden anderen dafür sprechenden Karten muß ihm klar sein, daß Täuschungen (1 = 7K)
und hinterlistige Gemeinheiten (5 = 5Sw) mit im Spiel sind.

Vor diesem Hintergrund legen die dagegen sprechenden Karten
nahe, daß der Vertrag in der vorliegenden Form nicht unterzeich-
net werden sollte. Die sich auf die Weigerung des Fragers hin
ergebenden Konflikte (4 = BSw) werden wohl kurz darauf durch
ein Friedensangebot, in diesem Fall etwa eine Vertragsverbesse-
rung (2 = BK), aufgehoben. Ebenso zeigt die Karte des Erfolges
(6 = 6St), daß die Verweigerung der Unterschrift nicht zum
Scheitern der Verhandlung führt. Der Frager darf vielmehr mit
einem für ihn erheblich verbesserten Angebot rechnen.

Quintessenz

Die Quersumme aller Karten ergibt 3 und empfiehlt damit den Weg der Herrscherin. Dies ist der Weg des Wachstums, der neuen Gelegenheiten und Erkenntnisse, der hier die gemachte Aussage bestätigt, derzufolge die Verhandlungen nicht abgebrochen werden. Statt dessen wird das Angebot »wachsen« und neue, interessante Alternativen ans Licht bringen.

Beispiel C

1. Variante des Entscheidungsspiels

Eine sehr interessante Variante des Entscheidungsspieles gibt statt des »Das spricht dafür – das dagegen« die Antwort:

Das passiert, wenn ich es tue (Karten 1, 3 und 5), und das passiert, wenn ich es nicht tue (Karten 2, 4 und 6).

Auf die Frage: »Soll ich meine Wohnung verkaufen?« erhielt der Frager die folgenden Karten:

5   MÄSSIGKEIT

1

3

7   AS der STÄBE

6

4   Die LIEBENDEN

2   RITTER der KELCHE

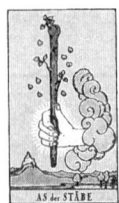

Einzelbetrachtung

7 = AsSt
Der Signifikator zeigt, daß sich hinter dieser Frage mehr als nur eine kaufmännische Überlegung verbirgt. Es scheint sich um ein für die Selbstentfaltung zentrales Thema zu handeln.

Das geschieht, wenn er es tut:

1 = 2Sw
Ein Verkauf würde ihn in nachhaltige, nagende Zweifel stürzen. Es ist anzunehmen, daß sich die Entscheidung nicht mit dem erfolgten Verkauf erledigt, sondern immer wieder in Frage gestellt wird.

3 = 4K
Die Karte der Verdrossenheit, der Unzufriedenheit und der Stumpfheit signalisiert seine Verfassung im Falle eines Verkaufs.

5 = XIV
Andererseits liegt in diesem Schritt auch die Möglichkeit, zu innerer Ruhe, Gelassenheit und Ausgeglichenheit zu kommen.

Das geschieht, wenn er es nicht tut:

2 = RK
Das gute Gefühl, die Stimmung der Zufriedenheit und der guten Laune sprechen für diese Seite der Alternative.

4 = VI
Dieser Karte kommt eine besondere Bedeutung zu, weil sie ein Hinweis ist, daß der Frager sich eigentlich schon (zumindest unbewußt) für diese Seite der Alternative entschieden hat.

6 = 8Sw
Die Wohnung nicht zu verkaufen, bedeutet, einen wichtigen Teil in sich selbst nicht lebendig sein lassen zu können, sich innerlich gefangen zu fühlen.

Zusammenschau

Diese Entscheidung ist in der Tat sehr schwer zu treffen, da auf beiden Seiten gute Argumente dafür, aber auch erhebliche Gründe dagegen sprechen. Die Karte der Harmonie (5 = XIV) bekommt als Trumpfkarte auf der Verkaufsseite viel Gewicht, was aber durch die zwei anderen belastenden Karten (1 = 2Sw, 3 = 4K) erheblich beeinträchtigt wird. Andererseits wird das vermeintliche Übergewicht der unteren Seite (nicht verkaufen) deutlich reduziert, wenn man sieht, daß die durch den Signifikator angezeigte wichtige Chance der Selbstentfaltung (7 = AsSt) in diesem Fall wohl nicht verwirklicht werden kann (6 = 8Sw). Da aber die Karte der Entscheidung (4 = VI) auf dieser Seite liegt, wird sich der Frager – zumindest vorerst – gegen einen Verkauf entscheiden.

Quintessenz

Die Quersumme aller Karten ist 8 und verweist damit auf den Weg des ausgewogen und wohlüberlegt gefällten Urteils. In diesem Fall wohl ein Hinweis, das Für und Wider dieser Alternative weiter auszuloten und die Frage zu einem späteren Zeitpunkt nochmals zu stellen.

GERECHTIGKEIT

Beispiel D

2. Variante des Entscheidungsspiels

Wenn es sich um feste Alternativen handelt, kann man das Entscheidungsspiel natürlich auch so gestalten, daß die Antwort lautet: Das spricht für A und das spricht für B. Ich empfehle diese Variante nur bedingt, weil sie uns manchmal in ein unechtes Dilemma führt. Das geschieht dort, wo nur wir glauben, aus-

schließlich diese beiden Möglichkeiten zu haben. Beide Antworten mögen dann wenig verheißend aussehen. Tatsächlich gibt es aber vielleicht eine Reihe interessanter Alternativen dazu, die wir nur nicht erkannt haben.

Im folgenden Fall wollte die Fragerin, die sich auf einer längeren Reise befand, wissen: »Soll ich weiterreisen oder nach Hause fahren, um zu arbeiten?« Sie erhielt darauf eine wenig erbauliche Antwort (Abbildung linke Seite).

Einzelbetrachtung

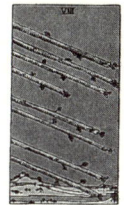

7 = 8St
Der Signifikator zeigte, daß es sich um eine bald zu treffende Entscheidung handelte.

Die obere Reihe stand für die weitere Reise (nach zuvor erfolgter Festlegung).

1 = 2Sw
Weiterzureisen heißt für die Fragerin, ständig von Zweifeln verfolgt zu werden, und damit diese Entscheidung die ganze Zeit mit sich herumzutragen.

3 = QM
Diese Karte stellt die Fragerin selbst dar, eine Frau mit (astrologisch gesehen) starker Erdbetonung. Damit steht sie auf dieser Seite der Entscheidung.

5 = 5M
Es scheint, daß die Weiterfahrt mit existenziellen Ängsten verbunden ist, wenn nicht gar mit wirklichen Engpässen.

Für die Rückkehr nach Hause und die Suche nach Arbeit sprachen die folgenden, durchweg entmutigenden Karten:

2 = 7St
Angriff, Bedrohung, Neid und Mißgunst anderer machen die Rückkehr sicherlich nicht leicht.

4 = 5Sw
Widrigkeiten, Verletzungen und demütigende Auseinandersetzungen werden begleitet von:

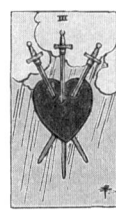

6 = 3Sw
Der Karte der bitteren Enttäuschung und des Schmerzes.

Zusammenschau

Bleibt es bei dieser Alternative, ist das geringere Übel sicherlich die Fortsetzung der Reise. Die Fragerin sollte in diesem Fall wohl weiterfragen, wie sie mit dem Zweifel und ihren Ängsten am besten umgeht. Grundsätzlich aber scheint es mir besser, die Frage nochmals zu stellen. Diesmal in zwei Folgen:

1. Soll ich die Reise fortsetzen? und
2. Soll ich nach Hause fahren und Arbeit suchen?

Entweder mit dem Antwortpaar: Das spricht dafür und das dagegen, oder auch: Das passiert, wenn ich es tue und das, wenn ich es nicht tue. Nur so können wir sicherstellen, daß wir uns nicht in eine selbstgebaute Zwickmühle hineinmanövrieren.

Quintessenz

Die Quersumme 3 verweist hier auch auf den Weg der Herrscherin, der stets eine Fülle von neuen, veränderten Möglichkeiten bietet.

Das Geheimnis der Hohenpriesterin

Dieses Legesystem soll dazu anregen, eigene Spiele zu entwickeln. Dazu gibt es eine Fülle an geeigneten Ideen und Bildern in der Mythologie, der Mystik, der Welt der Symbole oder natürlich auch in den Karten selbst. Als Beispiel habe ich diese Legeart aus der Karte der Hohenpriesterin entwickelt, wie sie im Rider-Waite Deck dargestellt ist. Das Reizvolle an diesem Spiel ist, daß es eventuell eine Antwort auf die uns oft quälende Frage »Warum?« gibt. »Warum passiert mir das?«, »Warum muß ich da durch?«, »Warum ich?«, »Warum jetzt?« usw.

Das Geheimnis der dreimal dreifaltigen Mondgöttin entfaltet sich aus 9 Karten. Sie werden den Hauptsymbolen, die sie umgeben, entsprechend ausgelegt:

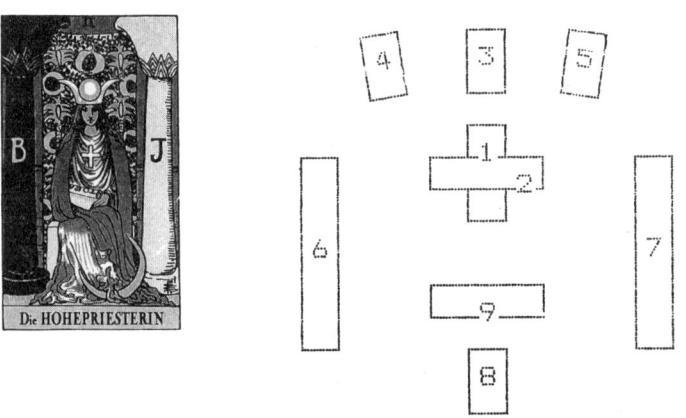

Die Karten werden wie folgt gedeutet:

1+2   Das Kreuz auf ihrer Brust zeigt das Thema, um das es geht, in Form von zwei Hauptimpulsen, die einander verstärken oder behindern können. (Das ist es. Das kreuzt es.)

4, 3 und 5, die Karten der drei Mondphasen ihrer Krone, zeigen die Einflußkräfte, die auf das Thema wirken:

3   Der Vollmond steht für den gegenwärtigen Haupteinfluß.

4   Der zunehmende Mond ist die an Einfluß gewinnende
     Kraft.

5   Der abnehmende Mond zeigt die an Einfluß verlierende
     Kraft.

Die beiden Säulen an ihrer Seite stehen für

6   Was im Dunkeln ist. Das heißt, was da ist, aber nicht
     bewußt wahrgenommen wird, jedoch vielleicht schon
     geahnt oder befürchtet wird.

7   Was im Lichte ist. Das heißt, was klar erkannt und
     üblicherweise auch geschätzt wird.

Die Mondbarke zu ihren Füßen zeigt

8   Wohin die Reise geht. Das heißt, was als nächstes
     kommt.

Die 9. Karte, das Buch des geheimen Wissens in ihrem Schoß,
wird zunächst verdeckt ausgelegt. Erst wenn alle anderen Karten
gedeutet wurden, darf diese Karte angesehen werden. Ist es eine
Trumpfkarte, enthüllt die Hohepriesterin damit ihr Geheimnis,
und die Karte wird offen ausgelegt. Diese Karte sagt uns dann
etwas über die tiefen Beweggründe, das Warum und Wozu. Ist es
keine Trumpfkarte, bleibt die Karte verdeckt. In diesem Fall hat
die Hohepriesterin ihr Geheimnis für sich behalten. Die 9. Karte
hat dann keine Bedeutung, alle anderen Karten behalten jedoch
ihre Aussagegültigkeit.

Wenn die Deutung dieser 9. Karte Schwierigkeiten bereitet (weil
hier zum Beispiel der Teufel auftaucht), ist es ratsam, den entsprechenden Abschnitt unter der »Reise des Helden« oder auch den
»Quintessenzen« am Anfang dieses Buches nachzuschlagen. Die
dort besprochenen Bilder sind sehr hilfreich, um die Bedeutung
der Karten an diesem neunten Platz zu verstehen.

Beispiel A

Als ich dieses Spiel zum ersten Mal machte, zog der Frager die folgenden Karten (Seite 142).

Einzelbetrachtung

1 = QSw
Hier geht es um eine weibliche Person, die in der Qualität des Luftelementes dargestellt ist. Also die kluge, kühle Frau, die Windsbraut, die Loreley.

2 = 2Sw
Im Zusammenhang mit dieser Frau hat der Frager offenbar heftige, nagende Zweifel.

Die Einflußkräfte auf dieses Thema zeigen folgendes:

3 = 4K
Der gegenwärtige Haupteinfluß ist von Verdrossenheit und Überdruß gekennzeichnet.

4 = BSw
Der zunehmende Einfluß zeigt heraufkommende Konflikte, die von außen auf den Frager zukommen.

5 = 10K
Die Zeit großer Harmonie und tiefer Zufriedenheit nimmt ab.

6 = 9St

Das, was im Dunkeln liegt und vom Frager vielleicht nur geahnt wird, ist eine Verhärtung, eine Verschlossenheit oder eine schroffe Abwehrhaltung, die sowohl in ihm selbst liegen kann, möglicherweise aber auch eine Wand darstellt, gegen die er (zunächst) vergeblich anrennt.

7 = RSt

Was dagegen im Lichte ist und bewußt wahrgenommen wird, ist die Ungeduld, der stürmische Drang nach Veränderung, der Erlebnishunger.

8 = BSt

Die Mondbarke, die zeigt, wohin die Reise geht, verspricht einen interessanten Impuls, der von außen kommt, eine Initiative, eine Gelegenheit, die exakt der Ungeduldsstimmung der vorhergehenden Karte entspricht und daher sicherlich gerne wahrgenommen wird.

Vorläufige Zusammenschau

Offenbar beschäftigt den Frager die kühle Königin des Verstandes (1 = QSw), doch stellt sich dieses Thema sehr konfliktreich dar. Die nagenden Zweifel, die die Gedanken an dieses Bild umgeben (2 = 2Sw), stehen sicherlich in Zusammenhang mit der inneren Verhärtung (6 = 9St), die mit Blick auf die gegenwärtige Verdrossenheit (3 = 4K) wohl zum gut Teil im Frager selbst liegt, ihm allerdings darüber hinaus auch von außen begegnen kann. Der abklingende Harmonieeinfluß (5 = 10K) und die aufsteigenden Konflikte (4 = BSw) schaffen nicht eben eine günstige Ausgangslage. Andererseits ist die Gelegenheit, die die nächste Zukunft bringt (8 = BSt), eine gute Entsprechung zu der ungeduldigen Stimmung, die bewußt erlebt wird (7 = RSt).

Damit zeigen die Karten, daß der Frager, vermutlich auf Grund schmerzhafter Erfahrungen, innerlich verhärtet und verdrossen ist (6 = 9 St). Eine andere Seite drängt ihn jedoch nach neuen Erlebnissen (7 = RSt). An dieser Widersprüchlichkeit wird er sich reiben, und sie wird den Konfliktstoff (4 = BSw) geben, den er im

Zusammenhang mit dem auf ihn zukommenden Erlebnis (8 = BSt) erfahren wird.

Das Geheimnis und weitere Zusammenschau

Das Aufdecken der neunten Karte brachte eine Trumpfkarte zum Vorschein. Damit offenbart die Hohepriesterin das dem Thema tief zugrunde liegende Geheimnis. Die Karte die Liebenden (VI) zeigt, daß der angezeigte Konflikt dazu angetan ist, dem Frager seine inneren Widersprüche zu verdeutlichen und ihn durch Reibung und Auseinandersetzung mit diesem Thema auf eine große Liebeserfahrung vorzubereiten.

P.S. Dieses Spiel führte zu der Frage, die im Beispiel A des Keltischen Kreuzes (Seite 180) besprochen wird.

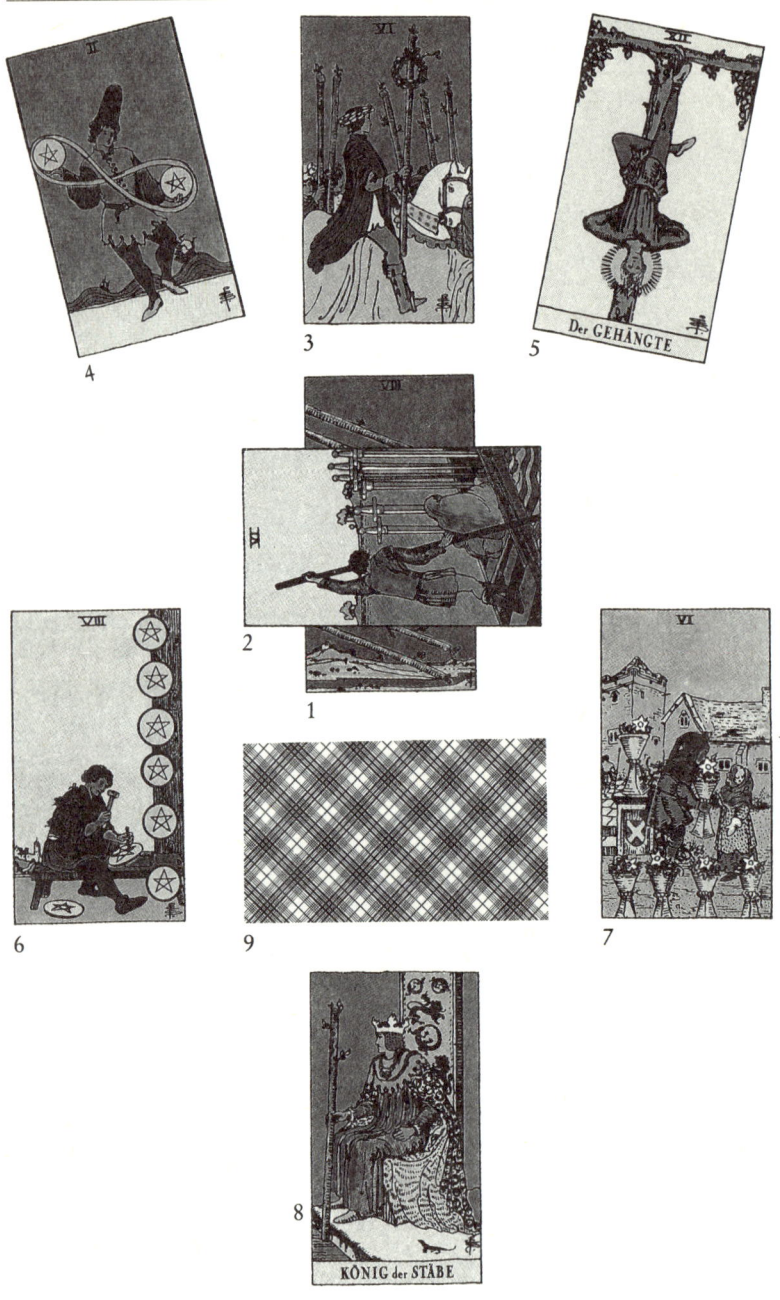

Beispiel B

In diesem Fall wollte die Fragerin wissen, wie sie sich im Hinblick auf einen Mann verhalten sollte, der ihr kürzlich begegnet war und interessant erschien (Seite 146).

Einzelbetrachtung

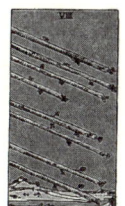

1 = 8St
Der Ausgangspunkt zeigt, daß dieser Mann ihr wohl nicht nur »interessant« erschien, sondern sie sich überraschend verliebte,

2 = 6Sw
aber ein notwendiger Abschied dieses Erlebnis überschattete.

Die Einflußkräfte zeigen sich wie folgt:

3 = 6St
Der jetzige Haupteinfluß ist die Karte des Erfolges, der guten Nachricht.

4 = 2M
Aufsteigend ist die Karte des spielerischen Umgangs mit notwendigen Entscheidungen, womit die Verbindung an sich und die abwechselnden Phasen von Begegnung und Abschied leicht genommen werden. Da in diesem Fall die Fragerin als Stewardeß beruflich viel unterwegs war, kommt der positiven Aussage dieser Karte eine besondere Bedeutung zu.

5 = XII
Der abnehmende Einfluß ist die Karte des Stillstandes und der Zwangspause, die anzeigt, daß diese erste Trennung bald vorüber ist.

6 = 8M
Was im Dunkeln steht und bislang nur geahnt wird, ist das Bild desjenigen, der zwar ganz am Anfang steht, aber langfristig und mit Fleiß und Ausdauer sein Glück schmiedet. Für eine neue Bekanntschaft eine vielversprechende Karte.

7 = 6K
Der romantische, nostalgische Rückblick als die Karte im Lichte zeigt ihre gegenwärtige verträumte und liebevolle Erinnerung an die Begegnung.

8 = KSt
Die Mondbarke führt zum König der Stäbe und damit zu einem Mann mit feurigem Temperament. Wie mir die Fragerin sagte, ist der besagte Mann tatsächlich im feurigen Zeichen Widder geboren. Gute Reise!

Zusammenschau

Die (wie wir außerhalb der Karten erfahren haben, beruflich bedingte) frühe Trennung (2 = 6Sw) während der Phase spontaner Verliebtheit (1 = 8St) wurde als Stillstand und Zwangspause (5 = XII) erduldet, die nun bald vorüber sein wird. Die gute Nachricht und die Erfolgsgewißheit (3 = 6St) treten an ihre Stelle und werden von einem spielerischen Umgang (4 = 2M) mit den Notwendigkeiten begleitet.

Derzeit wird die Verbindung vorwiegend in der Erinnerung gelebt (7 = 6K). Zutiefst spürt die Fragerin jedoch, daß es sich hier um den Anfang einer langfristig wertvollen Erfahrung (6 = 8M) handelt. Die Reise führt zu ihm (8 = KSt).

Das Geheimnis

In diesem Fall lag an der neunten Stelle keine Trumpfkarte. Das bedeutet, daß die Hohepriesterin kein tieferes Geheimnis offenbart. Die Gültigkeit der Aussage aller anderen Karten wird davon in keiner Weise beeinträchtigt.

Übungsbeispiele

Wenn wir den Gehängten (XII) als Karte des Festsitzens und der Verzögerungen zur Übung einmal wandern lassen und ihn mit anderen Karten im Beispiel B austauschen, ergeben sich folgende Veränderungen:

1 = XII und 5 = 8St

Der abnehmende Einfluß ist die bewegte Karte 8St, die Grundsituation der Gehängte XII. Das heißt, in der Grundkonstellation »klemmt« etwas. Durch den jetzt abklingenden beschleunigenden Einfluß der 8St wurde das bislang übersehen. In dem Maße, in der der Einfluß dieser Karte nun nachläßt, kommt die lähmende Seite des Gehängten voll zum Ausdruck.

6 = XII und 5 = 8M

In diesem Fall würde das, was unter dem ausdauernd aufbauenden Einfluß der 8M begann, gegenwärtig auf Grund der anderen Karten recht erfreulich aussehen. Der Gehängte im Dunkeln würde jedoch ein Hinweis sein, daß mit der Frage ein Hindernis verbunden ist, das früher oder später lähmenden Einfluß ausübt.

7 = XII und 5 = 6K

Die rückschauende Karte 6K als abnehmender Einfluß ließe vermuten, daß dieser Kontakt aus der Rückschau entstand und damit ein Wiederbegegnen ein Wiederaufleben einer alten Freundschaft war. Der Gehängte auf der lichten Seite gibt zu erkennen, daß die Verzögerungen, Schwierigkeiten und die Hindernisse im Zusammenkommen bekannt sind und gesehen werden.

8 = XII und 5 = KSt

Der KSt würde wohl den Mann darstellen, den die Frau kennengelernt hat. Der Gehängte aber als die Aussicht, wohin die Reise führt, ist allerdings eine Sackgasse. Er würde hier anzeigen, daß für einen beträchtlichen Zeitraum diese Freundschaft auf Eis gelegt ist.

Wäre der Gehängte das Geheimnis (9 = XII)

In diesem Fall müßte die Karte in ihrer tiefsten Bedeutung verstanden werden. Auch hier würde sie zunächst darauf hinweisen, daß es in dieser Verbindung zu erheblichen Verzögerungen und Zwangspausen kommt. Deren tiefere Ursache ist allerdings ein notwendiger Umlernprozeß, der durch diese Widrigkeiten herbei-

geführt wird. Erst wenn verstanden wird, daß diese äußeren Erschwernisse eine tiefe innere Entsprechung haben und diese alten Einstellungen durch neue ersetzt werden, lösen sich die Schwierigkeiten wie von selbst in Nichts auf.

Beispiel C

Dieses Spiel ergab sich als Folge des astrologischen Kreises Beispiel C (Seite 69), der gezeigt hatte, daß der Frager derzeit weitgehend festgefahren war. Hier sollte nun die Hohepriesterin befragt werden, was die Ursachen für sein Festsitzen sind (Abb. linke Seite).

Einzelbetrachtung

1 = 10M
Diese Ausgangskarte verweist auf vermutlich materiellen Wohlstand.

2 = KK
zeigt einen Mann, der mit diesem Wohlstand offenbar gefühlsmäßig umgeht.

5 = KSw
Die Karte auf der Stelle des abnehmenden Mondes läßt vermuten, daß zuvor der verstandesbetonte KSw den Umgang mit den materiellen Werten beeinflußte, der dazu ein distanzierteres, kühleres Verhältnis hat, als der derzeitige König der Gefühle (2 = KK).

3 = XV
Die Haupteinflußkarte zeigt uns das Thema der Versuchung und Verführung, spricht von moralischer Unsauberkeit, von Abhängigkeiten und anderen Schattenseiten.

4 = 9Sw
Dem zunehmenden Einfluß nach zu urteilen, wird der Frager in Kürze als Folge dieser Negativtendenzen starke Bedrückungen und eventuell schlaflose Nächte erleben.

6 = XIV
Im Dunkeln steht trotz allem die Karte der tiefen inneren Harmonie. Ein Thema also, das im Zusammenhang mit der Frage auch erlebt werden kann, das als Möglichkeit vorhanden ist, aber hervorgeholt werden muß.

7 = AsM
Im Lichte steht die Chance, das große Glück zu machen. Dies ist wohl das Hauptanliegen des Fragers. Vor dem gegebenen Hintergrund führt es allerdings wohl zu

8 = 4Sw
eben wieder einer Karte des Festsitzens. Da sie hier an der Stelle des »Wohin die Reise führt« liegt, dürfen wir annehmen, daß die Karten der Frage entsprechend den bereits zurückgelegten Weg *in* die Klemme gezeigt haben, ohne einen zwangsläufigen Weg *aus* diesem Zustand zu weisen.

Zusammenschau

Der Teufel (3 = XV) zeigt uns, daß wir die an sich sehr schöne und wertvolle Karte 10M ebenso wie den liebenswürdigen Kelch König von der Schattenseite her verstehen müssen. Offenbar ist der Hintergrund der derzeitigen Krise ein falscher und fragwürdiger Bezug zu Geld und Wohlstand. In dem Maße, wie der Einfluß des kühlen und distanzierten KSw nachläßt, wirkt die negative Kraft (XV) auf den beeinflußbaren KK. Damit gerät der Frager in Verstrickungen (3 = XV), die ihm zunehmend seelische Bedrükkungen bereiten (4 = 9Sw).

Die beiden Säulen zeigen uns jedoch, daß in dem gleichen Thema auch die Möglichkeit zur positiven Entwicklung liegt. Sie muß aber herausgearbeitet werden. Weder die durch ein As angezeigte

Chance drängt sich auf, noch das im Dunkeln liegende Thema, in diesem Falle die innere Harmonie.

Die Kluft zwischen der dunklen Seite des Jetzt und der hellen Seite der Möglichkeiten zu überwinden, ist die Hauptaufgabe des Fragers. Dazu hat ihn das Schicksal in die Klemme geführt.

Das Geheimnis

Nachdem die Karten eine so deutliche Aussage gemacht haben und damit die tiefe Ursache und die Beweggründe für die derzeitige Krise deutlich werden ließen, ist es kein Wunder, daß die Hohepriesterin kein weiteres Geheimnis in diesem Zusammenhang offenbarte.

Quintessenz

Die Quersumme aller Karten ist 8 und weist den Frager damit den Weg der Gerechtigkeit. Dies darf er als eine Aufforderung verstehen, sich seine Situation zunächst klar und bewußt zu machen und dann zu einem eindeutigen Urteil zu kommen, was zu tun ist. Es ist der Weg der Ausgewogenheit, der beiden oben beschriebenen Seiten Rechnung trägt.

Beispiel D

In diesem Fall hatte die Fragerin nach langen, zum Teil sehr persönlichen Auseinandersetzungen in ihrer Firma gekündigt. Nachdem daraufhin ihr Chef mit allen Mitteln versuchte, sie zur Rücknahme ihrer Kündigung zu überreden, fragte sie, ob sie darauf eingehen sollte (Seite 154).

Einzelbetrachtung

1 = QSw
Die kühl und klar entscheidende Frau, die sich mit Hilfe ihres Verstandes aus Abhängigkeiten befreit, steht hier für die Fragerin.

2 = 7Sw
Die hinzukommende Karte zeigt Unaufrichtigkeiten, eventuell Betrug oder auch das heimliche sich davonstehlen. Vor dem Hintergrund der Frage bezieht sie sich auf die Überredungskünste des Chefs und zeigt, daß diese nicht lauter sind.

3 = XVI
Der derzeitige Haupteinfluß ist durch den Turm wohl sehr treffend gekennzeichnet. Nach der langen Zeit der gezeigten Geduld hat die Fragerin mit ihrer Kündigung eine »Bombe platzen« lassen. Gleichzeitig fühlt sie sich aber auch selbst verunsichert, da sie zu diesem Zeitpunkt noch keine neue Stellung hat.

4 = XIII
Der Tod als zunehmender Einfluß zeigt das heraufkommende Ende einer Phase. Je nach dem Gesamtbild der Karten kann das sowohl das Ende der bisherigen Auseinandersetzung und ein damit verbundener Neuanfang innerhalb desselben Betriebes sein oder aber die tatsächliche Trennung bedeuten.

5 = 2Sw
Der abklingende Einfluß ist durch die Karte des nagenden Zweifels dargestellt. Dies verdeutlicht, wie lange und zermürbend die Fragerin sich mit dieser Entscheidung auseinandergesetzt hat.

6 = 5St
Was im Dunkeln steht und ihr noch nicht bewußt ist, ist die große Herausforderung, auf die sie zusteuert.

7 = RM
Bewußt ist ihr dagegen, daß sie sich mit ihrem ausgeprägten Realitätssinn nur auf eine solide und handfeste Arbeit einlassen wird.

8 = AsM
Auf dem weiteren Weg findet sie die große Chance zu ihrem Glück.

Vorläufige Zusammenschau

Nach einer Phase starker Zweifel (5 = 2Sw) hat die Fragerin wohlüberlegt und klar entschieden (1 = QSw) gekündigt (3 = XVI). Trotz der schmeichelhaften aber fragwürdigen Versprechungen (2 = 7Sw) wird sie diesen Entschluß nicht rückgängig machen, sondern endgültig gehen (4 = XIII)*. Ihre neue Aufgabe wird Fleiß erfordern und sehr »gediegen« sein (7 = RM), aber eine

---

* Da diese Karte (4 = XIII) unter Umständen auch heißen könnte, daß die zurückliegende, anstrengende Phase der Spannungen vorüber ist und damit innerhalb der alten Firma ein Neuanfang gemacht werden könnte, wurde die Bedeutung dieser Karte durch das Kreuz (Beispiel E, Seite 231) erfragt. Die Antwort bestätigte die hier gemachte Aussage eindeutig.

von ihr bislang nur geahnte Herausforderung darstellen (6 = 5St).
Dies könnte zum Beispiel der Schritt in die Selbständigkeit sein.
Die Aussicht auf das große Glück (8 = AsM), das vor dem
Hintergrund des Fragethemas und in Zusammenhang mit 7 = RM
auch durchaus materiell verstanden werden darf, wird ihr die
Schritte erleichtern.

Das Geheimnis und weitere Zusammenschau

Die neunte Karte war die Trumpfkarte Die Sonne (XIX). Das
ihrer Situation damit tief zugrunde liegende Geheimnis ist der
Durchbruch zur Sonnenseite, zu einer wirklich positiven und
erfreulichen Tätigkeit. Darüber hinaus verspricht diese Karte Gelingen, Zuversicht und die Kraft, alle möglichen Hürden zu
überwinden.

Beispiel E

Spiel mit umgekehrten Karten

Diese Karten wurden in Anschluß an den astrologischen Kreis, Beispiel D (Seite 75), gelegt. Damit wollte die Fragerin erfahren, wie sie sich aus den dort aufgezeigten Abhängigkeiten befreien könne.

Einzelbetrachtung

1 = 10Sw
Diese Karte des gewaltsamen Endes heißt hier: Löse dich entschlossen mit aller Kraft (des Verstandes = Schwerter) durch ein abruptes, rücksichtsloses Beenden dessen, was dich festhält.

2 = 10M
Du wirst dich sogleich reichlich beschenkt, belohnt und auch innerlich bereichert fühlen.

5 = 5Sw ↓
Der abnehmende Einfluß zeigt, daß eine üble und widrige Auseinandersetzung dieses Trennungsthema bereits enthielt. (Die Umkehrung der Karte wirkt hier noch als Verschärfung.)

3 = 8Sw
Aber auch der gegenwärtige Haupteinfluß zeigt noch Vorbehalte, Hemmungen und Gebundenheiten und erst

4 = QSt
die aufsteigende Karte zeigt uns die selbstbestimmte Frau, die Mut, Entschlossenheit und Durchsetzungskraft hat, um diesen Schritt zu vollziehen.

6 = 8M ↓
Im Dunkeln liegt die Karte, die den Beginn eines langen, aufbauenden und erfolgreichen Weges zeigt. Dies wird vielleicht geahnt, aber die Umkehrung der Karte zeigt, daß die Fragerin nicht weiß, wo sie anfangen, wo sie den Weg finden soll. (Dadurch kam es ja auch zu der gestellten Frage.)

7 = 5St ↓
Im Licht dagegen steht die Herausforderung, die die Fragerin in dieser Aufgabe sieht. Die Umkehrung dieser Karte mag ihre Angst und Scheu vor der Auseinandersetzung ausdrücken.

8 = 9St
All das führt zur Abwehrhaltung, die zwei Ausdrucksformen haben kann. Zum einen kann sie zeigen, daß die Fragerin dieses Thema auch weiterhin so bedrohlich findet, daß sie sich mit aller Vehemenz dagegen verschließt. Andererseits kann diese Karte ebenso zeigen, daß sie unwiderruflich einen Schritt getan hat und sich jeden Rückzug abschneidet, indem sie die Tür hinter sich mit aller Kraft versperrt.

Zusammenschau

Die Notwendigkeit der Trennung (1 = 10Sw) wurde schon früher erkannt (5 = 5Sw ↓). Sie kann aber wohl erst in naher Zukunft vollzogen werden, unter dem Einfluß der willensstarken Königin (4 = QSt). Die hohe »Belohnung« (2 = 10M), die sie sofort erlebt, ist gewiß eine schöne Ermutigung, die Scheu vor der Herausforderung (7 = 5St ↓) zu überwinden. Bislang war ihr auch nicht recht klar, wo sie ihren Weg finden kann (6 = 8M ↓). Ob sie nun den Vorschlag der Karten annimmt, bleibt offen. Dementsprechend hängt es nur von ihr ab, von welcher der oben beschriebenen Seiten sie die 9 der Stäbe erlebt.

Das Geheimnis

Die neunte Karte war keine Trumpfkarte. Insofern gab es in diesem Fall keinen weiteren Hinweis über die Hintergründe der Situation.

Quintessenz

Die Quersumme aller Karten ist 1. Dies ist die Karte des Magiers und damit der Weg der Initiative, des Einflusses und der Kraft. Damit hat die Fragerin diese Stärken. Der Magier ist eine aktive, impulsgebende Karte, die die Fragerin auffordert, nicht länger zuzuwarten, sondern jetzt und entschieden zu handeln.

Inannas Abstieg in die Unterwelt

Eines der großartigsten Mythen ist uns von den Sumerern überliefert. Es erzählt die älteste uns bekannte Geschichte einer Reise in die Unterwelt und ist damit auch der erste überlieferte Auferstehungsmythos.

Inanna, Herrin des Himmels, der Stätte, wo die Sonne aufgeht, steigt herab vom Großen Oben, um ihre ältere Schwester und erbitterte Feindin Ereschkigal, die dunkle Herrin des Großen Unten, im Land ohne Wiederkehr zu besuchen.

Zuvor schmückt sie sich mit ihren königlichen Gewändern und Juwelen und instruiert ihren Wesir Ninschubur (dem – wie es im Epos so schön heißt – Wesir mit den günstigen Worten, ihr Ritter der wahren Worte) für den Fall, daß sie nach 3 Tagen nicht zurück sein sollte, an den Ruinen das Wehgeschrei anzustimmen. Danach solle er Hilfe für sie erflehen beim höchsten Gott Enlil in Nippur, und falls dieser ablehnt, beim Mondgott Nanna in Ur, und falls dieser ebenfalls ablehnt, beim Weisheitsgott Enki in Eridu, dessen Hilfe gewiß ist.

Daraufhin geht Inanna zum Berg aus Lapis-Lazuli, dem Tor zur Unterwelt, und begehrt beim Torhüter Neti Einlaß. Nachdem dieser erfährt, daß die Herrin des Großen Oben die Unterwelt betreten möchte, fragt er verwirrt:

»Wenn du die Königin des Himmels bist, der Stätte, wo die Sonne aufgeht, warum, bitte, bist du dann in das Land ohne Wiederkehr gekommen?«

Woraufhin ihm Inanna angibt, sie möchte an der Begräbnisfeier des Gugallanna, des verstorbenen Gatten ihrer älteren Schwester Ereschkigal, teilnehmen.

Neti ist sichtlich überfordert, bittet Inanna zu warten, und eilt zu seiner Herrin Ereschkigal, um deren Entscheidung zu hören. Die dunkle Herrin des Großen Unten ist über die Ankündigung, Besuch von ihrer lichten Schwester zu erhalten, wahrhaft aufgebracht (sie biß sich vor Zorn in den Schenkel). Trotzdem gibt sie Neti den Auftrag, Inanna einzulassen. Jedoch muß sie, wie auch alle gewöhnlichen Sterblichen, an jedem der sieben Tore der Unterwelt ihre Gewänder und Juwelen Stück für Stück abgeben, so daß sie zuletzt nackt und gebeugt den Raum betritt, in dem

Ereschkigal, die Herrin der Tiefe, mit den Annunaki, den gefürchteten sieben Richtern der Unterwelt, über ihr Schicksal
befindet. Sie richten auf sie den Blick des Todes – und Inanna
stirbt.

Ihr verläßlicher Wesir Ninschubur, ihr getreuer Verbündeter in
der Oberwelt, hält sich strikt an die Anweisungen seiner Herrin.
Er erhebt das Wehgeschrei an den Ruinen und bittet dann nach-
einander zunächst den großen Gott Enlil in Nippur, dann den
Mondgott Nanna in Ur und letztlich den alten, gütigen Weisheits-
gott Enki in Eridu um Hilfe. Als Enki erfährt, was seiner geliebten
Inanna widerfahren ist, erschafft er (aus dem Schmutz unter
seinen Fingernägeln) zwei geschlechtslose Wesen Kurgarru und
Kulaturru, die er mit der Speise des Lebens und dem Wasser des
Lebens in die Unterwelt schickt.

Kurgarru und Kulaturru gewinnen die Gunst der Herrin des
Großen Unten und damit die Erlaubnis, Inanna zu neuem Leben
zu erwecken. Die wiedergeborene Inanna verläßt das Reich der
Tiefe. Doch auch für sie gilt das unumstößliche Gesetz im Land
ohne Wiederkehr: Keiner, der die Tore zur Unterwelt durch-
schritten hat, darf zurück in die Welt des Lichtes, ohne einen
Stellvertreter zu stellen, der an seiner Stelle ins Reich des Todes
muß. So folgt ihr eine Schar unheimlichster Dämonenwesen, um
den Verdammten zu fangen und mitzunehmen. Auf ihrer Suche
nach einem geeigneten Opfer zieht Inanna durch die Länder, und
alle Lebewesen, denen sie begegnet, weichen erschreckt vor ihr
und den furchtbaren Dämonen zurück. Als sie zu ihrer Heimstatt
kommt, sieht sie voller Zorn, daß ihr Sohn und Geliebter Dumuzi
sie offenbar nicht vermißte, sondern es sich auf ihrem Thron
behaglich eingerichtet hat. Auf ihn wirft sie den Blick des Todes,
die Dämonen fallen über ihn her und schleifen das angstvoll um
Gnade und Hilfe flehende Opfer in ihr finsteres Reich des Todes.

Soweit der Mythos, der ausführlicher erzählt wird in dem leider
vergriffenen Buch: »Die Geschichte beginnt mit Sumer«*.

Ich habe daraus die folgenden Stationen ausgewählt und sie nach
meinem Verständnis gedeutet:

1 = Inanna, Herrin des Himmels
2 = Neti, Oberster Torhüter der Unterwelt

---

* Samuel Noah Kramer, Die Geschichte beginnt mit Sumer, Büchergilde
Gutenberg, Frankfurt/Main

3 bis 9   = Die sieben Tore der Unterwelt, an denen Inanna die
             sieben zuvor angelegten Juwelen und Gewänder ab-
             legen muß*.
10   = Ereschkigal, Herrin der Unterwelt
11   = Ninschubur, der Wesir Inannas
12   = Die Speise des Lebens
13   = Das Wasser des Lebens
14   = Die wiedergeborene Inanna
15   = Dumuzi, das Opfer für die Unterwelt

Das Spiel wird mit 15 Karten gespielt, der Zahl des Vollmonds, die
Ischtar, der babylonischen Nachfolgerin Inannas, heilig war. Vor
dem Spiel trenne ich die Karten der Großen Arkana von den
Karten der Kleinen Arkana. Der Frager zieht fünf Karten aus den
Großen und 10 Karten aus den Kleinen Arkana. Die mit römischen Ziffern angegebenen Schlüsselpositionen werden mit Karten
der Großen Arkana belegt, während die Karten der kleinen Arkana auf die mit arabischen Zahlen bezeichneten Stellen kommen.

Die Botschaft dieses Mythos, die ich hier wiedergeben möchte,
heißt: Inanna muß auf dem Weg in die Tiefe vieles von dem
aufgeben, was ihr bislang wichtig und wertvoll war. Gebeugt und
völlig entblößt, begegnet sie dort ihrer eigenen Schattenseite. Bei
dieser Begegnung stirbt sie. Das heißt, ihre alte Identität ist
erloschen. Dank der Hilfe ihres Verbündeten erwacht sie zu
neuem Leben und kommt als neue Inanna zurück in die Welt des
Lichtes. Durch Aufgabe ihrer alten Identität und Erlösung ihrer
Schattenseite ist sie neu, ganz und heil geworden. Dafür muß sie
in der Oberwelt noch ein (Dank-)Opfer bringen, indem sie (vorübergehend) auf etwas, das ihr wichtig ist, verzichtet.

Vor diesem Hintergrund deute ich die Karten wie folgt:

I   Die (vermeintliche) Lichtseite, die aber erst durch die
           Begegnung und Annahme der Schattenseite (X) ganz und
           heil wird.

---

* Das sind im einzelnen:
  1. Die Schugurra, die Krone der Ebene
  2. Der Meßstock aus Lapislazuli und die Meßleine
  3. Die Lapislazuli-Steine um ihren Hals
  4. Die Numuz-Steine an ihrer Brust
  5. Der Goldring an ihrer Hand
  6. Der Brustschild »Komm, Mann, komm«
  7. Das Pala-Gewand der Herrscherin

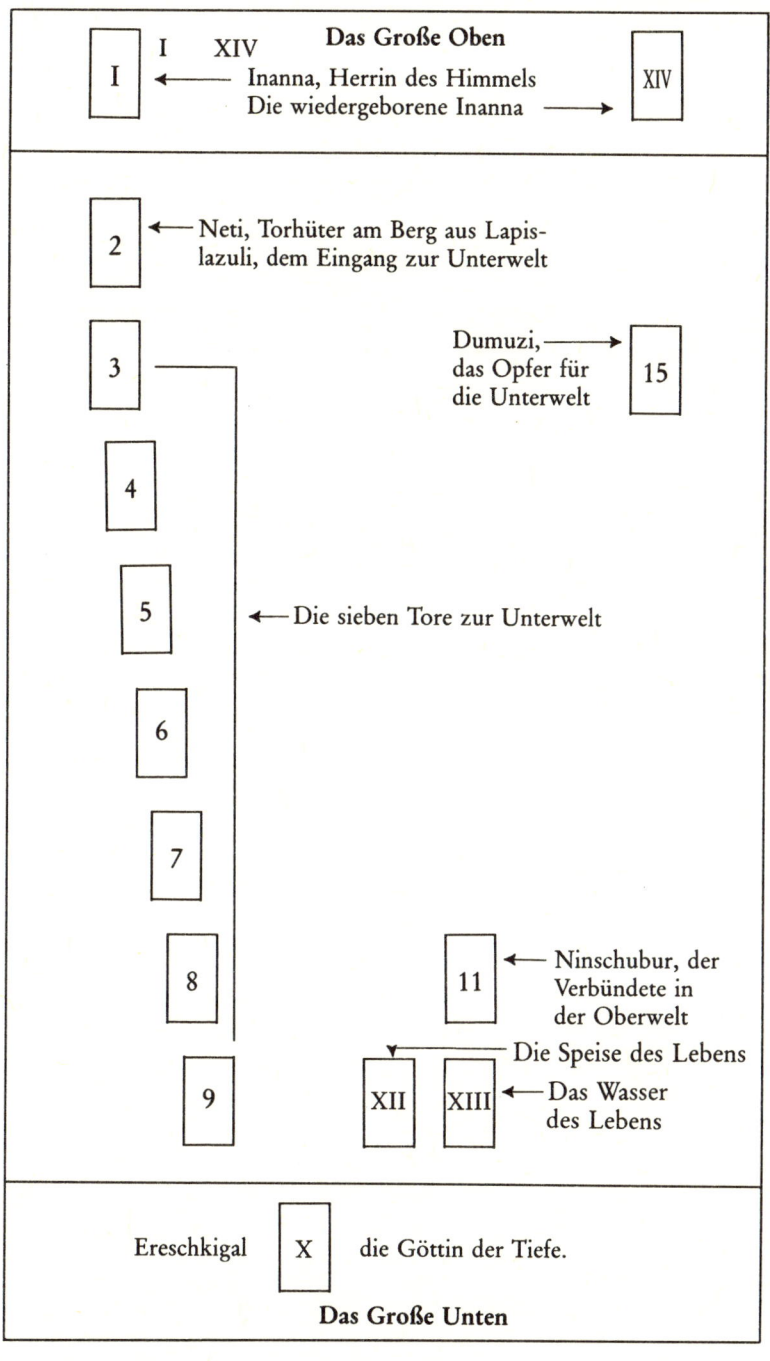

Das Große Oben

I XIV

I ← Inanna, Herrin des Himmels
Die wiedergeborene Inanna → XIV

2 ← Neti, Torhüter am Berg aus Lapis-
lazuli, dem Eingang zur Unterwelt

Dumuzi, →
3 das Opfer für 15
die Unterwelt

4

5 ← Die sieben Tore zur Unterwelt

6

7

8 11 ← Ninschubur, der
Verbündete in
der Oberwelt

Die Speise des Lebens
9 XII XIII ← Das Wasser
des Lebens

Ereschkigal X die Göttin der Tiefe.

Das Große Unten

2   Der Empfang am Tor zur Unterwelt.

3–9   Die Werte, Verhaltensweisen, Angewohnheiten, Wünsche,
         Vorstellungen usw., die aufgegeben werden müssen*.

X   Die Schattenseite, die es zu erlösen gilt, die dunkle Schwe-
         ster, das schwarze Gold, das gehoben werden soll.

Das Zusammentreffen von Inanna (I) und Ereschkigal (X) bedeutet den Tod der alten Ich-Identifikation (keine Karte).

11   Die helfende Kraft, der Verbündete in der Oberwelt.

XII   Die erste belebende Kraft.

XIII   Die zweite belebende Kraft.

XIV   Die neu gewonnene Identität.

15   Das Opfer. Genaugenommen das, worauf vorübergehend
         verzichtet werden muß: Dumuzi ist der Frühlingsgott, der
         Gott des zunehmenden Jahres, der jedes Jahr im Herbst
         geopfert und im Frühling neu geboren wird.

Beispiel A

Als ich dieses Spiel zum ersten Mal legte, kamen die folgenden
Karten:

---

* Wenn an dieser Stelle Könige und Königinnen auftauchen, heißt das, daß
  sich der Frager vom Einfluß dieser Personen lösen muß, bzw. die Ich-
  Fixierung aufgeben muß, im Fall, daß die Karte ihn selbst darstellt.

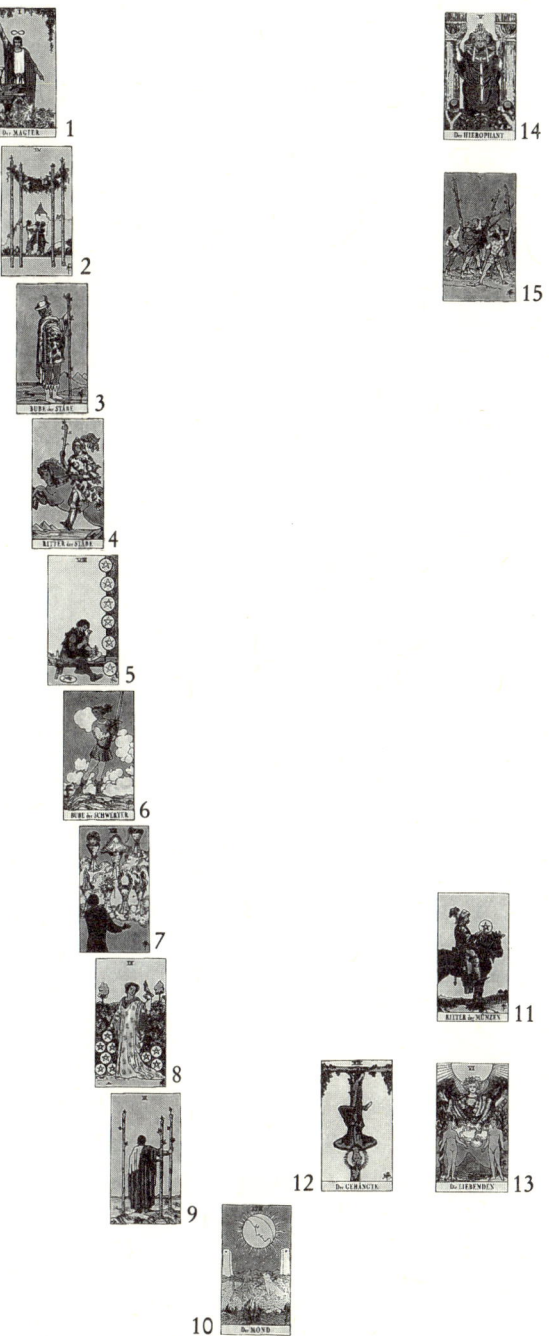

Einzelbetrachtung

Wie schon zuvor gesagt, haben Selbsterfahrungsspiele einen so persönlichen Charakter, daß hier nur sehr allgemeine Hinweise gemacht werden können.

1 = I
Die vorhandene, bewußte aber zu wandelnde Kraft ist Einflußstärke, Faszination, Beherrschung, das Bewußtsein selbst oder auch der Umgang mit okkulten Fähigkeiten.

2 = 4St
Der Weg sieht freundlich aus. Das Tor zur Unterwelt ist hier mit Girlanden geschmückt. Der Torhüter Neti und seine dunkle Herrin Ereschkigal lassen bitten.

An den Toren zur Unterwelt müssen folgende Opfer und Verzichte erbracht werden:

3 = BSt
Die Erwartung, Hilfe, Anstöße oder Impulse von außen zu bekommen, muß aufgegeben werden. Der Reisende ist alleingelassen.

4 = RSt
Die Ungeduld und das stürmische Temperament. Es wird eine lange, mühevolle Reise, die viel Geduld verlangt.

5 = 8M
Die Erwartung des Neubeginns und des geduldigen Aufbaus. Noch ist lange nicht der Punkt erreicht, an dem der Wiederaufbau beginnt.

6 = BSw
Konflikte, die von außen kommen. Auch dieses muß
»aufgegeben« werden. Der Reisende ist damit so
alleingelassen, daß nicht einmal streitbare Angriffe
anderer ihn erreichen können.

7 = 7K
Träume, Visionen, der Rausch der Fata Morgana.
Die Flucht aus der Wirklichkeit wird abgeschnitten.
Er muß den harten, mühevollen Weg mit vollem
Bewußtsein und ohne Hoffnung auf traumhafte
Lösungen gehen.

8 = 9M
Alle Glückserwartungen. Sich selbst verwirklichen,
heißt nicht notwendigerweise, glücklich zu werden,
sondern »nur«: Authentisch aus einem tiefen inneren
Selbst heraus zu leben.

9 = 3St
Der feste Boden unter den Füßen und die weitrei-
chenden Aussichten. Der Wanderer muß hier auch
die letzte Sicherheit und die letzte (beruhigende)
Aussicht fahren lassen und sich ganz dem Spiel des
Augenblicks überlassen.

10 = XVIII
Die Schattenseite, der die bewußte, erkennende Kraft
(1 = I) begegnen muß, sind die Abgründe der Seele,
die Alpträume und die erschreckenden Tiefen des
Unbewußten. In dieser Begegnung geht es um die
Aussöhnung des solaren, klar erkennenden und ordnenden Verstandes mit der lunaren Kraft, den un-
heimlichen Tiefen der irrationalen, unauflösbar in
sich verwobenen Welt der Ängste und dunkler
Traumgestalten.

Der Durchgang durch die sieben Tore und die Begegnung mit der
Schattenseite lassen das alte Ich-Bewußtsein erlöschen.

11 = RM

Ninschubur, der Verbündete in der Oberwelt, der die Neugeburt einleitet, zeigt sich hier im Gewand der Hartnäckigkeit, Beständigkeit, Unbeirrbarkeit und des Wirklichkeitssinns.

12 = XII

Die Speise des Lebens ist vom Gehängten dargestellt. Das heißt, die davorliegende Todesphase, die Phase der Ichlosigkeit, in der das alte Ich tot und das neue Ich noch nicht geboren ist, hält so lange an, bis eine völlig neue Sicht der Welt, eine neue Lebensanschauung gewonnen wird.

13 = VI

Das Wasser des Lebens ist die allumfassende Kraft der Liebe. Dies ist die Liebe zum Leben, zu den Menschen, zu sich selbst und kann hier auch die erlösende Kraft eines liebevollen Helfers darstellen.

14 = V

Das neugeborene Ich ist geprägt von der Stärke des Glaubens, der festen inneren Gewißheit und des Vertrauens. Es weiß um die tiefe Ebene der Gemeinsamkeit dessen, was an der Oberfläche unvereinbar erscheint.

15 = 5St

Das letzte Opfer, das erbracht werden muß, ist der vorübergehende Verzicht auf Herausforderungen und das Messen der neugewonnenen Kräfte.

Zusammenschau

Durch den höchstpersönlichen Charakter dieses Spiels hat eine verallgemeinernde Zusammenschau wenig Sinn.

Wichtig ist, zu sehen, daß hier die ausgeprägte Bewußtseinskarte (1 = I) auf die Karte der allertiefsten Inhalte des Unterbewußtseins trifft (10 = XVIII). Eine größere Polarität ist kaum denkbar. Der Weg sieht einladender und leichter aus (2 = 4St), als er sich später erweist. Die lebensbringenden Kräfte der Neuordnung aller Werte (12 = XII) und der Liebe (13 = VI) sind das Ergebnis unermüdlicher Arbeit (11 = RM). Der wiedergeborenen Inanna ist es gelungen, das große Gegensatzpaar (1 = I und 10 = XVIII) auf tiefer Ebene in sich miteinander zu vereinen (14 = V).

Quintessenz

Die Quersumme aller Karten ergibt 6 und weist den Weg der Liebenden: Inanna soll diese Reise mit der Kraft der Liebe und mit Entschiedenheit beginnen.

Beispiel B

Für eine Fragerin zeigten die Karten folgenden, auf den ersten Blick nicht leicht zu verstehenden Weg:

Einzelbetrachtung

1 = XVI
Die Ausgangssituation, durch den Turm dargestellt, darf hier als eine Persönlichkeitsstruktur verstanden werden, in der plötzliche, heftige Umbrüche und Veränderungen die Regel sind. Sie kann auch eine Person darstellen, die sich in einer tiefen Krise mit heftigen Erschütterungen und aufwühlenden Turbulenzen befindet. Eine Phase der Bewußtseinsveränderung, in der alles, was bislang als Sicherheit galt, plötzlich in Frage gestellt ist.

2 = RSt
Der Eingang zur Unterwelt ist von der Stimmung ausgeprägter Ungeduld gekennzeichnet. Die Fragerin spürt einen starken inneren Drang und möchte unverzüglich die Reise in die eigenen Tiefen antreten.

Dabei muß sie die folgenden sieben Tore durchschreiten und die jeweiligen Opfer bringen:

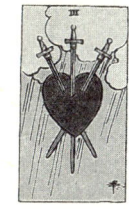

3 = 3Sw
Das Tor des Schmerzes und der Tränen: Angst, Kummer und Schmerzen werden sie hier überkommen. Dies muß sie durchleben, ohne sich davon abschrecken zu lassen noch sich darin zu verlieren. Sie muß die Schmerzen in vollem Umfang erleben und sie dann loslassen.

4 = 4M
Das Tor der Härte und des Festhaltens: Nach der vorhergehenden schmerz- und verlustvollen Erfahrung wird sie hier versuchen festzuhalten, was ihr noch blieb. Doch mit dem Durchschreiten dieses Tores muß sie auch noch die letzten Sicherheiten aufgeben und fahrenlassen.

5 = 2K
Das Tor der liebevollen Begegnung: Auf ihrer Reise wird sie einem Menschen begegnen, der ihr als willkommener, liebevoller Helfer und Wegbegleiter erscheint. Sicherlich wird sie aus dieser Begegnung Kraft schöpfen, doch muß sie wieder von diesem Menschen lassen und ihren Weg allein weitergehen.

6 = 3M

Das Tor des sichtbaren Erfolges: An diesem Punkt ihrer Reise spürt sie zum ersten Mal, daß die wesentlichen Hürden, die sie bereits überwunden hat, sichtbare Meilensteine einer starken inneren Entwicklung sind. Aber wie auch auf dem Weg des Zen jede Erfolgsabsicht und jedes befriedigende Bewußtmachen des schon Erreichten hinderlich für den weiteren Weg ist, muß sie sich hier von der (selbst-) gefälligen Betrachtung lösen. Andernfalls erliegt sie leicht der großen Gefahr der verführerischen Illusion, das Schwierigste bereits überstanden zu haben. Das würde die Bereitschaft trüben, die weiteren Tore vorbehaltlos zu durchschreiten.

7 = 5St

Das Tor der kräftemessenden Herausforderung: Die Aufgabe, die sie hier zu bewältigen hat, wird sie reizen und zum vollen Einsatz ihrer Kräfte animieren. Doch gilt es hier, sich nicht dem auf Sieg und Ichbetonung gerichteten Reiz des Wettkampfes zu überlassen, sondern ungeachtet des Erfolges auch den weiteren Weg in aller Bescheidenheit zu gehen.

8 = 4K

Das Tor der Ermüdung und der Lustlosigkeit: Diese Station kurz vor Ende der Reise kann die hartnäckigste Probe darstellen. Sie ist frei von Aufregungen und Turbulenzen und stattdessen von ausgeprägter Langeweile, Verdruß und tiefer Unwilligkeit gekennzeichnet. Der Weg wird hier lang, monoton und furchtbar ermüdend. Die Fragerin ist am Ende ihrer Motivation und ständig versucht, aufzugeben und sich enttäuscht und verdrossen zurückzuziehen. Es wird sehr schwer sein, die Unlustgefühle aufzugeben und auch dieses Tor aufmerksam zu durchschreiten.

9 = 3St

Das Tor der guten Aussicht und der weiten Horizonte: Nach der unendlich lang durchschrittenen Einöde kommt die Fragerin nun an einen Punkt, an dem sich reizvolle und vielversprechende Aussichten auftun. Dies ist die letzte Versuchung auf dem Weg, die sie kurz vor dem Ziel noch einmal mit aller Macht davon abzuhalten sucht, den letzten Schritt in das Land ohne Wiederkehr zu tun. Es ist sehr hart, all diese Aussichten fahrenzulassen und statt dessen unbeirrt den Weg in die Nacht zu gehen.

10 = X

Die Schattenseite, der sie hier begegnet, ist durch das Schicksalsrad dargestellt. Ganz im Gegensatz zu der explosiven Stimmung der Ausgangskarte (1 = XVI) dreht sich dieses Rad beständig in einer von uns zu beeinflussenden Geschwindigkeit. Wenn wir es in der Ausgangskarte vielleicht auch mit beängstigend heftigen Umbrüchen zu tun haben, so ist das ihr zugehörige Umfeld aber stets aktiv, indem es uns zum Neubeginn auffordert. Damit zeigt der Turm trotz aller Verunsicherungen ein lebendiges Thema. Das Schicksalsrad kann dagegen auf seiner Schattenseite der ewig zermürbende Prozeß der Notwendigkeiten sein, das bedrückende Gefühl der Ohnmacht sowie des Ausgeliefertseins. In seinem Extrem bedeutet es stumpfen Fatalismus.

Das Zusammentreffen von Licht- und Schattenseite, die hier als Turm und Schicksalsrad dargestellt sind, kann für eine sehr selbstbestimmte Person stehen, deren übliche Lebenshaltung immer initiativ und dabei aufrührend, zerstörend und explosiv ist und vielleicht dem Bild einer Bombe entspricht. Auf dieser Reise nach innen begegnet sie nun ihrer Schattenseite, die für sie eine Welt der Notwendigkeiten, der Willenlosigkeit und der zermürbenden Routine darstellt. Mit der Einsicht, daß auch dies ein Teil von ihr ist und mit der willigen Annahme dieses bislang verhaßten Charakterzuges löst sich einerseits das ursprüngliche Selbstbild auf (XVI = die alte Inanna) und verliert andererseits die bisher gefürchtete und unterdrückte Schattenseite ihren Schrecken (X = Ereschkigal). Der Prozeß der Neugeburt beginnt nun mit Hilfe der weiteren Kräfte:

11 = AsSt

Der Wesir Ninschubur, der Verbündete in der Oberwelt, wird vom As der Stäbe dargestellt. Die Fragerin erfährt oder spürt, daß sie hier am zentralen Thema ihrer Selbstentfaltung ist und die göttliche Lebenskraft des Feuerelementes in ihr liegt und ihr die innere Stärke und den Willen zum lebensbejahenden Neuanfang schenkt.

12 = XIV

Die Speise des Lebens ist die Karte der inneren Harmonie. Sie zeigt das beglückende Erlebnis, die vorherigen Extreme (die alte Inanna und Ereschkigal) harmonisch in der eigenen Mitte vereint und ausgesöhnt zu haben. In dem Maße, wie dieses Glücksgefühl durch ihren Körper strömt, erwacht Inanna zu neuem Leben.

13 = XX

Das Wasser des Lebens wird durch die Karte der Auferstehung selbst gezeigt. Dieses Motiv, das auf der archetypischen Reise des Helden die Hebung des Schatzes darstellt, bedeutet hier, daß unmittelbar mit der Erlösung der dunklen Schwester Ereschkigal auch ihre Wandlung ins Licht stattgefunden hat. (So wie der Kuß aus dem Frosch den Prinzen macht.) Bereits hier in dieser ersten Begegnung und der Annahme der Schattenseite liegt die Erkenntnis, daß hinter dem bislang gefürchteten und verhaßten Bild großer Reichtum liegt, der nun befreit worden ist. In diesem Fall wird es sich um die lichte Seite des Schicksalsrades handeln (10 = X), die in der Einsicht in die Weisheit der göttlichen Vorsehung und dem vereinten Wirken der vier Elemente liegt, sowie im Verständnis der tiefen Bedeutung der Prüfungen, die uns das Schicksal auferlegt.

14 = XII

Die auferstandene Inanna wird durch die Karte des
Gehängten dargestellt, was im ersten Moment sicherlich etwas verblüffend ist. An dieser Stelle dürfen wir
die Karte jedoch von ihrer positivsten Seite betrachten: Die Lebensumkehr, eine völlig neue Sicht der
Welt, verbunden mit tiefer Einsicht und Erleuchtung
sowie innerem Frieden. Gerade vor dem Hintergrund der Karte der alten Inanna (1 = XVI) wirkt die
innere wie äußere Ruhe des Gehängten wohltuend.
Auch angesichts der Schwierigkeiten, die die Fragerin
offenbar zuvor mit ihrer Schattenseite, der Annahme
des Schicksals hatte, zeigt diese Karte die hohe Bereitschaft, notwendige Opfer zu erbringen, die das
Leben von uns verlangt. Die verschiedenen, entsprechenden Bilder der Mythen und Legenden sagen uns,
daß diese Haltung des Gehängten seit alters her mit
hoher Weisheit und tiefer Einsicht verbunden wird:
Odin, der am Weltenbaum Yggdrasil hängend Weisheit fand, die umgekehrte Kreuzigung des Petrus
sowie der Glaube der alten Ägypter, daß das Jenseits
aus unserer Sicht betrachtet auf dem Kopf steht.
Damit gibt uns die Sichtweise des Gehängten einen
Einblick in die Gesetze außerhalb von Raum und
Zeit.

15 = AsM

Das Lebensgefühl der neuen Inanna wird es ihr nicht
schwermachen, das von der Unterwelt verlangte Opfer zu erbringen. Hier ist es der vorübergehende
Verzicht auf Chancen des Reichtums, der Sicherheit,
eventuell auch der Sinnlichkeit und anderer dem
Erdelement entsprechender Themen.

Zusammenschau

Wie schon im vorhergehenden Beispiel erwähnt, hat es wenig
Sinn, eine tiefgreifende Zusammenschau zu geben, da die höchst-
persönliche Bedeutung dieser Karten den Bereich der allgemeinen
Nachvollziehbarkeit verläßt und nur von der Fragerin selbst
erahnt, gesehen und verstanden werden kann.

Das Keltische Kreuz

Die bekannteste und aus älterer Zeit überlieferte Form, Karten zu legen, ist das Keltische Kreuz. Es ist ein universales Legesystem, das sich für alle Frageformen, wie Trendverläufe, Aufhellung eines Hintergrundes, als Vorausschau und zur Ursachenerforschung verwenden läßt. Wenn ich mir nicht sicher bin, welches Legesystem sich für eine bestimmte Fragestellung am besten eignet, entscheide ich mich im Zweifelsfalle immer für dieses Keltische Kreuz.

Die Karten werden dabei wie folgt ausgelegt:

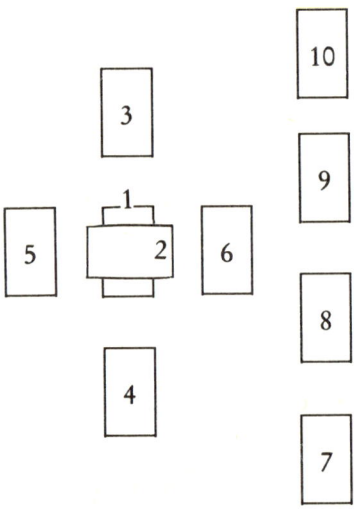

Hierzu können die folgenden Worte gesprochen werden:

1 = Das ist es
2 = Das kreuzt es
3 = Das krönt es
4 = Darauf ruht es
5 = Das war zuvor
6 = Das kommt danach
7 = Das ist der Frager
8 = Dort findet es statt

9 = Das sind die Hoffnungen und Ängste
10 = Dorthin führt es

oder etwas weniger magisch:

1 = Darum geht es
2 = Das kommt hinzu
3 = Das wird erkannt
4 = Das wird gespürt
5 = Das hat dahin geführt
6 = So geht es weiter
7 = So sieht es der Frager
8 = So sehen es die anderen, oder dort findet es statt
9 = Das erwartet oder befürchtet der Frager
10 = Dorthin führt es

Die Bedeutungen im einzelnen:

1 = Die Ausgangssituation.
2 = Der hinzutretende Impuls, der förderlich oder auch hinder-
     lich sein kann.

In diesen beiden Karten haben wir eine Hauptantwort auf das,
was ist. Die nächsten drei Karten geben uns Hintergrundinforma-
tionen:

3 = Die bewußte Ebene. Damit das, was dem Frager im Um-
     gang mit dem Thema klar ist, was er erkennt, was gesehen
     wird, was eventuell auch bewußt angestrebt wird.
4 = Der Bereich des Unbewußten. »Darauf ruht es«, heißt es in
     der magischen Formel. Damit ist ausgedrückt, daß eine
     Angelegenheit, die auf dieser Ebene gut verankert ist und
     von tiefer innerer Gewißheit getragen wird, stärkste Wur-
     zeln hat und nur schwer erschütterbar ist.

Für die Bedeutung dieser beiden Karten gibt es, je nach Art der
Frage, einen gewissen Deutungsspielraum. Letztlich aber spiegeln
sie, was der Kopf (3) und das Herz (4) dazu sagen.

5 = Die zeitlich zurückführende Karte. Sie zeigt die jüngste
     Vergangenheit und gibt damit häufig auch einen Hinweis
     auf Ursachen der jetzigen Situation.
6 = Die erste in die Zukunft weisende Karte gibt uns einen
     Ausblick auf die nahe Zukunft, auf das, was als nächstes
     kommt.

7 = Diese Karte zeigt den Frager*, seine Einstellung zum Thema (den Karten 1 und 2) und/oder auch wie es ihm dabei geht.

8 = Das Umfeld. Hier kann sowohl der Ort des Ereignisses wie auch der Einfluß anderer Personen auf das Thema dargestellt sein.

9 = Hoffnungen und Ängste. Die Bedeutung dieser Karte wird häufig unterschätzt, weil sie keinen prognostischen Charakter hat für das, was tatsächlich kommen wird. Dabei gibt uns gerade diese Karte wertvolle Informationen insbesondere dann, wenn wir sie für jemanden deuten, den wir nicht kennen oder uns die Frage nicht mitgeteilt wurde. Hier spiegeln sich die Erwartungen oder die Befürchtungen wider.

10 = Die zweite in die Zukunft weisende Karte gibt den langfristigen Ausblick und zeigt eventuell auch den Höhepunkt, auf den das befragte Thema hinführt.

Damit liegen die prognostischen Karten ausschließlich an den Plätzen 6 und 10. Alle anderen Karten geben zusätzliche, erklärende Hinweise über Umfeld und Hintergründe des Fragekomplexes.

Beispiel A

Diese Karten wurden im Anschluß an das Beispiel A des Geheimnisses der Hohenpriesterin gelegt. Der Frager, der auf einer längeren Reise war, wollte wissen, ob sich für ihn an dem Ort, an dem er sich befand, etwas Entscheidendes ergeben würde.

---

* Wenn die Karten für eine nicht anwesende Person befragt werden, müssen wir uns zuvor darüber klar werden, ob dieser Platz unsere (des Fragers) Haltung oder die des Betroffenen spiegeln soll.

10

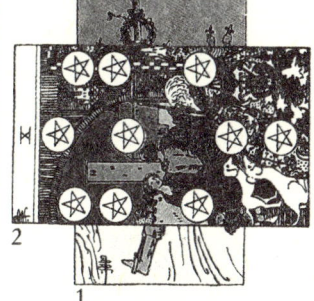

3

9

5

2

1

8

4

6

7

Einzelbetrachtung

1 = 6St
Die gute Nachricht, das erreichte Ziel, Erfolg und Sieg sind durch die Ausgangskarte dargestellt.

2 = 10M
Hinzu tritt die Karte des inneren wie äußeren Reichtums, des Beschenktseins, der ausgeprägten Sicherheit und der Fülle.

3 = 4Sw
Die Karte des Stillstandes, der verhinderten Aktivitäten und der erzwungenen Ruhe auf der Ebene des Bewußtseins spiegelt eine geistige Lähmung. Sie zeigt, daß der Frager auf seiner Bewußtseinsebene befangen ist und dadurch nicht erkennt, wie er die sich bietende Gelegenheit nutzen kann. (Ich komme nicht ran!).

4 = 5K
Obwohl sich das Ereignis in schönster Form ankündigt, bereitet es dem Frager Sorgen und Schmerz. Das ist verständlich, wenn er die Gelegenheit sieht, jedoch meint, nicht herankommen zu können.

5 = 3Sw
Die Vergangenheit zeigt Schmerz, Enttäuschung und Kummer. Die noch nicht verheilten Narben könnten die Ursache für die zurückhaltende bis pessimistische Betrachtungsweise (3 = 4Sw) sein.

6 = 10K
Die Entfaltungskraft der Ausgangssituation ist erfreulicherweise so stark, daß es trotz aller hemmenden Begleitumstände zu einer wichtigen, harmonischen Begegnung kommen wird und zu tiefem, innerem Glück.

7 = IV
Der Frager selbst ist dargestellt als jemand, der sich und die Situation, in der er sich befindet, unter Kontrolle hat, andererseits aber auch seine Träume, Wünsche und Vorstellungen verwirklicht.

8 = III
Das Umfeld ist im höchsten Maße fruchtbar. Das heißt, es gibt viele und immer wieder neue Gelegenheiten, die Wünsche zu verwirklichen. Es ist ein abwechslungsreiches Umfeld, das sich ständig in neuer Form präsentiert. Es ist bereit zur Ernte.

9 = KSt
Die Karte zeigt einen Mann in der Qualität des Feuerelementes: selbstbestimmt, willensstark, unternehmungslustig und selbstsicher. Sie drückt die Hoffnung aus, diese Eigenschaften in ausreichendem Maße zu besitzen und nutzen zu können, um dem Ereignis gewachsen zu sein.

10 = QSt
Verständlich wird die vorangegangene Karte (9 = KSt) insbesondere hier im Zusammenhang mit der Königin der Stäbe. Das, worauf alles hinausläuft, ist die Frau, die dem soeben geschilderten Mann entspricht.

Zusammenschau

Der Blick auf die Hoffnungen, die der Frager mit dem Thema verbindet (9 = KSt), wird in diesem Fall erst verständlich, wenn man die Felder 6 und 10 einbezieht. König und Königin der Stäbe sowie die Karte der großen Harmonie und des familiären Glücks (6 = 10K) lassen eine große Liebesthematik erwarten*. Dieses Ereignis, das sich in aller Fülle (2 = 10M) und in allem Reiz (1 = 6St) deutlich zeigt, wird vom Frager zunächst nicht wahrgenom-

---

* Ohne den Hinweis auf die große Harmonie (6 = 10K) wäre diese Deutung sehr kühn gewesen. Hofkarten an den Plätzen 9 und 10 lassen sich ohne deutliche Unterstützung aus einem anderen Bereich nicht ergiebig deuten. Für mich bleibt dann häufig genug ihre Bedeutung offen.

men (3 = 4Sw). Vor dem Hintergrund schmerzhafter Enttäuschungen (5 = 3Sw) fehlt ihm zunächst die Kraft, einen entscheidenden Schritt zu tun (3 = 4Sw), was ihn innerlich sehr traurig stimmt (4 = 5K). Letztlich behauptet sich jedoch seine Einstellung zum Thema. Im Nebeneinander von Herrscher (7 = IV = Frager) und Herrscherin (8 = III = Umfeld) liegt das Bild der Bereitschaft des fruchtbaren Bodens (III), der von der gestaltenden Kraft (IV) urbar gemacht wird. Damit nutzt er seine Möglichkeiten und findet so die Frau (QSt), die zu ihm (KSt) paßt. Über die langfristigen Aussichten der hier angezeigten Begegnung läßt sich soweit keine klare Aussage machen. Die Begleitumstände, insbesondere das Fundament (4 = 5K), sind kritisch.

Quintessenz

Die Quersumme aller Karten ist 9, der Weg des Eremiten: Bevor der Frager handelt, sollte er sich um Mut, Klarheit und Eindeutigkeit bemühen. Er sollte in sich gehen und erforschen, was er wirklich will.

Hinweis: Diese Fragerserie wird fortgesetzt im Beispiel C des Beziehungsspiels (Seite 106).

Beispiel B

Zur Frage: »Wie verläuft meine weitere berufliche Entwicklung?« wurden folgende Karten gezogen:

10 RAD des SCHICKSALS

XIV

MÄSSIGKEIT

3

KÖNIG der SCHWERTER

5

2

1

6

9

8

RITTER der MÜNZEN

4

GERICHT

7

Einzelbetrachtung

1 = 10Sw
Zentrales Thema ist das bewußt herbeigeführte, eventuell abrupte und willkürliche Ende der jetzigen Tätigkeit. Dies kann sowohl das Ende eines Projektes oder auch den Wechsel in eine andere Abteilung anzeigen. Wahrscheinlich aber bedeutet die Karte eine Kündigung.

2 = 4St
In jedem Fall wird dieses Ereignis freudig, zufrieden und als eine wohltuende Befreiung aufgenommen.

3 = XIV
Gelassenheit und inneres Gleichgewicht kennzeichnen die bewußte Betrachtungsweise dieser Situation.

4 = RM
Innere Gewißheit, Festigkeit, Beständigkeit und ein gutes Gespür für das Gediegene und Solide charakterisieren die gefühlsmäßige Seite.

5 = KSw
Was zurück liegt und eventuell den Ausschlag für die gegenwärtige Situation gab, ist ein Mann, der hier in der kühlen Art des Lufttemperamentes als verstandesbetont, berechnend und taktisch versiert beschrieben ist.

6 = 10K
Was bevorsteht, ist große Harmonie, Zufriedenheit und Geborgenheit.

7 = XX
Die Einstellung des Fragers zum Thema ist das Gefühl der Erlösung und Befreiung.

8 = 6Sw
Diese Karte des Aufbruchs und des Weggehens hier am Platz des Umfeldes bestätigt, daß der Frager seine Stellung kündigen wird, um anderswo neu zu beginnen.

9 = 7St
Der Frager befürchtet die in diesem Zusammenhang notwendigen Auseinandersetzungen sowie Angriffe und Bedrohungen von außen.

10 = X
Das Schicksalsrad zeigt, daß dieser Schritt den Frager auf seinen Schicksalsweg führt, daß es damit seine Bestimmung ist, seine bisherige Tätigkeit an diesem Punkt aufzugeben, und er sich dieser Entwicklung nicht entgegenstellen soll*.

Zusammenschau

Durch die Karte des willkürlichen und abrupten Endes (1 = 10Sw) und des Aufbruchs mit bangem Herzen (8 = 6Sw) liegt der Schluß nahe, daß die hier angezeigte Veränderung so tief ist, daß es sich wohl nur um eine Kündigung handeln kann. Die Ursache dazu darf in der Person vermutet werden, die hier im kühlen, berechnenden und streitbaren Temperament des Luftelementes dargestellt ist (5 = KSw). Abgesehen von der Scheu vor Auseinandersetzungen und äußeren Angriffen (9 = 7St) scheint es dem Frager bei diesem Abschied sehr gut zu gehen: Die Bewußtseinsebene

---

* Für den astrologisch interessierten Leser sei darauf hingewiesen, daß zum Fragezeitpunkt der laufende Pluto eine Konjunktion mit dem Radix-MC des Fragers einging.

zeigt Harmonie und Gelassenheit (3 = XIV), die Gefühlsebene innere Festigkeit (4 = RM) und seine Einstellung zum Thema das Erlebnis der Befreiung (7 = XX). Die in die Zukunft weisenden Karten versprechen ihm Freude, Harmonie und Geborgenheit nach dem erfolgten Schritt (6 = 10K) und zeigen, daß dies der Weg der Verwirklichung seines Schicksals ist (10 = X).

Quintessenz

Die Quersumme aller Karten ist 9, der Weg des Eremiten. Der Frager ist damit aufgefordert, tief in sich hinein zu hören, um zu erfahren, was für ihn auf dem weiteren Weg wirklich wichtig ist, was Stellung, beruflicher Erfolg, Verdienst und öffentliche Anerkennung wirklich für ihn bedeuten.

Übungsbeispiele

Wenn die Karten anders lägen:

a) Tauschen wir die ersten beiden Karten zu 1 = 4St und 2 = 10Sw, so ändert sich die Aussage erheblich, weil hier eine freudig erlebte Situation (1 = 4St) plötzlich ein willkürliches und jähes Ende findet (2 = 10Sw).

b) Tauschen wir 3 = XIV mit 6 = 10K zu 3 = 10K und 6 = XIV, bleibt die Aussage im wesentlichen unverändert.

c) Tauschen wir »Zuvor« mit »Danach« zu 5 = 10K und 6 = KSw, so geht es um ein bislang sehr harmonisches Arbeitsverhältnis (5 = 10K), das aufgegeben wird (1 = 10Sw). Der Schritt selbst wird noch nicht als bedrückend erlebt (3 = XIV und 4 = RM). Die kommende Begegnung mit dem wichtig werdenden König der Schwerter (6 = KSw) kann jedoch eine erhebliche Abkühlung mit sich bringen. Allerdings ist die Rolle dieser Person an der Stelle nicht eindeutig. Im Zusammenhang mit einer Kündigung könnte er auch den Berater (Rechtsanwalt) des Fragers darstellen. Um mehr darüber zu erfahren, müßten die Karten speziell nach ihm befragt werden*.

d) Drehen wir die vier Karten um die Mitte im Uhrzeigersinn zu 3 = KSw, 4 = 10K, 5 = RM und 6 = XIV, heißt die Aussage: Aus einer grundsoliden und stabilen Situation heraus (5 = RM) kommt es zu einer plötzlichen, aber erfreulichen Trennung (1 = 10Sw und 2 = 4St), für die der Frager den kühlen König der Schwerter verantwortlich sieht (3 = KSw). Durch diesen Schritt wird seine innere Sicherheit und Harmonie in keiner Weise beeinträchtigt (4 = 10K), und auch die nächste Zukunft verspricht ihm innere Ruhe und Gelassenheit (6 = XIV).

e) Drehen wir die Reihenfolge der letzten 4 Karten um zu 7 = X, 8 = 7St, 9 = 6Sw und 10 = XX, so heißt das: Dieser berufliche Schritt wird als schicksalhaft und unabwendbar erlebt. Der Frager glaubt, keinen Einfluß auf die Entwicklung ausüben zu können (7 = X). Das Umfeld ist feindlich und stellt Angriffe, Neid und Mißgunst anderer dar (8 = 7St). Der Frager hat Angst und Scheu vor der Veränderung (9 = 6Sw), erlebt sie aber letztlich als Befreiung, die ihn zu einer Aufgabe führt, von der er zutiefst erfüllt wird (10 = XX).

* Das ginge durch:
a) Das Kreuz: Wie soll ich mit dem König der Schwerter umgehen?
b) Das Kreuz: Was bedeutet der König der Schwerter?
c) Das Keltische Kreuz: Welche Rolle spielt der König der Schwerter?
d) Das Planetenspiel: Was für ein Mensch ist der König der Schwerter?

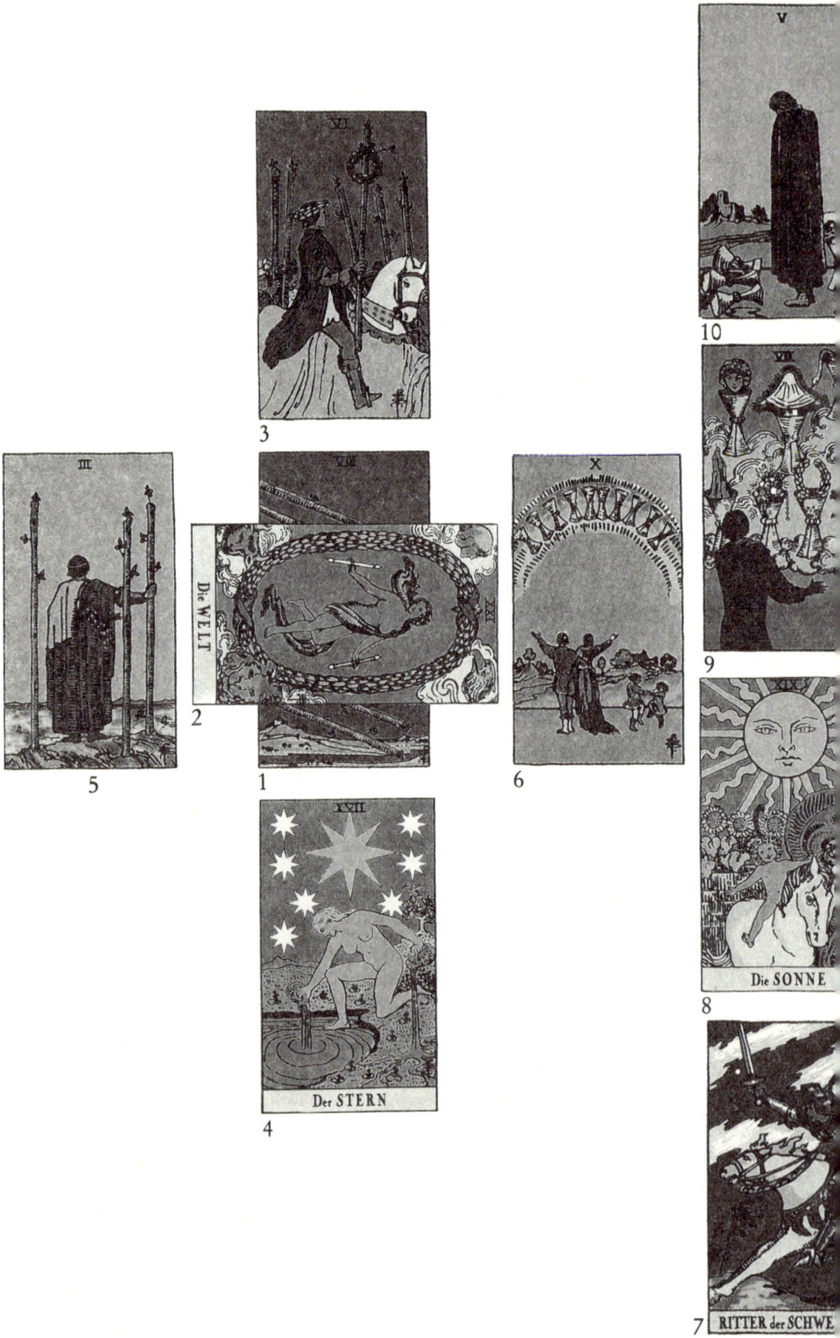
Die WELT
Der STERN
Die SONNE
RITTER der SCHWE
1
2
3
4
5
6
7
8
9
10

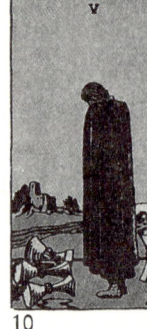

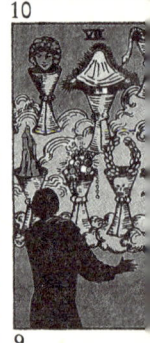

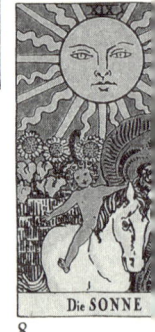

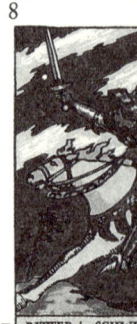

Beispiel C

Das Keltische Kreuz eignet sich hervorragend für Fragen der Selbsterfahrung. Hier ein Beispiel, in dem der Frager erfahren wollte: »Was ist wichtig für mich, was soll ich tun?«.

Einzelbetrachtung

In Fällen, in denen mir (und in diesem Fall auch dem Frager) nicht klar ist, worum es eigentlich geht, beginne ich die Einzelbetrachtung mit einem Blick auf die Hoffnungen und Ängste und gehe dann über die Vergangenheitskarte zum zentralen Thema:

9 = 7K

Die Karte der Vision oder der Illusion zeigt, daß dem Frager ein wichtiges Thema vorschwebt, das aber eher ein Traum als der erklärte Inhalt seines Willens ist.

5 = 3St

In der jüngsten Vergangenheit hat er sich zu einem Punkt vorgearbeitet, auf dem er sich sehr sicher fühlt und von wo aus sich ihm eine große Aussicht erschließt.

1 = 8St

Das Hauptthema zeigt, daß etwas Wichtiges in Bewegung gekommen ist, Ereignisse im Fluß sind, und daß etwas bald eintreffen wird.

2 = XXI

Dabei geht es darum, sich zu öffnen, herauszutreten, in die Welt zu gehen und den eigenen Platz in der Welt zu suchen und zu finden.

3 = 6St
Was er dabei vor Augen hat, ist Sieg, Erfolg und
Anerkennung.

4 = XVII
Dabei hat er die tiefe innere Gewißheit, daß es sich
hier um einen weit in die Zukunft reichenden Schritt
handelt. Der Stern gibt ihm die Kraft des Vertrauens
und der Zuversicht.

6 = 10K
Als nächstes findet er Harmonie, Zufriedenheit, Geborgenheit, eventuell eine wichtige neue Freundschaft. Er wird sich glücklich, wohl und zu Hause
fühlen.

7 = RSw
Seine Einstellung ist trotz allem im hohen Maße
skeptisch, kritisch, eventuell sogar feindselig.

8 = XIX
Das Umfeld zeigt sich sonnig und damit von der
besten, Mut und Optimismus steigernden Seite.

10 = 5K
Langfristig wird er jedoch auch Kummer spüren über
das, was er mit diesem Schritt aufgegeben hat.

Zusammenschau

Es geht hier offenbar um einen sehr weitreichenden Schritt (4 = XVII), der bald erfolgen wird (1 = 8St).

Der Frager steht auf einem guten, aussichtsreichen Fundament (5 = 3St) und möchte nun einen Traum verwirklichen (9 = 7K). Dieser Schritt führt ihn zu seinem Platz in der Welt (2 = XXI). Davon erwartet er sich Erfolg und Anerkennung (3 = 6St). Trotz des günstigen Umfeldes (8 = XIX), steht er dieser Entwicklung sehr skeptisch gegenüber (7 = RSw). Wenn er seine Vorbehalte überwindet und den Schritt tut, wird er zunächst sehr glücklich und zufrieden sein (6 = 10K), später aber auch Kummer und Bedauern empfinden (10 = 5K).

Es wäre nun die Rolle des Wahrsagers, eine »eindeutige« Aussage zu machen, um welchen Schritt es sich hier tatsächlich handelt. Das ist aber nicht nur ein fragwürdiges Ratespiel mit dem Ziel der Selbstbeweihräucherung im Falle eines Treffers; es ist auch völlig unnötig: ich bin zwar nicht auf das Thema gekommen, der Frager wußte es aber schon längst. Er sagte mir, sein Traum sei auszuwandern. Die Karten ermutigen ihn sehr dazu.

Quintessenz

Die Quersumme aller Karten ist 6 und verweist damit auf den Weg der Liebe und der eindeutigen Entscheidung. Der Frager soll diesen Weg klar entschieden und mit Liebe gehen.

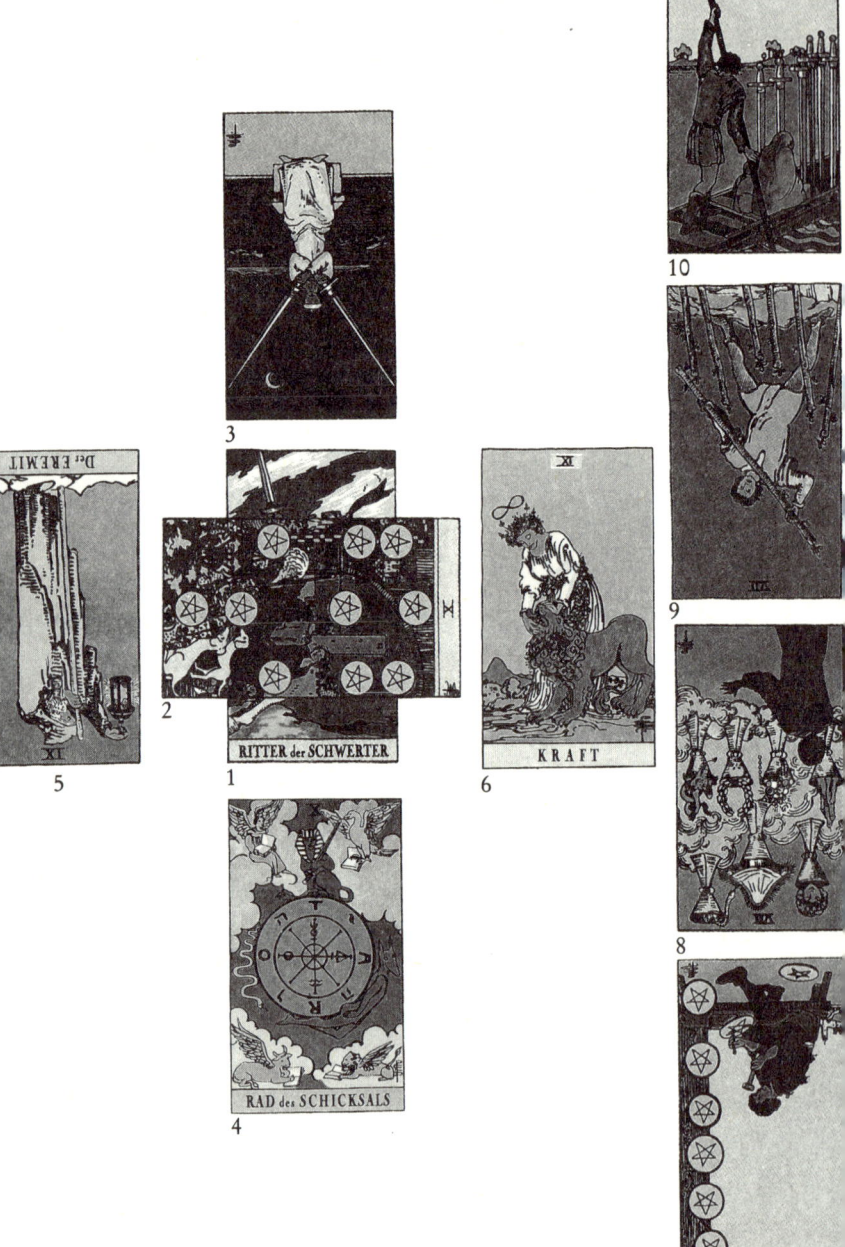

3

5

Der EREMIT

2

RITTER der SCHWERTER
1

KRAFT
6

RAD des SCHICKSALS
4

10

9

8

7

Beispiel D

Spiel mit umgekehrten Karten

Auf die Frage: »Wie verläuft meine weitere berufliche Entwicklung?« zeigten die Karten folgendes Bild:

Einzelbetrachtung

1 = RSw
Die derzeitige Arbeitssituation ist gekennzeichnet durch eine kühle, distanzierte bis frostige Atmosphäre, die denkbarerweise konfliktgeladen ist.

2 = 10M
Andererseits scheint es sich zumindest um eine gutbezahlte Aufgabe zu handeln, die im Sinne des inneren Reichtums, den diese Karte mit anzeigt, auch innere Erfüllung geben kann.

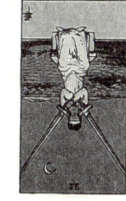

3 = 2Sw ↓
Das Spannungsfeld zwischen diesen beiden Polen führt offenbar zu hartnäckigen und bohrenden Zweifeln hinsichtlich der weiteren Entwicklung. Auf dem Kopf stehend, verstärkt sich die spannungsvolle und nagende Thematik dieser Karte. Gleichzeitig werden die Lösungsaussichten herabgesenkt.

4 = X
Die Gefühlsebene wird durch das Rad des Schicksals dargestellt. Der Frager spürt, daß sein Einfluß auf die Entwicklung gering ist und daß es sich um eine veränderungsvolle, schicksalhafte Phase handelt.

5 = IX ↓
Die jüngste Vergangenheit war eine Zeit der verhinderten tiefen Erkenntnis. Auf dem Kopf stehend, zeigt der Eremit wohl den Ruf nach Rückzug und Abgeschiedenheit sowie die Suche nach inneren Wichtigkeiten und Werten, aber der Zugang dazu

läßt sich schwer oder gar nicht finden. Entweder hat sich der Frager zu gerne von der Suche ablenken lassen, hat zu sehr auf andere gehört oder aus sonstigen Gründen die Gelegenheit nicht richtig genutzt.

6 = XI

Als nächstes kommt der Frager in eine kraftvolle Phase, in der er die derzeitigen Konflikte mit leichter Hand bewältigen kann und in der er sich seiner Aufgabe gewachsen fühlt. In dieser Zeit kann auch genügend Mut und Kraft für ein Weiterkommen (Beförderung oder Stellungswechsel) aufgebracht werden.

7 = 8M ↓

Die Einstellung des Fragers zeigt, daß er einen neuen Anfang setzen möchte oder eine zukunftsreiche Aufgabe übernehmen will. Auf dem Kopf stehend, scheint die Karte darauf hinzuweisen, daß er dieses Vorhaben verkehrt, zumindest ungeschickt anfängt.

8 = 7K ↓

Das Umfeld ist trügerisch. Der Frager muß die weitere Entwicklung aus eigener Kraft betreiben, mit einem gesunden Maß an Mißtrauen gegenüber Versprechungen, die ihm von anderen gemacht werden. Auf dem Kopf stehend, wird die trügerische Seite dieser Karte verstärkt.

9 = 7St ↓

Die Ängste zeigen seine Scheu vor Auseinandersetzungen und seine Befürchtungen, er könne mit den Angriffen anderer nicht fertig werden.

10 = 6Sw

Diese Aufbruchs- und Abschiedskarte stellt eine Veränderung in Aussicht, die mit innerer Unsicherheit erlebt wird. Vor dem Fragehintergrund stellt sie einen beruflichen Wechsel dar.

Zusammenschau

Der Frager steht offenbar vor einem beruflichen Wechsel (10 = 6Sw), den er aus einer schwungvollen Phase der Kraft und der Zuversicht heraus vollziehen wird (6 = XI). Die gegenwärtige Spannung entfaltet sich zwischen der kalten, vielleicht konfliktreichen Atmosphäre (1 = RSw) und der zumindest lukrativen, wenn nicht gar erfüllenden Aufgabe, die er hat (2 = 10M). Noch kann er seinen weiteren Weg nicht klar vor sich sehen: Die Fülle umgekehrter Karten (insbesondere 5 = IX ↓ und 7 = 8M ↓) zeigt, daß sowohl in der Vergangenheit als auch in der Gegenwart kein richtiger Zugang zur Problemlösung gefunden wurde. Dies ändert sich erst in nächster Zukunft, wenn die Kraft (6 = XI) das Lebensgefühl hebt. Die innere Gewißheit, daß es sich um eine notwendige (schicksalsbedingte) Veränderung handelt, ändert nichts daran, daß dieser Schritt letztlich doch nur zögernd und ungern vollzogen wird (10 = 6Sw).

Quintessenz

Die Quersumme aller Karten ist 7 und zeigt den Weg des Wagens. Der Frager soll seinen Weg mit Entschlossenheit und Zuversicht gehen. Er hat die Möglichkeit, Gegensätzlichkeiten zu überwinden oder zu vereinen. Diese Quintessenz berührt die Themen dreier Karten, wobei sie in zwei Fällen zu anderem Verhalten auffordert:

Statt Zweifel (3 = 2Sw ↓) das Zusammenbringen auch sich widerstrebender Entwicklungen.

Statt zögerndem, bangen Wechsel (10 = 6Sw) der zuversichtliche, kraftvolle Aufbruch.

Außerdem betont sie die in seiner Einstellung ausgedrückte Situation eines Neuanfangs (7 = 8M ↓).

Der WAGEN

10   BUBE der KELCHE

KÖNIGIN der KELCHE

3

Der STERN

9

III

KÖNIG der STÄBE

2

5

1

6

8   Der GEHÄNGTE

4

7   RITTER der STÄBE

Beispiel E

1. Variante des Keltischen Kreuzes

Das Keltische Kreuz ist ein so bewährtes Legesystem, daß mir tiefgreifende Veränderungen nicht sinnvoll erscheinen. Eine leichte und interessante Modifikation ist jedoch gegeben, wenn wir die Bedeutung der drei folgenden Plätze etwas variieren:

3 = Die Absicht
4 = Die tiefe innere Gewißheit
5 = Die Ursache.

Als Beispiel hier eine weitere Betrachtung der Frage nach der beruflichen Zukunft.

Einzelbetrachtung

1 = 6St
Die Ausgangssituation ist gekennzeichnet von Anerkennung, Erfolg und Zuversicht.

2 = KSt
In diesem Zusammenhang wird ein Mann bedeutend, der dem Feuertemperament entsprechend als willensstark und unternehmerisch gekennzeichnet ist.

3 = QK
Die Absicht des Fragers scheint sich gar nicht so sehr auf die berufliche Entwicklung zu richten als vielmehr auf eine gefühlsbetonte Frau, wobei es natürlich gut sein kann, daß sie für ihn beruflich relevant ist.

4 = 3Sw
Die tiefe innere Gewißheit sagt ihm, daß sein Weg mit Schmerzen und Enttäuschungen verbunden ist.

5 = 3St
Die Ursache für seine Frage und für seine jetzige Situation liegt darin, daß er auf seiner Laufbahn ein sicheres Plateau erreicht hat, von dem aus sich neue Perspektiven für ihn auftun.

6 = 10St
Der Schritt, den er jetzt macht, bringt ihn zunächst in eine Phase der Bedrückung, in der ihm diese Perspektiven verlorengehen und in der er glaubt, sich zuviel zugemutet zu haben.

7 = RSt
Seine Einstellung zum Thema ist durch die Haltung der Ungeduld und der forschen Unternehmungslust gekennzeichnet.

8 = XII
Das Umfeld zeigt, daß sich in der Entwicklung erhebliche Verzögerungen ergeben und der Frager das Gefühl des Festsitzens und des Ausgeliefertseins hat.

9 = XVII
Seine Hoffnungen richten sich auf eine erfreuliche Entwicklung, deren positive Auswirkungen noch weit in die Zukunft reichen.

10 = BK
Im weiteren Verlauf wird ein gutgemeinter, freundlicher und hilfreicher Impuls von außen einen angenehmen Einfluß auf die Entwicklung nehmen.

Zusammenschau

Vor dem Hintergrund einer beruflichen Entwicklung, die den Frager auf einen sicheren Sockel gebracht hat (5 = 3St), erlebt er eine Phase der Anerkennung und des Erfolges (1 = 6St). Der König der Stäbe, der an dieser Stelle hinzutritt, ist entweder ein willensstarker, dynamischer, führungsbefähigter Mann, dem der Frager begegnet, oder er kennzeichnet den Frager selbst als den Mann, der sich selbst verwirklicht, sich eventuell selbständig macht. Die Fülle der Stabkarten unterstreicht die letztere Vermutung, die vom Frager auch bestätigt wurde. Dabei hat er die Absicht, diesen Schritt zusammen mit einer Frau zu machen, die hier als gefühlsbetont und intuitiv veranlagt charakterisiert ist (3 = QK). Zutiefst im Inneren weiß er, daß sein Schritt auch mit Schmerzen und Enttäuschungen verbunden ist (4 = 3Sw), was sich im weiteren Verlauf auch bestätigt: Die Entwicklung ist für ihn zunächst bedrückend, und ihm geht die Perspektive verloren (6 = 10St). Diese Erfahrung wird sicherlich erheblich verstärkt aus der Spannung, die sich zwischen seiner ungeduldigen Haltung (7 = RSt) und dem Umfeld ergibt, in dem alles festzusitzen scheint und das ihm erhebliche Geduld abverlangt (8 = XII). Der freundliche, hilfreiche Impuls, der sich im weiteren Verlauf ergibt (10 = BK), kann der Unterstützung entsprechen, die er sich von der an diesem Schritt beteiligten Frau erhofft (3 = QK) und ihm die Verwirklichung seiner Wünsche nach einer langfristig positiven Entwicklung ermöglichen (9 = XVII).

Quintessenz

Die Quersumme 6 verweist den Frager auf den Weg der Liebe und der Entscheidung. Er ist damit aufgefordert, diesen Weg trotz der in Aussicht stehenden Schwierigkeiten mit Liebe und Entschiedenheit zu gehen.

3

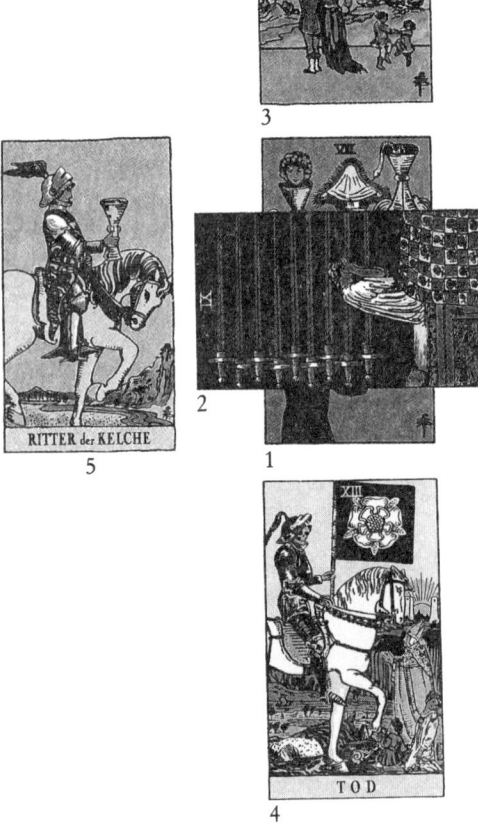

5

2

1

6

10

9

4

8

7

Beispiel F

2. Variante des Keltischen Kreuzes
Der Scheideweg

Eine weitere, sehr interessante Variante dieses Spiels habe ich den Scheideweg genannt. In Konflikt- und Entscheidungssituationen hat unser Kopf häufig ein völlig anderes Ziel vor Augen als das, was wir tatsächlich ansteuern. Aus dieser Erkenntnis ist der sinnige Spruch entstanden: »Wenn du wissen willst, wohin du gehst, schau auf deine Füße!« Das zeigt uns der Scheideweg, wenn wir den 10 Plätzen die folgenden Bedeutungen geben:

1 + 2	=	Die zwei Seiten der Konfliktsituation
3	=	Die Lösung, die der Kopf anstrebt
4	=	Die Richtung unsrer Füße
5	=	Die Ursache des Konflikts
6	=	Wie der Konflikt zunächst gelöst wird, welche Richtung eingeschlagen wird

Die Bedeutung der übrigen Plätze bleibt unverändert:

7	=	So erlebt der Frager den Konflikt
8	=	Die Umwelteinflüsse
9	=	Hoffnungen und Ängste des Fragers
10	=	Das langfristige Ergebnis.

Im folgenden Beispiel wurde keine spezielle Frage gestellt.

Einzelbetrachtung

1 = 7K
2 = 9Sw

Der Konflikt entspannt sich zwischen dem Traum (7K) und dem Alptraum (9Sw), und damit zwischen dem Wunsch nach traumhaften Lösungen, der Unwilligkeit, die Wirklichkeit zu betrachten (7K), und der tiefen, inneren Beunruhigung, den schlaflosen Nächten (9Sw).

3 = 10K
Die Lösung, die der Kopf anstrebt, ist der Weg in Richtung Harmonie, Partnerschaft und Familie.

4 = XIII
Die Füße zeigen dagegen den Weg des Abschieds, der Aufgabe und des Abbruchs des Alten.

5 = RK
Ursache für den Konflikt war offenbar eine Phase, in der der Frager sich vor allem seinen Gefühlen, Stimmungen und Launen überlassen hat.

6 = 8Sw
Als nächstes kommt er in eine Phase, in der er seine innere Gebundenheit erlebt und damit das Gefühl, sich nicht lösen zu können.

7 = VIII
Der Frager hat eine weitgehend objektive Einstellung zu seinem Konflikt. Er weiß, daß er sich hier mit Folgen früherer Handlungen auseinandersetzen muß und daß ihm nur eine klare, ausgewogene Entscheidung weiterhilft.

8 = II
Das Umfeld ist hilfreich (II = Schutzkarte) aber abwartend. Der Frager wird von außen nur dann Unterstützung erhalten, wenn er darum bittet.

9 = X
Er hofft auf die Aufschwünge und befürchtet die
Abschwünge des Schicksalsrades.

10 = 7Sw
Langfristig kommt es zu keiner echten und aufrichti-
gen Auseinandersetzung oder Entscheidung mit oder
in dieser Angelegenheit. Der Frager wird nachhaltig
versuchen, sich vor dem Thema zu drücken, sich aus
der Affäre zu ziehen.

Zusammenschau

Aus einer Phase, in der der Frager sich nur von seinen Gefühlen,
Stimmungen und Launen hat leiten lassen (5 = RK), ist der
Konflikt entstanden. Darin setzt er zum einen auf traumhafte
Lösungen und Fortsetzung dieses Zustandes (1 = 7K), zum
anderen aber machen sich zunehmend Sorgen und Alpträume
breit (2 = 9Sw). Sein Kopf schlägt ihm als Lösung den Weg in eine
harmonische Verbindung oder die Gründung einer Familie vor (3
= 10K). Seine Füße zeigen dagegen in eine ganz andere Richtung:
Sie wollen den Schlußstrich unter die Vergangenheit ziehen und
Platz für etwas völlig Neues schaffen (4 = XIII). Obwohl die
Haltung des Fragers zeigt, daß er sich der Notwendigkeit eines
klaren und eindeutigen Urteils bewußt ist (7 = VIII), wird es dazu
kaum kommen. Die nächste Zukunft zeigt innere Hemmungen,
Gebundenheiten und auch Stagnation (6 = 8Sw) und verhindert
damit sowohl das Einlassen auf eine harmonische Verbindung
(3 = 10K) wie auch das Große Loslassen (4 = XIII). Auch auf
längere Sicht kommt es zu keiner klaren Entscheidung in dieser
Angelegenheit. Aus Mangel an Bereitschaft, dem Konflikt aufrecht gegenüberzutreten (10 = 7Sw), wird es eher bei faulen
Kompromissen bleiben. Vor diesem Hintergrund scheinen die
durch das Schicksalsrad ausgedrückten Hoffnungen und Ängste
wohl die fatale Einstellung zu spiegeln, die darauf setzt, daß sich
die Dinge mit der Zeit von selber lösen (9 = X). Damit wird wohl
auch die mögliche und sehr wertvolle Hilfe aus der Umwelt nicht
genutzt (8 = II).

Quintessenz

Die Quersumme aller Karten ist 2, der Weg der Hohenpriesterin. Diese Karte ist ein Hinweis, daß der Frager den Weg gehen soll, den das Umfeld (8 = II) zeigt. Sie fordert ihn auf, sich mit Geduld und Vertrauen auf sein feines Gespür für die kommenden Entwicklungen bereitzuhalten.

Beispiel G

2. Variante des Keltischen Kreuzes
Der Scheideweg

Selbstverständlich kann man den Scheideweg auch mit einer Fragestellung spielen. In diesem Fall wollte der Frager wissen, wie sich sein Gelderwerb im kommenden Jahr darstellt.

3 Die SONNE

10 MÄSSIGKEIT

5 IX

2 III

1 VI

Die HERRSCHERIN

6 AS der MÜNZEN

9

8 II

4 RITTER der SCHWERTER

7

Einzelbetrachtung

1 = 6K
2 = III
Der Konflikt entspannt sich zwischen einem träumerischen Rückblick und dem damit verbundenen emo-
tionalen Haften am Alten und Vertrauten einerseits
(6K) und der ständig Neues hervorbringenden Kraft
andererseits, deren Lebendigkeit von uns stete Anpassung an neue Lebensumstände verlangt (III).

3 = XIX
Mit seinem Kopf strebt der Frager die Sonnenseite
des Lebens an. Das heißt hier wohl, erfolgreiches
und lukratives Arbeiten bei maßvoller Mühe.

4 = RSw
Währenddessen laufen seine Füße geradewegs in einen Konflikt. In übertragenem Sinne heißt die Karte
an dieser Stelle auch »kalte Füße haben«.

5 = 9M
Ursache und Hintergrund für seinen Konflikt ist eine
Zeit, in der ihn das Glück üppig bedachte und in der
ihm das Geldverdienen äußerst leicht fiel.

6 = AsM
Aber auch die nächste Zeit ist reich an lukrativen
Chancen, die er nur zu nutzen verstehen muß.

7 = 5St
Er selbst sieht den Konflikt als eine Herausforderung, an der er seine Kräfte messen kann und wird.

8 = 2K
Die Begegnungen, die hier im Umfeld angezeigt werden, versprechen positive, hilfreiche Kontakte.

9 = 9St
Insgeheim befürchtet der Frager, der Konflikt könne sich zu einer echten Bedrohung für ihn auswirken.

10 = XIV
Langfristig zeigt sich tiefe Harmonie und eine sehr gelassene und fröhliche Haltung im Umgang mit dem Konfliktthema.

Zusammenschau

In der Vergangenheit fiel dem Frager das Geldverdienen außerordentlich leicht (5 = 9M). Der Gedanke an diese Zeit macht es ihm schwer, die Erinnerung loszulassen (1 = 6K) und sich auf neue, durchaus auf Wachstum ausgelegte Lebensumstände einzustellen (2 = III). Mit seinem Kopf möchte er den sonnigen Weg der optimistischen Betrachtung, der Wärme und der Leichtigkeit gehen (3 = XIX), während seine Füße in eine frostige, konfliktreiche Atmosphäre laufen (4 = RSw). Er selbst sieht in dem Thema eine starke, aber durchaus interessante Herausforderung (7 =

5St), die in seinem Gefühl allerdings zu einer echten Bedrohung anwächst, vor der er Angst hat (9 = 9St). Nicht zuletzt dank freundlicher und hilfreicher Unterstützung aus dem Umfeld (8 = 2K) entwickelt sich die weitere Zukunft sehr angenehm. Es eröffnen sich ihm reichhaltige Chancen (6 = AsM), und die Gelassenheit, die in der langfristigen Entwicklung liegt (10 = XIV), macht deutlich, daß alle bedrohlichen und beängstigenden Aspekte (4 = RSw und 9 = 9St) verfliegen.

Quintessenz

Die Quersumme 5 verweist ihn auf den Weg des Hohenpriesters, der der Weg des Vertrauens und der tiefen inneren Gewißheit ist.

Beispiel H

2. Variante des Keltischen Kreuzes
Der Scheideweg. Spiel mit umgekehrten Karten

Nach dem sehr schroffen und schmerzhaften Ende einer intensiven und höchst leidenschaftlichen Beziehung war der Frager sechs Monate später überraschend seiner Ex-Partnerin wieder begegnet. Er wollte nun erfahren, was diese Begegnung bedeutet und wie er sich weiter verhalten solle. Die Karten zeigten dazu folgendes Bild:

Einzelbetrachtung

1 = XX
Diese Karte, die für das Wiederbeleben von Totgeglaubtem steht, zeigt die Möglichkeit, den Kontakt wiederaufzunehmen und damit eine gute Chance, die alte Beziehung wiederherzustellen.

2 = 5Sw
Die andere Seite des zentralen Themas ist jedoch die Karte der widrigen Auseinandersetzung, der Gemeinheiten und Demütigungen. Sie drückt die große Gefahr aus, daß eine Wiederaufnahme der Beziehung letztlich nur zu einer neuen, schmerzhaften Niederlage führt.

3 = 4M
Sein Kopf will den Weg des Festhaltens und der Sicherheit gehen. Er möchte von dieser Ebene aus auf keinen Fall aufgeben, sondern versuchen, einen nach allen Seiten »abgesicherten« Neuanfang zu wagen.

4 = 8K
Seine Füße dagegen zeigen in eine andere Richtung. Es ist der Abschied und der Aufbruch ins Ungewisse, bei dem er schweren Herzens das zurückläßt, was ihm lieb und wertvoll war.

5 = XV
Ursache dieses inneren Konflikts ist die ausgeprägte Leidenschaftlichkeit der Beziehung, die ihn nach wie vor gefangenhält und eine Entscheidung aus freiem Willen erschwert.

6 = 9K ↓
Als erstes kommt es wohl zu einer Phase tiefer Frustration. Diese Karte, die an sich Lebensfreude, Genuß und eine gute Zeit bedeutet, verstehe ich durch ihre Umkehrung als den Wunsch nach diesem Erleben, der sich aber nicht erfüllt.

7 = 0 ↓

Der Frager selbst ist als der Narr dargestellt, wobei die Umkehrung dieser Karte ihre negativen Seiten hervorhebt. Seine Einstellung zum Thema ist damit in fragwürdiger Weise naiv, und er riskiert, sich wie ein Tor zu verhalten, wenn er seine Betrachtungsweise nicht ändert.

8 = III ↓

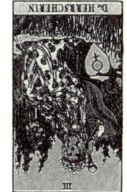

Das Umfeld, und das ist in diesem Fall allem voran seine Ex-Partnerin, zeigt sich hier von der negativen, erschreckenden Weise der Herrscherin. Dies ist einerseits der unkontrollierte Wildwuchs, in dem er sich verlieren kann, oder auch die verschlingende, verzehrende Kraft, die ihn durch sie bedroht.

9 = 4Sw

Der Platz seiner Hoffnungen und Ängste drückt in diesem Fall wohl seine Sorgen aus, daß der Stillstand der Beziehung nicht überwunden wird und er sich weiterhin gelähmt fühlt.

10 = 9St

Auf längere Sicht wird es zu verhärteten Fronten kommen. Zumindest der Frager und wahrscheinlich auch die Ex-Partnerin werden sich ablehnend und verschlossen zeigen.

Zusammenschau

Vor dem Hintergrund einer leidenschaftlichen Affäre, die den Frager immer noch nicht losläßt (5 = XV), liegt in dieser zufälligen Begegnung zwar die Möglichkeit, die abgebrochene Beziehung wieder zu beleben (1 = XX), dies ist jedoch von der Karte der häßlichen Gemeinheiten und widerwärtigen Auseinandersetzungen nicht nur überschattet, sondern auch sehr in Frage gestellt (2 = 5Sw). Aus einer zu naiven und unbedachten Betrachtungs-

weise heraus (7 = 0 ↓) fühlt sich der Frager innerlich gespalten:
Während sein Kopf danach strebt, an dieser Frau festzuhalten (3 =
4M), gehen seine Füße eindeutig von ihr fort (4 = 8K). Diese
Spannung ist wohl die Ursache der Frustrationen, die die nächste
Zeit für ihn bringen wird (6 = 9K ↓). Auf längere Sicht wird er
jedoch dem Weg seiner Füße folgen. Die Verhärtung und Verschlossenheit der letzten Karte zeigt, daß es keine erneute Annä-
herung geben wird, was angesichts der Gefahr, von den Ereignissen in negativer Weise verschlungen zu werden (8 = III ↓), positiv
zu sehen ist. Sie sagt allerdings auch, daß er sich noch lange Zeit
von dieser Erfahrung bedroht fühlen wird und sich damit wohl
kaum für andere Begegnungen öffnen kann (10 = 9St).

Quintessenz

Die Quersumme aller Karten ist 5 und weist ihn den Weg der
Tugend, der das Gegenteil der Ausgangskarte, des Teufels, ist (5 =
XV). Darüber hinaus fordert sie ihn auf, die tiefe Lehre und
Bedeutung dieser Erfahrung für sich zu erkennen.

Der HIEROPHANT

Das Kreuz

Das Kreuz ist eines der einfachsten aber dadurch nicht minder interessanten Legesysteme. Es gibt eine kurze, knappe Aussage, die häufig genug eine wertvolle Richtung weist. Dabei ist es vielseitigst verwendbar. Ich spiele dieses Spiel in seiner Grundform am liebsten nur mit den 22 Karten der Großen Arkana. Als solches ist es auch das ideale Legesystem für den Anfänger, um mit dem Tarotspiel vertraut zu werden.

Die Karten werden dabei wie folgt ausgelegt:

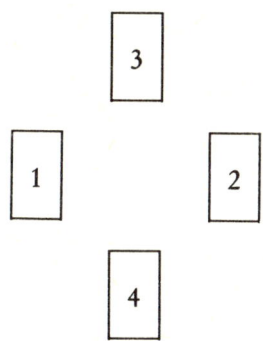

Sie bedeuten:

1 = Darum geht es
2 = Dieser Weg reizt zwar, sollte aber gemieden werden
3 = Dieser Weg ist richtig
4 = Dorthin führt er

oder:

1 = Dein Thema
2 = Das fordert dich heraus
3 = So reagierst du, oder so solltest du reagieren
4 = So kommt es

Beispiel A

Daß selbst vier an eindeutigen Stellen liegende Karten nicht immer
leicht zu deuten sind, zeigt dieses Beispiel:

3

1

2

4

Hier wird also vor der fast durchweg als positiv betrachteten Karte
des Magiers gewarnt (2 = I) und statt dessen der überwiegend als
fragwürdig angesehene Weg des Teufels empfohlen (3 = XV).

Deutung

1 = II
Es geht um den Zugang zur eigenen Intuition, der
Welt der Ahnungen und des feinen Gespürs, und
um das Durchlässigwerden für die Ebene des lunaren (des unbewußten) Wissens.

2 = I
Dazu sollte nicht der solare (der bewußte) Weg des
Verstandes gegangen werden.

3 = XV
Statt dessen soll sich der Frager in Versuchung
führen lassen, um seiner Schattenseite, seinen innersten (Sehn-)süchten, dunklen Trieben und niederen
Gelüsten zu begegnen.

4 = XVIII
Dies bringt ihn in die Abgründe und Tiefen seiner
Seele, in das Reich der Nacht und des schwarzen
Goldes und damit aber auch an die Quellen, über
die die Hohepriesterin herrscht und aus denen sie
ihre wertvollen und hilfreichen Kräfte zieht.

Quintessenz

Die Quersumme 9 weist den Weg des Eremiten, der ein Weg der
Abgeschiedenheit und des Insichgehens ist.

Übungsbeispiele

Lassen wir die Karten zur übenden Betrachtung im Uhrzeigersinn
wandern, so verändern sich die Bedeutungen wie folgt:

1.

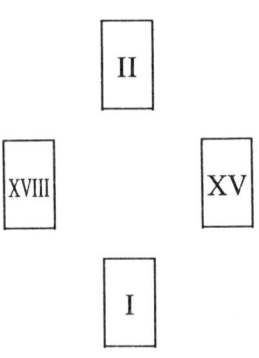

Deutung

1 = XVIII   Es geht um die Tiefen der Seele und damit auch um
die Alpträume des Fragers und die ihn bewegenden
Ängste.

2 = XV   Vor dem versucherischen Weg durch unlautere Machenschaften oder anderen Methoden, die der eigenen Überzeugung zuwiderlaufen, wird gewarnt.

3 = II   Statt dessen soll der Weg der Hohenpriesterin ge-
gangen werden, die ja als Vertreterin der Mondgöt-
tin der Ausgangskarte (1 = XVIII) sehr nahe steht.
Sie zeigt den Weg in die Tiefe der Seele und lehrt,
die dort wirksamen Kräfte nicht als erschreckende
Ungeheuer zu fürchten, sondern sie als hilfreiche
Quellen übersinnlichen Gespürs und intuitiver
Schau zu erschließen.

4 = I   Dieser Weg führt zu wahrer innerer Stärke, Über-
zeugungs- und Einflußkraft sowie zu tiefem Selbstvertrauen.

2.

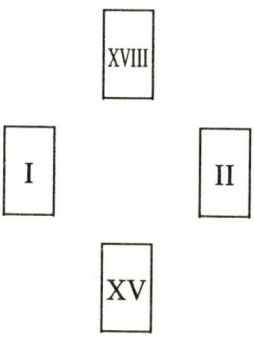

Deutung

1 = I   Es geht um die Entwicklung der beherrschenden, bestimmenden und selbstsicheren Kraft.

2 = II   Dabei soll nicht der Weg der Geduld und des Abwartens und auch nicht der der Träumerei und der Phantasie gegangen werden.

3 = XVIII   Statt dessen soll der Frager den Weg der Angst gehen und sich bewußt den Kräften seines eigenen Seelenlebens überlassen, um in den eigenen Tiefen die Begegnung mit seinen Instinkten und archaischen Kräften zu suchen.

4 = XV   Dies führt ihn zu seiner Schattenseite. Dabei warnt ihn diese Karte vor der Verlockung, die er verspüren wird, dieser neuen Erfahrungsebene willenlos verhaftet zu bleiben*. Diese Karte bedeutet aber nicht etwa, daß der Frager den Weg meiden sollte. Im Gegenteil, sie fordert ihn auf, der Gefahr zu begegnen, ohne ihr zu verfallen.

---

* Von dieser Erfahrung sprechen die Märchen und Legenden, wenn sie uns erzählen, der Held habe sich im Zauberwald verirrt, seinen Namen oder das magische Wort vergessen oder sei, wie die Gefährten des Odysseus, von der Zauberin Circe in ein Tier verwandelt worden.

3.

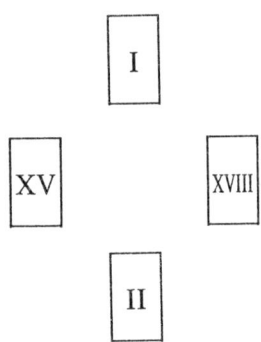

Deutung

1 = XV   Hier geht es um die Auseinandersetzung mit der Schattenseite und dem Gewahrwerden der eigenen Abhängigkeiten und Gebundenheiten.

2 = XVIII   Dabei soll der Frager nicht den Weg in den Bereich der Nacht und der tief in uns wohnenden Ängste und Begierden gehen,

3 = I   sondern sich bewußt durch überlegtes Erkennen aus seinen Abhängigkeiten lösen, unter Verzicht auf Machtmißbrauch und anderer fragwürdiger Umgangsformen mit den uns zur Verfügung stehenden Urkräften. Er soll den Weg der weißen statt der schwarzen Magie gehen.

4 = II   Das führt ihn zu der wertvollsten und bereicherndsten Form im Umgang mit den Kräften unserer unbewußten Natur und zu ihrer wirksamsten Nutzung: Das Geheimnis übernatürlicher Kräfte beruht auf dem harmonischen Einklang unserer bewußten (I = Magier) und unserer unbewußten (II = Hohepriesterin) Ebene.

Beispiel B

Spiel mit umgekehrten Karten

Ohne spezielle Frage zeigten die Karten folgendes Bild:

3

1

2

4

Deutung

1 = VI ↓

Es geht um ein Liebesthema, das offenbar nicht so recht vorangeht oder zur Zeit gestört ist.

2 = XVI

Dabei soll der Frager nicht den Weg des Konfliktes, der tiefen Erschütterung oder gar der Zerstörung der Beziehung gehen,

3 = II

sondern statt dessen den Weg der Geduld, des Abwartens und des Verzeihens.

4 = XX

Das führt ihn zur »Hebung des Schatzes«, zum Wiederaufleben der Beziehung und zu tiefer innerer Erfüllung.

Beispiel C

1. Variante des Kreuzes

Eine interessante Variante dieses Spiels besteht darin, es zur Erklärung von Karten zu befragen, die wir nicht ganz verstehen oder deren Bedeutung wir an einer bestimmten Stelle nicht wichten können. Für diesen Fall werden immer alle 78 Karten gebraucht.

Die Frage lautet dann ganz einfach: »Was ist die Bedeutung der Karte x in dem vorhergehenden Spiel?« Die Antwort ist nicht generell zu verstehen, sondern natürlich nur auf den Fall bezogen, den wir dabei vor Augen haben.

Die Bedeutung der 4 Felder ist bei dieser Variante wie folgt:

1 = Darum geht es
2 = Das ist es nicht oder das bedeutet die Karte nicht
3 = Das ist es, das bedeutet die Karte
4 = Dazu ist es gut

Nach den *Grundregeln* des Kreuzes wurden die Karten zunächst befragt: »Welchen Weg soll ich beruflich einschlagen?«

3

1

2

4

Deutung

1 = 10St
Das Thema ist offenbar bedrückend für den Frager. Es fehlt ihm derzeit an Perspektiven.

2 = IV
Er soll nicht den systematischen Weg der Klarheit und Ordnung gehen, was hier heißen könnte, er soll sich nicht in eine hierarchische Ordnung eingliedern,

3 = RM
sondern statt dessen eine solide, gediegene Arbeitsatmosphäre suchen,

4 = VI
in der es zu einer klaren Entscheidung kommt oder in der er mit Liebe arbeiten kann.

Quintessenz

Die Quersumme 2 entspricht der Hohenpriesterin und zeigt, daß der Frager nur genügend Geduld aufbringen muß. Er wird seinen Weg über kurz oder lang finden.

Ergänzungsfrage

Da die Aussage über den zu beschreitenden Weg nicht sehr gehaltvoll war und auch keine überzeugende Abgrenzung zu dem nicht empfohlenen Weg des Herrschers (2 = IV) ermöglichte, wurden die Karten nach der Bedeutung des Ritters der Münzen (3 = RM) befragt und zeigten folgendes Bild:

3

1

2

4

Deutung

1 = 7M
Es geht um den Aspekt des Verharrens, der Geduld und des Abwartens.

2 = 10M
Nicht gemeint ist der finanziell lukrative Aspekt der Karte RM.

3 = 9St
Die Betonung liegt dagegen auf der »Sturheit«, dem Widerstand, der in dieser Karte (9St) durch schroffe Abwehrhaltung zum Ausdruck kommt und der ebenfalls ein Teilaspekt der erfragten Karte (RM) ist.

4 = 3K
Dieses Widerstehen führt zum Erfolg, der dankbar gefeiert wird.

Zusammenschau und Rückblick

Mit der Information aus dieser Anschlußbefragung wird die Aussage der vorhergehenden Karten in der Tat um einiges deutlicher. Der darin vorgeschlagene Weg (3 = RM), der nur unzureichend gedeutet werden konnte, heißt nunmehr:

Es geht um eine Geduldsprüfung (1 = 7M), bei der der Frager nicht auf lukrative Gelegenheiten eingehen soll (2 = 10M). Er muß diesen Verlockungen mit aller Kraft widerstehen (3 = 9St), was ihm im Nachhinein genügend Grund zu Freude und Dankbarkeit geben wird (4 = 3K).

Beispiel D

1. Variante des Kreuzes

Die gleiche Karte an gleicher Stelle wie beim vorherigen Beispiel wurde hier bei einer anderen Frage wie folgt erklärt. Die Ausgangsfrage lautete: »Wie soll ich mich im Hinblick auf mein Liebesleben verhalten?«

3

1

2

4

Deutung

1 = 6K
Das Liebesleben besteht zu diesem Zeitpunkt offenbar nur aus Erinnerungen.

2 = X
Es wäre jedoch falsch, dies als unabdingbares Schicksal hinzunehmen oder die weitere Entwicklung lediglich dem Zufall zu überlassen.

3 = RM
Statt dessen sollte der Weg gediegener, sinnesfroher Stimmungen beschritten werden,.

4 = 2St
der die Möglichkeit und auch die Aufforderung zu echtem Engagement mit sich bringt.

Anschlußbefragung

Insbesondere durch die mangelhafte Deutungsmöglichkeit des Ritters der Münzen (3 = RM) ist die Gesamtaussage soweit recht dünn. Die Zusatzfrage nach der Bedeutung dieser Karte ergab diesmal:

3

1

2

4

Deutung

1 = XI
In diesem Fall geht es um den kraftvollen, auch sinnlich-leidenschaftlichen Aspekt der Karte.

2 = 7M
Dagegen wird in diesem Fall der abwartende, verzögernde, geduldvolle Weg ausdrücklich verneint.

3 = BM
Dem Frager wird sich über kurz oder lang eine Chance bieten, die der unter 1 = XI geschilderten Bedeutung des Ritters der Münzen entspricht,

4 = QM
und hier als die erdhafte, sinnliche Frau personifiziert ist.

Zusammenschau und Rückblick

Die gleiche Karte (RM) wird hier eindeutig innerhalb ihres Themenkreises aber doch von ganz anderer Seite als im vorhergehenden Beispiel C verstanden. Hier geht es um den betont sinnlichen Aspekt, dem sich der Frager öffnen soll. Übereinstimmend wird der Weg des sich Schickens und des geduldvollen Ausharrens sowohl im Ausgangsspiel (2 = X) wie auch in der Anschlußfrage (2 = 7M) verneint. Der Frager soll sich innerlich bereithalten und sich der entsprechenden Stimmung (RM) öffnen. Er soll sich auf die Gelegenheit freuen, die ihm die Karten versprechen: Die sinnliche Königin (QM) ist schon auf dem Weg zu ihm.

Beispiel E

1. Variante des Kreuzes

Nachdem die entscheidende Karte »Der Tod« (XIII) im Geheimnis der Hohenpriesterin (Beispiel D, Seite 154) nicht eindeutig zu
verstehen war, wurde mit dem Kreuz die Frage nach ihrer Bedeutung gestellt. Dabei ging es darum, ob der Tod die Kündigung des
derzeitigen Arbeitsverhältnisses anzeigte oder nur das Ende der
zurückliegenden Spannungen. Die Antwort war nun eindeutig:

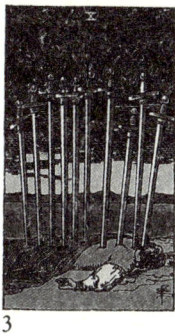

3

1

2

4

Deutung

1 = 8K

Es geht um den Aufbruch schweren Herzens. Die Fragerin wird aus eigenem Entschluß verlassen, was ihr bislang lieb und wertvoll war.

2 = 6M

Die Karte »Tod« steht nicht für den Rückblick auf vergangene, schöne Zeiten, verbunden mit dem Wunsch, diese wiederzubeleben,

3 = 10Sw

sondern bedeutet statt dessen den abrupten, willkürlich herbeigeführten Abbruch, und damit in diesem Fall die Kündigung.

4 = VII

Dieser Schritt führt die Fragerin zu einer neuen Laufbahn, auf der sie voller Energie, Zuversicht und Tatendrang zügig vorankommen wird.

Beispiel F

2. Variante des Kreuzes
Das Kreuz der Entscheidung

In einer weiteren Variation gibt das Kreuz Antwort auf Entscheidungsfragen. In diesem Fall haben die Plätze die folgende Bedeutung:

1 = Darum geht es. So steht es um die Angelegenheit.
2 = Das spricht dagegen. Das soll vermieden werden.
3 = Das spricht dafür. Dies Verhalten ist richtig.
4 = Dahin führt es bzw. dahin würde sich die Angelegenheit (1) entwickeln.

In diesem Fall war der Fragerin ein reizvolles, aber etwas fragwürdiges Geschäft vorgeschlagen worden. Ihre Frage lautete: »Soll ich den Vorschlag annehmen oder nicht?« Dazu zog sie aus den 22 Trumpfkarten der Großen Arkana die folgenden Karten:

Einzelbetrachtung

1 = XII
Das vorgeschlagene Geschäft steckt fest und kommt ohnehin, wenn überhaupt, nur sehr schwer voran.

2 = III
Sie soll es aber gar nicht erst zur Geburt kommen lassen.

3 = 0
Statt dessen soll sie unbekümmert und frei von festen Erwartungen einen völlig neuen Weg einschlagen.

4 = XVIII
Das Geschäft würde nur Angst und Sorgen mit sich bringen.

Zusammenschau

Durch den eindeutigen Hinweis, das von Anfang an festsitzende Geschäft (1 = XII) gar nicht erst lebendig werden zu lassen (2 = III), zeigt der 3. Platz in diesem Fall nicht, was dafür spricht, sondern den Weg, der statt dessen zu gehen ist. Das ist hier eine völlig neue Richtung (3 = 0), da das ursprüngliche Vorhaben nur zu schlaflosen Nächten geführt hätte (4 = XVIII).

Quintessenz

Die Quersumme der Karten ist 6 und zeigt, daß die Fragerin ihre Entscheidung eindeutig treffen muß und ihren Weg mit Liebe gehen soll.

Beispiel G

2. Variante des Kreuzes
Das Kreuz der Entscheidung

Natürlich können Entscheidungen auch passiv erlebt werden. Die Fragen lauten dann: »Bekomme ich x oder y?« In diesem Fall stellte eine wissenschaftlich arbeitende Frau die Frage: »Werde ich in meiner Zukunft außerhalb des wissenschaftlichen Bereichs arbeiten?«

3

1

2

4

Deutung

1 = 9M
Es geht bei dieser Frage um einen bereichernden Aspekt und darum, sein Glück zu machen. Dies kann sowohl den materiell äußeren Bereich betreffen wie auch die innere Erfüllung.

2 = 5Sw
Gegen die Arbeit in einem anderen Bereich spricht die Karte der harten Auseinandersetzung und der Demütigung.

3 = XVII
Dafür spricht allerdings die zukunftsweisende Karte des Sterns. Damit ist gesagt, daß ihre Zukunft trotz der Erschwernisse (2 = 5Sw) eindeutig außerhalb des jetzigen Tätigkeitsbereiches liegt.

4 = 10St
Da ihre Zukunft in einen Bereich führt, der von harten Auseinandersetzungen gekennzeichnet ist (2 = 5Sw), kann man die hier gezeigten Bedrückungen und Belastungen dieses Weges gut verstehen.

Quintessenz

Die Quersumme 5 zeigt den Weg des Hohenpriesters und fordert die Fragerin auf, die tiefliegende Bedeutung der kommenden Erschwernisse zu erkennen und auf ihrem Weg nicht zu verzagen.

Das Narrenspiel

Das Narrenspiel ist ein sehr vielseitig verwendbares Spiel. Es zeigt in einer simplen Abfolge von Karten den chronologischen Verlauf einer Angelegenheit. Dadurch, daß die einzelnen Plätze keine eigenen Bedeutungsvorgaben haben und somit jede Karte lediglich auf der vorhergehenden aufbaut, ist es nicht immer leicht zu deuten. Dies liegt allerdings vor allem an unserer fixen Idee, die Dinge in unserem Leben müßten einen logischen Verlauf nehmen. Gerade das Narrenspiel zeigt uns, wie widersprüchlich wir sind, beziehungsweise wie widersprüchlich unsere Pläne und Handlungen verlaufen.

Zunächst wird der Narr aus den Karten herausgenommen. Die verbleibenden Karten werden gemischt. Der Frager wählt dann aus den verdeckt aufgefächert vor ihm liegenden Karten zwölf aus. Unter diese 12 Karten mischt er dann selbst den Narren, entscheidet dann, ob die Karten »von oben« oder »von unten«* aufzudecken sind, und legt sie nacheinander in einer Reihe von 13 Karten aus:

In der weniger gespielten Grundversion beantworten die Karten eine gestellte Frage, zeigen aber gleichzeitig, ob und inwieweit sich dahinter nicht noch eine andere, nicht gestellte, eventuell aber wichtigere Frage verbirgt. Der Narr kennzeichnet dabei den Punkt, bis zu dem die gestellte Frage beantwortet wird. Er selbst wird nicht gedeutet, alle ihm folgenden Karten zeigen den hinter der gestellten Frage liegenden Bereich.

---

* D. h. die oberste Karte zuerst oder die unterste.

Beispiel A

Die Frage bezog sich auf ein geplantes, gemeinsames, berufliches Projekt und lautete:

»Welche Aussichten hat das Projekt?«

Einzelbetrachtung

1 = 7Sw
Die Karte zeigt Unehrlichkeit, Täuschung, Betrug oder auch die Vermeidung der offenen Auseinandersetzung und ist damit sicherlich eine denkbar schlechte Ausgangsbasis für die Frage.

2 = XVI
Dementsprechend kommt es auch als nächstes zu einer überraschenden, in der Regel unliebsamen Erkenntnis, die die bisherige Basis zerstört und damit ein schnelles Ende des Projektes in der ursprünglich geplanten Form anzeigt

3 = II
Die Aussage der Hohenpriesterin ist an dieser Stelle schwer erkennbar. Als Schutzkarte hat sie sicherlich einen stark positiven Einfluß und zeigt, daß der weitere (neue) Weg mit viel Geduld und gutem Gespür gegangen werden muß. Angesichts der vorhergehenden Karten kann sie Sie natürlich auch bedeuten, daß es das beste ist, dieses Projekt nicht zustande kommen zu lassen.

4 = 0
Soweit die Beantwortung der gestellten Frage. Die dahinterliegende Thematik zeigt:

5 = VI
Es geht um eine wichtige, persönliche Verbindung, die Liebes- oder zumindest starken Freundschafts- und Sympathiecharakter trägt.

6 = 10Sw
Diese Verbindung erlebt im Zusammenhang mit den Ereignissen ein abruptes, willkürliches Ende.

7 = 4M
Zunächst wird der Frager versuchen, festzuhalten, was noch festzuhalten ist.

8 = 4Sw
Aber erst nach einer Zeit der Widrigkeiten, in der scheinbar nichts richtig vorwärts geht,

9 = 4K
und einer Phase des Überdrusses und starker Verdrossenheit

10 = RM
entsteht eine Atmosphäre, in der eine neue solide Basis geschaffen werden kann.

11 = RK
Es kommt zur Aussöhnung,

12 = 10M
zu guten lukrativen Geschäften

13 = 3St
und stabilen Verhältnissen, die weit in die Zukunft
blicken lassen.

Zusammenschau

Die Antwort auf die gestellte Frage ist zunächst eindeutig negativ
(1 = 7Sw und 2 = XVI). Das gemeinsame Projekt wird damit
wohl nicht in der geplanten Form beginnen. Vor dem eindeutig
positiv verlaufenden Hintergrund der nachfolgenden Karten darf
die Hohepriesterin hier so verstanden werden, daß sie eine insgesamt positive und fruchtbare Zeit darstellt, in der mit Geduld und
Feingefühl (3 = II) Lösungswege für das vorerst gescheiterte
Projekt gefunden werden (2 = XVI).

Die nach dem Narr beginnende »dahinterliegende« Thematik
zeigt, daß für den Frager eine bislang freundschaftliche bis liebevolle Beziehung (5 = VI) an dieser Entwicklung zunächst einmal
scheitert (6 = 10Sw). Erst nach einer ausgesprochenen Härtephase
(3 Karten mit der Ziffer Vier: 7 = 4M, 8 = 4Sw und 9 = 4K)
entsteht eine neue Basis (10 = RM), in der es zur Aussöhnung (11
= RK) kommt. Daraufhin setzt eine erfreuliche, einträgliche
Entwicklung ein (12 = 10M), die zu einer soliden und aussichtsreichen Entwicklung führt (13 = 3St).

Quintessenz

Die Quersumme 3 verweist auf die Herrscherin und den Weg des
Wachstums, der Veränderung und der Geburt des Neuen. Sie
bestätigt damit die Aussage, daß im Zusammenhang mit der Frage
neue Entwicklungen bedeutsam werden, und fordert den Frager
auf, sich dafür offen und bereit zu halten.

Die HERRSCHERIN

Beispiel B

Variante des Narrenspiels

Wie kein anderes hier vorgestelltes Spiel eignet sich das Narrenspiel in einer Variante zur Betrachtung längerer Entwicklungsten-
denzen. Werden die Karten dazu befragt, kennzeichnet der Narr
den Gegenwartspunkt. Damit zeigen alle davor liegenden Karten
zurückliegende Entwicklungen, die ihm folgenden Karten weisen
in die Zukunft.

Ein Künstler wollte erfahren, an welchem Punkt seiner künstleri-
schen Entwicklung er inzwischen sei, und zog dazu folgende
Karten:

Einzelbetrachtung

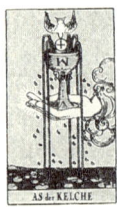

1 = AsK

Der Ausgangspunkt zeigt sich hier von einer denkbar günstigen Seite. Als Beginn einer beruflichen Laufbahn steht er nicht nur für Glück, Zufriedenheit und Erfolg, sondern hat hier auch die tiefere Bedeutung der inneren Berufung.

2 = 8Sw

In dieser Zeit konnte der Frager wesentliche Seiten seines Wesens nicht ausleben, er fühlte sich eingeengt und gehemmt, seine Talente konnten sich nur schwer oder gar nicht entwickeln. In diesem Fall handelte es sich um die schulische Ausbildung.

3 = 6St

Der folgende Abschnitt war eine Phase von Erfolg, Anerkennung, Optimismus, ein erster Durchbruch zu Popularität.

4 = XIV

Diese erfreuliche Entwicklung brachte innere Zufriedenheit, Harmonie und eine aus dieser Gelassenheit entstehende glückliche Schaffensperiode.

5 = AsM

Darin lag die Chance zu tiefem Glück, der Entfaltung wertvoller Talente und der damit verbundenen Möglichkeit zu innerem wie äußerem Reichtum.

6 = 2K

In diese Zeit fällt auch eine wichtige, liebevolle Begegnung.

7 = 10M
Diese Karte läßt darauf schließen, daß zumindest die
zuvorliegende Chance (6 = AsM) in vollem Umfang
genutzt wurde, denkbarerweise aber auch die liebevolle Begegnung (6 = 2K) als große Bereicherung
erlebt wurde.

8 = 4St
Vor dieser höchst erfreulichen Entwicklung ist die
jüngste Vergangenheit des Fragers als eine Phase der
Freude, Lebensbejahung und Zuversicht zu sehen.

9 = 0
Gegenwartspunkt. Die bisherigen Karten zeigten die
Vergangenheit, die kommenden in die Zukunft:

10 = 6Sw
Die allernächste Zukunft zeigt eine weitreichende
Veränderung, die der Frager ohne Begeisterung, eher
mit bangem Herzen erleben wird. Dies kann sowohl
eine (größere) räumliche Veränderung bedeuten, wie
auch ein Wechsel des Arbeitsfeldes, des Arbeitsstils,
des Auftraggebers usw. Im vorliegenden Fall war es
der erstmalige Bezug eines eigenen Ateliers, mit all
seinen Vorzügen, aber auch den Sorgen, die sich aus
den dadurch drastisch steigenden fixen Kosten ergeben.

11 = 7K
Mit diesem Schritt wird offenbar eine solche Fülle
von Hoffnungen verbunden, daß es fast notwendigerweise zu Enttäuschungen kommen muß. Diese
Karte fordert den Frager auf, sich von einer Vielzahl
seiner illusionsbeladenen Erwartungen zu trennen,
und sich statt dessen auf *ein* machbares Ziel zu
konzentrieren. Für diesen Fall verspricht sie ihm
sogar unerwartete Hilfe und Unterstützung.

12 = QSw
Die kluge Frau, die hier in der scharfsinnigen Art des
Lufttemperamentes dargestellt ist, kann ihm sicher-
lich bei diesem Schritt und bei der Analyse seiner
Situation behilflich sein,

13 = 3Sw

und ihm dabei auch zu mancher Erkenntnis verhelfen, die schmerzvoll aber wohl notwendig ist.

Zusammenschau

Nachdem die Karten in diesem Fall sehr konsequent aufeinander aufbauen, ergibt die Zusammenschau nur wenig zusätzliche Erkenntnisse. Auffällig ist, daß die Vergangenheit sehr rosig gezeichnet wurde, die Zukunft dagegen einige Bedrückungen (10 = 6Sw) und wohl auch schmerzhafte Erfahrungen (13 = 3Sw) mit sich bringt. Die Ausgangskarte (1 = AsK) hat hier den besonders beruhigenden Aspekt, daß ganz sicherlich der richtige Beruf gewählt wurde und eventuelle aufkommende Härtephasen diese Grundentscheidung nicht in Frage stellen sollten.

Der relativ kurze Ausblick auf die Zukunft zeigt, daß der Künstler einerseits schon einen bedeutenden Weg hinter sich hat, in der Zukunft aber noch vieles unentschieden ist. Das liegt wohl vor allem am Umgang mit der Fülle seiner Illusionen (11 = 7K). Je klarer und entschiedener dieser Herausforderung begegnet wird, um so undramatischer und kürzer wird die folgende Zeit der Enttäuschung (13 = 3Sw).

Quintessenz

Die Quersumme aller Karten ist 8 und zeigt den Weg der Gerechtigkeit. Der Frager soll sich ein möglichst objektives Bild seiner Situation machen und mit seinem klaren Urteilsvermögen zukünftige Schritte und Entscheidungen abwägen.

Beispiel C

Variante des Narrenspiels

Der Frager, der seit einiger Zeit im Stile des Zen meditierte, wollte erfahren, wie weit er auf diesem Wege schon gekommen sei. Meines Wissens ist dies eine Frage, die dem absichtslosen Zenstil im Kern zuwiderläuft. Dementsprechend zeigten die Karten ihn auch noch ganz am Anfang seines Weges:

Einzelbetrachtung

1 = BK
Die einzige Karte der Vergangenheit zeigt eine Chance, die sich dem Frager bot und die ihn offenbar gefühlsmäßig ansprach.

2 = 0
Gegenwartspunkt. Der Frager steht noch ganz am Anfang einer langen Entwicklung, die sich wie folgt ankündigt:

3 = 9K
Die erste Phase ist belebend und erfrischend. Er wird eine gute Zeit haben, in der ihm sein Üben Spaß macht.

4 = 8M
Danach beginnt eine lange Lehrzeit, in der er aber mit Ausdauer und Geduld die Zenhaltung des »steten Neubeginns« erlernen wird.

5 = 4Sw
Woraufhin eine Phase des Stillstands folgt. Dies ist sicherlich eine entmutigende Zeit, die seine Geduld auf eine harte Probe stellt, da weder äußerer noch innerer Erfolg zu spüren oder zu sehen ist.

6 = VIII
Aus Eigenverantwortung heraus weiterzumachen und den Weg der klaren, objektiven Betrachtung zu gehen, ist die Aufgabe an dieser Station. Vielleicht entspricht die nüchterne, aber aufmerksam alles wahrnehmende Thematik dieser Karte am ehesten dem Zenverständnis von Achtsamkeit. Die natürliche Ordnung, die die hier dargestellte Dike als Nemesis für die alten Griechen verkörperte, hat ihre östliche Entsprechung in den Vier Wahrheiten Buddhas, denen auch die Zen-Weltsicht zugrunde liegt.

7 = 6K
Trotz oder vielleicht wegen der gewonnenen Klarheit
entsteht hier die (sehnsuchtsvolle) Erinnerung an die
Zeit einer märchenhaften Weltsicht.

8 = 9Sw
Die neugewonnenen Einsichten und Erkenntnisse
sind offenbar mit Härten verbunden, die dem Frager
sehr zu schaffen machen und ihm schlaflose Nächte
bereiten. Sie kann natürlich auch bedeuten, daß die
vorhergehende Karte nicht den Rückblick anzeigt,
sondern den Rückfall zu frühere Gewohnheiten. Das
heißt zum Beispiel: Trotz besserer Erkenntnis (6 =
VIII) bringt der Frager nicht die notwendige Selbst-
disziplin auf, täglich zu üben. Und das bedrückt ihn
zutiefst.

9 = 2St
An diesem Punkt wird ihm klar, daß er nicht unent-
schlossen zwischen verträumtem Rückblick und ban-
ger Aussicht stehenbleiben kann. Er muß sich zu
einer Richtung bekennen und diesen Weg unverdros-
sen mit innerem Engagement gehen.

10 = 9St
Die Trotz- und Abwehrhaltung dieser Karte zeigt,
daß der Frager sich bedroht fühlt und vermutlich die
zuvor besprochene notwendige Entscheidung für
eine klare Richtung hinauszögert und vor sich her-
schiebt.

11 = IX
Erst an dieser Station kommt er zu tiefster Einsicht
und Erfahrung. Der Eremit verkörpert in beeindruk-
kend bescheidener Weise die Zen-Haltung des
»Nicht-Anhaftens« und die ruhevolle Kraft, die der
festen Verwurzelung im Hara entstammt.

12 = XII
Der Gehängte darf hier wohl ganz im Sinne von A.
E. Waite verstanden werden als der Adept, der diesen
Zustand bewußt gesucht hat, um in der Versenkung
zu einer anderen Sicht der Welt, zu einer Lebensum-
kehr zu gelangen.

 **13 = 5St**
Vor diesem Hintergrund ist die abschließende Karte der Herausforderung als Hinweis zu verstehen, daß dieser Weg nicht an ein Ziel führt, an dem der Wanderer sich selbstgefällig und zufrieden auf Lorbeeren ausruhen darf. Der Weg bleibt auch hier eine dauernde Herausforderung, der er sich täglich erneut stellen muß.

Zusammenschau

Angesichts der ausführlichen Einzelbetrachtung würde eine umfassende Zusammenschau nur zur Wiederholung des schon Gesagten führen. Insofern sei hier nur auf die Schlüsselposition der letzten beiden Trumpfkarten (11 = IX und 12 = XII) verwiesen: Beide Karten und ebenso ihre Zahlen wurden seit alters her mit Initiation in Verbindung gebracht: Der Eremit als die vorbereitende Zeit des Insichgehens und der Abgeschiedenheit, der Gehängte als das Initiations- und Wandlungserlebnis selbst. Die Neun als Zeitfaktor der Vorbereitung: Neun Nächte hing Odin am Weltenbaum Yggdrasil, bevor er die Weisheit fand; neun Monate bereiten wir uns im Schoß der Mutter auf unser Leben vor; neunmal erneuern die Franziskanermönche ihr jährliches Gelöbnis, bevor sie für immer zum Orden gehören. Die Zwölf ist die Zeitgrenze, das Ende eines Entwicklungszyklus, die archetypische Station des Opfertodes, bei dem der Gott des alten Jahres stirbt und der Gott des neuen Jahres seine Weihen empfängt.

In diesem Spiel sehen wir deutlich den großen Unterschied, den Karten der Großen und der Kleinen Arkana haben können: Der Gehängte (12 = XII) ist themenmäßig sehr mit der 4 der Schwerter (5 = 4Sw) verwandt. Beides sind Karten verhinderter Aktivitäten. Während die eine (5 = 4Sw) aber nur die zermürbende Phase des Stillstandes anzeigt, steht hier die andere (12 = XII) für das darin und dadurch ausgelöste Erleuchtungserlebnis.

So betrachtet, ist der Frager in der Tat noch ganz am Anfang seines Weges. Doch auch wenn seine Frage dem Geist des Zen zuwiderläuft, verkünden ihm die Karten tiefste Erfahrungen auf einem ernsten und mühsamen aber vielversprechenden Weg.

Quintessenz

Die Quersumme aller Karten ist 9 und verweist den Frager auf den Weg des Eremiten, dessen tiefe Bedeutung hier soeben ausführlich besprochen wurde. Die asketische Ausdauer, die damit ebenfalls ausgedrückt wird, ist sicherlich die beste Art, die kommenden Hürden zu überwinden.

Beispiel D

Variante des Narrenspiels

Der Frager wollte wissen, wo er in seiner beruflichen Entwicklung stand. Die Karten zeigten folgendes Bild:

Einzelbetrachtung

1 = QK
Auf den Anfang seines Weges hat offenbar eine Frau
Einfluß genommen, die hier in der liebevollen und
einfühlsamen Art des Wassertemperamentes dargestellt ist.

2 = RM
Daraufhin begann er in solider, gediegener und ar-
beitsamer Atmosphäre eine handfeste Tätigkeit.

3 = XI
Es folgte eine Zeit großer Vitalität und Kraft, in der
er sich mit Leidenschaft seinem Beruf widmete.

4 = AsSw
Eine wichtige Entscheidung, die klares, kühles Erkennen und Abwägen verlangte,

5 = 7M
konnte nicht sofort in die Tat umgesetzt werden,
sondern brauchte erhebliche Zeit zur Reife.

6 = 0
Gegenwartspunkt.

7 = XV
Die nächste Zukunft birgt für ihn verlockende Reize, aber auch die Gefahr, in Abhängigkeiten zu geraten. Sei das, mit Aufgaben betraut zu werden, die der eigenen Überzeugung zuwiderlaufen, oder aber so in den Sog der Arbeit gezogen zu werden, daß die eigene (innere) Freiheit dabei geopfert wird.

8 = V
Erfreulicherweise wird er dieser Gefahr nicht zum Opfer fallen, sondern sie meistern. Gestärkt geht er aus dieser Prüfung hervor und kann voller Vertrauen seinen weiteren Weg gehen.

9 = 2K
Dabei wird eine persönliche, sehr sympathische Begegnung von Bedeutung,

10 = 10K
die zunächst zu großer Harmonie und – vor dem Hintergrund der Frage – sicherlich zu einem sehr angenehmen Arbeitsteam führt.

11 = 5K
Es folgt allerdings schon bald ein Abschied, der Kummer und vielleicht Enttäuschungen mit sich bringt.

12 = 9M
Eine (finanziell) sehr glückliche Wendung bringt neuen Aufschwung

13 = 5St
und führt ihn in eine anspruchsvolle Position neuer,
interessanter Herausforderungen.

Zusammenschau

Angesichts der klar aufeinander aufbauenden Karten ergeben sich
keine weiteren Erkenntnisse aus der Zusammenschau.

Quintessenz

Die Quersumme aller Karten ist 7 und steht für den Weg des
Wagens. Der Frager ist damit aufgefordert, seinen weiteren Weg
aktiv und zuversichtlich zu gehen. Er hat das Geschick, auch in
schwierigen Situationen das Gleichgewicht zu halten und ausein-
anderdrängende Kräfte zum großen Sprung nach vorne zu vereinen.

Das Partnerspiel

Dieses Spiel hat neben seinem oft verblüffenden Aussagewert häufig den Effekt, ein wertvolles Gespräch zwischen den beiden Partnern auszulösen. In seiner Grundform kann es gut mit den nur 22 Trumpfkarten der Großen Arkana gespielt werden und ist damit bestens als Anfängerspiel geeignet.

Es wird von beiden Partnern gemeinsam gespielt, indem jeder gleichzeitig eine Karte (insgesamt je 3) zieht und sie dem anderen präsentiert. Dabei haben die einzelnen Karten die folgende Bedeutung:

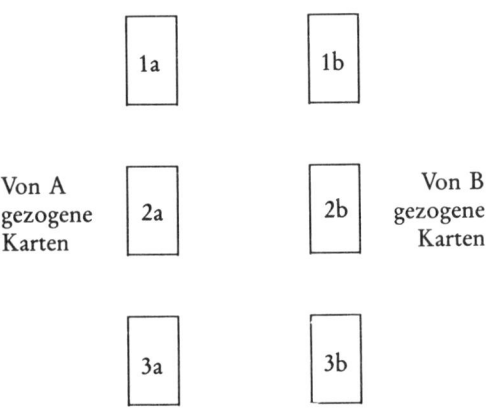

Mit dem Aufdecken der einzelnen Karten sagt der jeweilige Partner (Bedeutungen in Klammern):

1a = So sehe ich dich. (So sieht A B)
1b = So sehe ich dich. (So sieht B A)
2a = So sehe ich mich. (So sieht A sich selbst)
2b = So sehe ich mich. (So sieht B sich selbst)
3a = So sehe ich unsere Beziehung. (Sicht von A)
3b = So sehe ich unsere Beziehung. (Sicht von B)

Die *Quintessenz* zeigt bei diesem Spiel den Weg, den beide gemeinsam gehen sollen.

Das Spiel kann in jeder Form von Beziehung gespielt werden, sei sie familiär, freundschaftlich, beruflich, eine Partnerschaft oder Ehe.

Beispiel A

In diesem Fall wurde nur mit den Trumpfkarten der 22 Großen
Arkana gespielt. Die Partner zogen die folgenden Karten:

♂   ♀

GERICHT   Der WAGEN
1 a   1 b

KRAFT   Der HIEROPHANT
2 a   2 b

Die HOHEPRIESTERIN   Der TURM
3 a   3 b

Einzelbetrachtung

1a = XX

Er sieht in seiner Partnerin eine lebendige, kreative Frau, die sich aus dem Zwangslauf und der Enge der Realität befreit hat. Oder sie ist für ihn der »Schatz«, den er so lange gesucht hat.

1b = VII

Sie sieht ihn als den dynamischen und zuversichtlichen Mann, der es immer wieder versteht, Gleichgewicht herzustellen und auseinanderstrebende Kräfte zu einem großen Sprung nach vorne zu vereinen.

2a = XI

Er selbst zeigt sich als ein starker, mutiger und vor allem leidenschaftlicher Mann von großer Energie und Vitalität.

2b = V

Sie betrachtet sich als einen verständnisvollen Menschen voller Vertrauen, der stets auf der Suche nach den in der Tiefe liegenden Bedeutungen ihrer Erfahrungen und Erlebnisse ist.

3a = II

Für ihn ist die Beziehung eine stete Quelle instinktiver und intuitiver Kraft, die von Feingefühl, Geduld, Verständnis und der Bereitschaft, immer wieder zu verzeihen, getragen wird.

3b = XVI

Sie dagegen erlebt die Beziehung höchst intensiv als einen Bereich ständiger Überraschungen und plötzlicher Veränderungen und von einer Lebendigkeit, die keine Verkrustungen aufkommen läßt. Es ist allerdings möglich, daß sie sich von der damit verbundenen Unsicherheit auch bedroht fühlt.

Zusammenschau

Grundsätzlich sollte sich ein außenstehender Deuter bei diesem Spiel mit seinen Wertungen mehr noch als sonst zurückhalten und sich lediglich auf die Erläuterung der Bandbreiten der Karten beschränken. Natürlich kann der Turm in diesem Beispiel (3b = XVI) auch eine Beziehung ständiger Katastrophen anzeigen, was angesichts der übrigen Karten allerdings wenig wahrscheinlich ist. Aber selbst dann bliebe es immer noch offen, ob die Frau diese Beziehung als katastrophal erlebt oder gerne auf diesem ständig schwankenden Boden lebt. Gewiß ist nur, daß für sie die Beziehung nicht das sanfte Ruhekissen ist, wie es ihr Partner erlebt (3a = II).

Zur Aussage der übrigen Karten kann eine Zusammenschau wenig Ergänzendes beitragen, außer die möglichen Schattenseiten zu benennen: Mit dem Wagen kann sie ihn auch als den Draufgänger beschreiben (1b = VII). Hinter seinem Selbstbild kann sich ein ausgeprägter Machotyp oder ein sogenannter Chauvinist verbergen (2a = XI) und in ihrem Selbstbild kann durchaus etwas pharisäerhaftes stecken (2b = V). Lediglich in der Art, wie er die Beziehung sieht, ist keine Schattenseite zu erkennen (1a = XX).

Quintessenz

Die Quersumme aller Karten ist 7 und zeigt, daß beide den großen Schritt nach vorne, gegebenenfalls auch den Neuanfang wagen sollen. Sie haben die Kraft, das zu vereinen, was auseinanderzustreben scheint.

Beispiel B

Eine eher problematische Mutter-Sohn-Beziehung zeigt das folgende Beispiel:

Mutter   Sohn

1 a   1 b

2 a   2 b

3 a   3 b

Einzelbetrachtung

1a = 10St
Sie sieht, daß ihr Sohn bedrückt ist, sich denkbarerweise zuviel zumutet und derzeit keine klare Perspektive hat.

1b = 5Sw
Aus Sicht des Sohnes stellt sich die Beziehung allerdings völlig anders dar: Er sieht sie als eine gedemütigte Frau oder – was angesichts der folgenden Karten wahrscheinlicher ist – er fühlt sich von ihr gedemütigt*.

2a = RK
Sich selbst dagegen zeigt sie als jemanden, der es versteht, immer wieder eine liebevolle, angenehme und freundliche Atmosphäre zu schaffen.

2b = 8Sw
Demgegenüber sieht er sich als ge- oder befangen und spürt, daß er wichtige Seiten in sich nicht lebendig sein lassen und nicht ausleben kann.

3a = XIV
So ist für sie die Beziehung ausgewogen, harmonisch und friedlich.

---

* Diese Karte (5Sw) läßt es offen, ob sie aktiv oder passiv als Verlust, Demütigung, Niederlage usw. zu deuten ist. Dies läßt sich nur aus dem Kontext beurteilen.

3b = XVIII
Die Beziehung zu seiner Mutter erlebt er einerseits als sehnsuchtsvoll, andererseits als unbeständig, launisch, irritierend und angsterregend.

Zusammenschau

Den wichtigen Effekt dieses Spiels, ein wertvolles Gespräch einzuleiten, kann man aus diesem Beispiel erkennen: Die Mutter sieht wohl, daß ihr Sohn bedrückt ist (1a = 10St). Daß sie für ihn jedoch selbst die Ursache dazu ist (1b = 5Sw) und er die Beziehung mit ihr am ehesten als einen Alptraum erlebt (3b = XVIII), steht in krassem Gegensatz zu ihrer sehr freundlich positiven Selbsteinschätzung (2a = RK) und vor allem auch zu ihrer Einstellung, die Beziehung sei harmonisch und ausgewogen (3a = XIV).

Quintessenz

Die Quersumme 1 weist den Weg des Magiers. Damit sollen beide den aktiven und initiativen Weg der Problemlösung gehen und nicht etwa darauf vertrauen, daß sich die Dinge von selbst erledigen.

Beispiel C

In einer noch jungen Liebesbeziehung zogen die Partner die folgenden Karten:

Einzelbetrachtung

1a = RK

Er sieht in ihr einen Menschen, der eine liebevolle Atmosphäre verbreitet. Er spürt ihr Feingefühl, ihr Einfühlungsvermögen, ihre Liebesfähigkeit und ihre gute Laune.

1b = 3K

Sie sieht ihn als einen glücklichen, dankbaren Menschen, der sich seines Lebens – und sicherlich auch dieser Verbindung – erfreut und das auch zum Ausdruck bringen kann.

2a = 6Sw

Der Partner zeigt sich selbst als jemanden, der mit seinen alten Ängsten zu neuen Ufern aufgebrochen ist. Diese Karte kann sowohl seine Absicht anzeigen, sich aus der Beziehung zu lösen, wie aber auch bei dieser noch jungen Beziehung seine Schwierigkeiten und Ängste ausdrücken, sich auf »ungewohntes Gebiet vorzuwagen«.

2b = BSt

Sie zeigt sich selbst als offen für neue Impulse, die von außen (von ihm) kommen und ist bereit, sich mitreißen zu lassen.

3a = 10K

Er betrachtet die Beziehung mit einer der dafür wohl schönsten Karten. Sie zeigt Harmonie, tiefe Zuneigung, Stabilität und verspricht eine glückliche Zukunft.

3b = XIX

Sie erlebt die Beziehung im warmen Licht der Sonne. Damit ist Lebendigkeit und Lebensfreude ausgedrückt, aber auch Großzügigkeit und die Lust, sich gegenseitig zu verwöhnen.

Zusammenschau

Die verschiedenen Karten von Dankbarkeit, Freude und Zuneigung zeigen die glücklichen und warmen Gefühle beider Partner. Vor diesem Hintergrund ist seine Selbstdarstellung sicherlich nicht als Trennungsabsicht zu verstehen (2a = 6Sw). Möglicherweise weiß er, daß er in naher Zukunft aus anderen (z. B. beruflichen) Gründen weggehen muß. Genausogut kann diese Karte jedoch auch seine Schwierigkeit ausdrücken, sich auf diese neue Verbindung wirklich einzulassen*. In diesem Zusammenhang ist ihre Haltung sicherlich sehr hilfreich.

Sie drängt nicht, sondern wartet, daß weitere, sich ergebende Impulse und Gelegenheiten die Beziehung wachsen lassen (2b = BSt)**.

Quintessenz

Die Quersumme aller Karten ist 2 und steht für den Weg der Hohenpriesterin. Damit wird zum einen das Feingefühl ausgedrückt, mit dem die Partner einander begegnen sollen. Zum anderen zeigt diese Karte den Weg der Geduld und des Verzeihens. Nicht zuletzt ist sie als Schutzkarte ein gutes Omen für die Beziehung.

---

* Diese letztere Vermutung erwies sich als richtig: Der Partner hatte die vergangenen sieben Jahre als »Single« gelebt, was seine Unsicherheit bei diesem ungewohnten Schritt wohl ausreichend erklärt.
** Buben zeigen Impulse, die von außen kommen. Wenn eine solche Karte den Frager selbst darstellt, heißt das, daß er auf diese Chancen und Anregungen wartet.

Beispiel D

Variante des Partnerspiels
Der Gordische Knoten

Eine interessante Variante des Partnerspiels habe ich aus dem Buch »Knoten« des Londoner Psychiaters und Schriftstellers Ronald D. Laing abgeleitet[*]. Darin beschreibt er in eindringlicher Form die Verkrustungen und Verstrickungen, die sich in der Beziehung zweier Menschen durch uneingestandene Wünsche, unbewältigte frühe Prägungen und einer Fülle von Projektionen ergeben.

Aus dem folgenden Abschnitt, den ich nur auszugsweise wiedergebe, habe ich diese Variante des Spiels entwickelt, die ich den »Gordischen Knoten« nenne:

>»Sie bekommt nicht, was sie von ihm will
>also findet sie ihn kleinlich
>Sie kann ihm nicht geben, was er von ihr will
>also findet sie ihn gierig
>
>Er bekommt nicht, was er von ihr will
>also findet er sie kleinlich
>und
>er kann ihr nicht geben, was sie von ihm will
>also findet er sie gierig
>
>Jill glaubt, daß Jack kleinlich und gierig ist
>Jack glaubt, daß Jill kleinlich und gierig ist
>je mehr Jill glaubt, daß Jack kleinlich ist
>desto gieriger findet Jack Jill
>je mehr Jill glaubt, daß Jack gierig ist
>desto kleinlicher findet Jack Jill
>je gieriger Jack Jill findet
>desto kleinlicher findet Jill Jack
>je kleinlicher Jill Jack findet
>desto gieriger findet Jack Jill…«

Diesen Knoten stellt Laing als den folgenden Teufelskreis dar, in dem sich beide drehen und immerzu mehr in die Enge treiben.

---

[*] Ronald D. Laing, Knoten, Reinbek bei Hamburg 1972

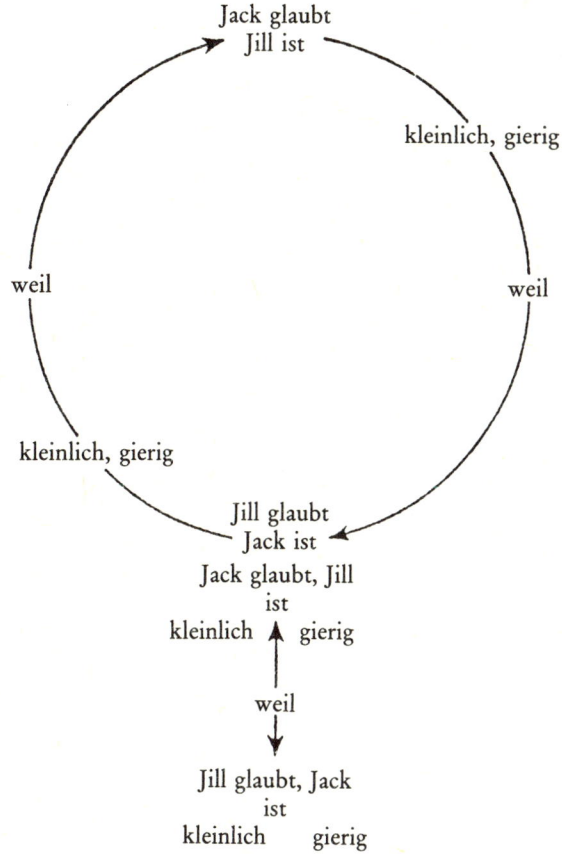

Auf das Grundmuster des Partnerspiels angewandt, gebe ich den einzelnen Plätzen die folgende Bedeutung:

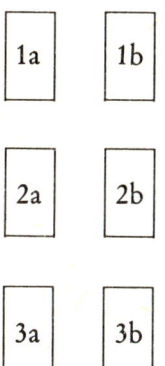

1a = Was A von B will, aber nicht bekommt, und B deshaslb für kleinlich hält.

1b = Was B von A will, aber nicht bekommt, und A deshalb für kleinlich hält.

2a = Was A B nicht geben kann, obwohl B es will. Worin A B für gierig hält.

2b = Was B A nicht geben kann, obwohl A es will. Worin B A für gierig hält.

3a = Den Beitrag, den A zur Lösung leisten kann/soll.

3b = Den Beitrag, den B zur Lösung leisten kann/soll.

Die *Quintessenz* ist der Weg, den schließlich beide gehen müssen, um den Gordischen Knoten zu zerschlagen.

Könige und *Königinnen* bedeuten in diesem Spiel, daß der betreffende Partner an der Stelle, wo sie auftauchen, »die Aussage verweigert«.

Beispiel D

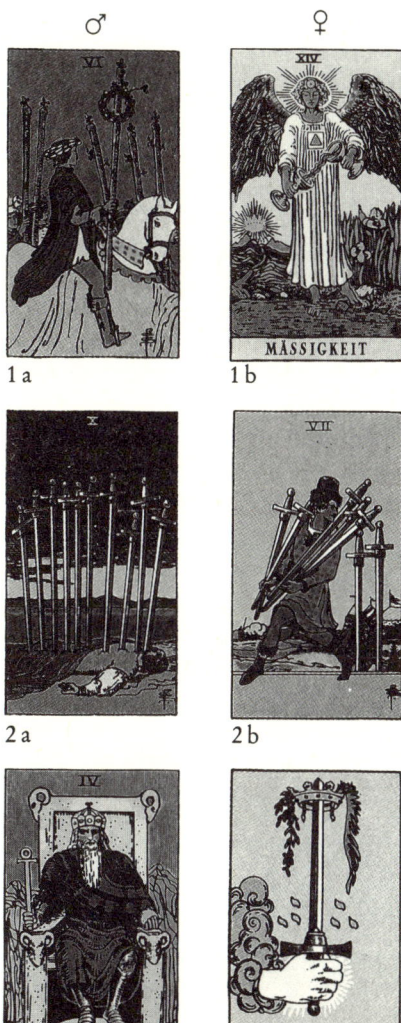

1a   1b

2a   2b

3a   3b

Einzelbetrachtung

1a = 6St
Er bekommt von ihr nicht die Anerkennung, die Bewunderung, die er haben will, und findet sie deshalb kleinlich.

1b = XIV
Sie bekommt von ihm nicht die Zuwendung, die sie in Harmonie leben ließe. Sie fühlt sich von ihm nicht so angenommen, wie sie ist. Sie vermißt liebevolle Behandlung durch ihn und findet ihn darin kleinlich.

2a = 10Sw
Sie verlangt von ihm, daß er etwas (und nur die zwei können wissen, was dieses »etwas« ist) endgültig aufgeben oder abbrechen soll. Er findet sie in diesem Punkt gierig und ist nicht bereit, ihr das zu geben.

2b = 7Sw
Er verlangt von ihr, den Problemen aus dem Weg zu gehen oder aber die Zustimmung zu Unaufrichtigkeiten. Sie findet ihn darin gierig und ist nicht bereit, ihm das zu geben. Vermutlich geht er fremd und sie duldet das nicht.

3a = IV
Sein Beitrag zur Lösung ist eine klare Struktur, Verläßlichkeit und Verantwortungsbewußtsein.

3b = AsSw
Der Beitrag, den sie leisten muß, ist Einsicht, klare Erkenntnis und Entschiedenheit.

Zusammenschau

Die Themen sind auch bei dieser Variante des Spiels üblicherweise so persönlich, daß sich ein außenstehender Deuter sehr zurückhalten sollte. In diesem Fall scheint die Bedeutung der Karten naheliegend, und ich gebe sie hier wieder unter dem Vorbehalt, daß die Dinge für die zwei auch viel tiefer liegen können.

Er braucht Anerkennung, die er von ihr nicht im ausreichenden Maße bekommt (1a = 6St). Vermutlich geht er fremd, was sie nicht duldet (2b = 7Sw). Sie sieht die Harmonie zwischen den beiden durch sein Verhalten gestört (1b = XIV) und verlangt von ihm, daß er seine Seitensprünge sofort beendet (2a = 10Sw). Das wiederum hält er für gierig und ist nicht bereit zuzustimmen. Sein Beitrag zur Lösung ist es, klare Verhältnisse zu schaffen (3a = IV). Ihr Beitrag ist es, nicht die Augen zu verschließen, sondern auf Distanz zu gehen und eine eindeutig entschiedene Haltung einzunehmen (3b = AsSw).

Quintessenz

Die Quersumme 6 zeigt hier, daß beide gemeinsam den Weg der Liebe und der klaren, eindeutigen Entscheidung füreinander gehen müssen, um diesen Knoten zu zerschlagen.

Beispiel E

Variante des Partnerspiels
Der Gordische Knoten

Ein weiteres Beispiel des Gordischen Knotens zeigt ein auf den ersten Blick schwerverständliches Bild:

♂   ♀

1a   1b

2a   2b

3a   3b

Einzelbetrachtung

1a = AsM
Er spürt in sich oder in der Beziehung die tiefe Chance zum Glück und glaubt, daß sie ihm diese vorenthält. Deshalb erlebt er sie als kleinlich.

1b = 3Sw
Sie wünscht sich, daß er ihr weh tut, daß er sie enttäuscht. Er kann zum Beispiel nicht mit ihr streiten, ihr nicht mit genügend Entschiedenheit dort entgegentreten und Grenzen setzen, wo sie Schwächen nachhängt.

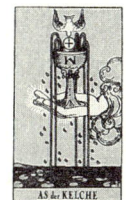

2a = AsK
Sie verlangt von ihm mehr Gefühl und tiefere Erfüllung. Das erlebt er als gierig.

2b = 6M
Er verlangt von ihr mehr Großzügigkeit und Toleranz. Das findet sie wiederum gierig.

3a = RSw
Sein Beitrag ist es, eine klarere und eventuell kühlere Atmosphäre zu schaffen, in der auch ein Streit ausgetragen werden kann.

3b = 6K
Ihr Beitrag ist es, die Erinnerungen wieder zu beleben und vielleicht ein romantischeres Umfeld zu schaffen.

Zusammenschau

Dieses Spiel zeigt, daß er tieferes Glück sucht (1a = AsM) und das gleiche auch von ihrer Seite spürt (2a = AsK). Es ist dagegen seine Aufgabe, klarer und konfliktbereiter aufzutreten (3a = RSw), wodurch er ihrer Erwartung nach Streit und Ent-täuschung (1b = 3Sw) entgegenkäme. Andererseits würde sie einen wertvollen Beitrag leisten, wenn sie die (gemeinsamen) Erinnerungen wieder belebte und sich vielleicht etwas verträumter zeigte (3b = 6K). Auch die weitere Bedeutung dieser Karte: Die Schönheit, die aus dem fruchtbaren Boden der Liebe erwächst, wäre sicherlich ein Beitrag (3b = 6K), der seinen – und letztlich auch ihren – Wünschen nach tieferer Erfüllung (1a = AsM und 2a = AsK) entspräche.

Quintessenz

Die Quersumme 8 zeigt hier den Weg der Gerechtigkeit und damit der Ausgewogenheit und der Fairness. Dies ist hier insbesondere in Zusammenhang mit dem angedeuteten Streitthema zu verstehen.

GERECHTIGKEIT

Das Planetenspiel

Dieses Spiel beschreibt einen Menschen in der Art des astrologischen Verständnisses der 10 Planeten und des Aszendenten. Es eignet sich damit sowohl zur Selbsterfahrung wie auch zur Betrachtung von Menschen, mit denen wir in Verbindung stehen. Natürlich ist es auch eine gute Ergänzung, wenn in anderen Spielen Könige oder Königinnen auftauchen und wir über diese Personen mehr erfahren möchten.

Ich lege die Karten dabei in Form eines Fünfsterns, der ja ein Symbol für den Menschen ist. Die fünf Strahlen dieses Sternes haben jeweils Oberbedeutungen, die am Außenrand angegeben sind. Für die einzelnen Planeten schlage ich die nachstehenden Zuordnungen vor. Da der Aszendent dem Erdhorizont entspricht, habe ich ihm das Zeichen für die Erde ⊕ gegeben.

1 = ⊕ Aszendent
Auftreten, Erscheinung, Aussehen, derzeitige Verfassung, Grundstimmung, Konstitution.

2 = ☉ Sonne
Wesenskern, Identität, Bewußtsein, Geist, Wille, Lebensinhalt, Kraft der Selbstverwirklichung, Schöpferkraft, Vitalität.

3 = ☿ Merkur
Orientierungsvermögen, Gedanken, Verstand, Intelligenz, Wortgewandtheit, Gerissenheit, Scharfsinn, Kritikvermögen, Beobachtungsgabe, Neugier.

4 = ☾ Mond
Seele, Gemüt, Gefühl, Instinkte, innere Getriebenheit, das persönliche Unbewußte, Beeindruckbarkeit, Sehnsüchte, Bedürfnisse.

5 = ♃ Jupiter
Sinnfindung, Ideale, Moral, Überzeugungen, Zuversicht, Vertrauen, Wertschätzungen, Bewußtsein von Reichtum und Fülle, Glauben, Erfolg, Tugenden, Gerechtigkeitsempfinden, Großzügigkeit.

6 = ♄ Saturn
Gewissen, Beschränkungen, Disziplin, Pflichten, Ausdauer, Zuverlässigkeit, Mißtrauen, Sicherheitsbedürfnisse, Struktur, Halt, Mangel, Mißerfolg, Armut, Zwanghaftigkeiten und Zwangsläufigkeiten, Hemmungen.

7 = ♂ Mars
Durchsetzungskraft, Konfliktbereitschaft, Energieeinsatz, Selbstbehauptung, Eroberungswille, Aggressivität, Betätigungslust, Willenskraft, Begierden, Wut, Zerstörungskraft, Sexualität, Mut und Übermut.

8 = ♅ Uranus
Individualität, Originalität, Unabhängigkeitsdrang, Besonderheiten, Verrücktes, Exzentrik, Skurrilität, Distanziertheit, Einfallsreichtum.

9 = ♀ Venus
Liebesideale, Liebesverlangen, Liebenswürdigkeit, Anpassungsfähigkeit, Harmoniebedürfnis, Hingabebereitschaft, Erotik, Sinn für das Schöne und die Kunst, Feinsinn, das Musische.

10 = ♆ Neptun
Medialität, Ahnungen, mystische Neigungen, Süchte, Verwirrungen, Nebulöses, Durchlässigkeit für Übersinnliches, Verschmelzung mit dem Urgrund.

11 = ♇ Pluto
Archaische Kräfte, Einflußstärke, Machtstreben, kollektives Unbewußtes, Tiefenerfahrung, Wandlungskräfte, Metamorphose, Heilkräfte, Hypnose, Kräfte der Heilung und Vernichtung, Besessenheit.

Die 11 Karten werden dabei wie folgt ausgelegt:

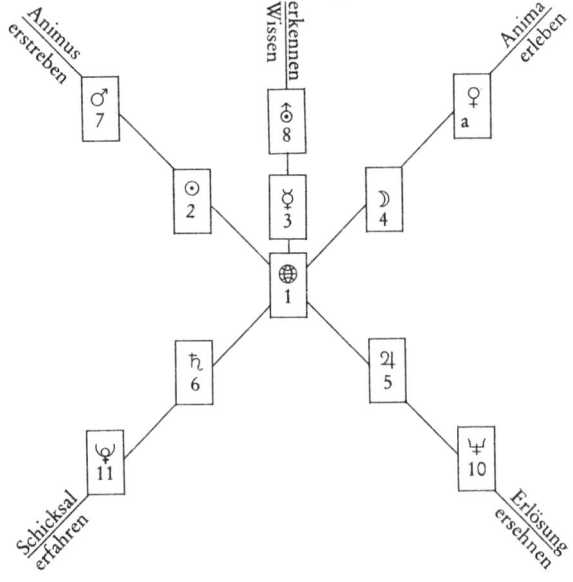

Beispiel A

Die Person, die hier beschrieben wird, ist männlich, Jahrgang 1940.

Einzelbetrachtung

1 = ⊕ = XVI

Das Auftreten und die Erscheinung dieser Person ist bemerkenswert markant. Der Turm zeigt jemanden, der leicht Unruhe stiften und andere Menschen in ihren Grundüberzeugungen verunsichern kann. Sicherlich eine Person, die große (eventuell destruktive) Kraft ausstrahlt.

2 = ☉ = III

Der Wesenskern ist im hohen Maße kreativ, ein Feld ständig neuer Ideen. Ein sehr produktiver Mensch, der zuinnerst bereit ist, sich auf alle Wechselfälle und Veränderungen des Lebens einzustellen.

3 = ☿ = II

Die Karte der guten Intuition und des vortrefflichen Gespürs auf dem Platz des Verstandes zeigt ihn als jemanden, der sein Ahnungsvermögen vorzüglich in seine Gedankenwelt einfließen läßt und zu nutzen weiß.

4 = ☾ = IV

Der Herrscher als die Karte der Wirklichkeit und der Ordnung zeigt ein Gefühlsleben, das nie den Realitätsbezug verliert und sehr wohl unter Kontrolle gehalten werden kann, sowie den inneren Drang, Absichten in die Tat umzusetzen.

5 = ♃ = 9M

Das Reichtumsbewußtsein und die Wertschätzungen in Verbindung mit der »finanziellen Glückskarte« zeigt, daß er im Hinblick auf die Reichtümer der äußeren, wahrscheinlich auch der inneren Welt sehr aufgeschlossen und erfolgreich ist.

6 = ♄ = 4M

Im Bereich der Pflichterfüllung, der Disziplin und der Verläßlichkeit drückt diese Karte eher ein Übermaß aus, das sicherlich manches Mal zu freudloser Starrheit verhärtet.

7 = ♂ = I
Der Magier als Symbol der Willenskraft steht für einen Mann von höchster Energie, Einflußstärke, Durchsetzungskraft sowie intensiver sexueller Energie.

8 = ⚶ = 8St
Die Dynamik dieser Karte verdeutlicht ein hohes Maß an Einfallsreichtum und Gedankenblitzen, aber auch einen sehr lebendigen Unabhängigkeitsdrang.

9 = ♀ = 10K
Sein Partnerschaftsverhalten und seine Liebenswürdigkeit stellen sich im Lichte dieser Karte als betont harmonisch dar.

10 = ♆ = XVII
Das Gespür und Ahnungsvermögen kann wohl kaum durch eine bessere Karte als den Stern ausgedrückt werden: Visionäre, geradezu prophetische Stärke und weite Zukunftsschau sind dadurch angezeigt.

11 = ♇ = 9St
Von den in ihm lebenden Urkräften fühlt er sich bedroht. Damit wehrt er einerseits sicherlich Tendenzen ab wie Machtstreben und suggestive Einflußnahme. Andererseits wehrt er sich damit aber auch mit aller Kraft gegen umwälzende Lebensereignisse.

Zusammenschau

Insgesamt spricht die Fülle der Trumpfkarten für eine ausgeprägte, interessante Persönlichkeit. Diese Person zeichnet sich aus durch außerordentliche Kraft (7 = ♂ = I), die sowohl zum Aufbrechen von Verkrustungen eingesetzt wird (1 = ⊕ = XVI) wie auch in unermüdlicher Kreativität im Hervorbringen neuer

Ideen und Tätigkeitsgebiete (2 = ☉ = III). Diese ständige Produktivität seines warmen Wesens (2 = ☉ = III) wird vor Ausuferungen und Wildwuchs bewahrt durch ein wirklichkeitsnahes Gefühlsleben, das sehr wohl Grenzen zu setzen versteht und ihn gleichzeitig zu konsequentem Verhalten drängt, zur größtmöglichen Verwirklichung seiner Vorstellungen (4 = ☾ = IV). Die innere Härte, das Pflichtgefühl, das teils schon zur Zwanghaftigkeit neigt, unterstreicht diese Haltung (6 = ♄ = 4M). Bei aller Kraft und Einflußstärke widersteht er jedoch der Versuchung, diese Fähigkeiten manipulativ, demagogisch einzusetzen (11 = ♇ = 9St). Gleichzeitig bedeutet diese Karte aber auch, daß er sich mit aller Macht gegen Schicksalsschläge wehrt (11 = ♇ = 9St). Dies unterstreicht auch die Starrheit der anderen Schicksalskarte (6 = ♄ = 4M). Auffallend ist, daß bei aller Stärke (7 = ♂ = I) und kraftvoller bis unruhebringender Ausstrahlung (1 = ⊕ = XVI) ein so ausgeprägter Harmoniewunsch und eine damit verbundene Friedfertigkeit angezeigt ist (9 = ♀ = 10K). Eine besondere Befähigung liegt offenbar auf der Geistesebene vor. Das tiefe Gespür, das die Hohepriesterin im Denkvermögen anzeigt (3 = ☿ = II), im Verbund mit dem ständigen Fluß an Geistesblitzen (8 = ☊ = 8St) und der vortrefflich vorausahnenden Schau (10 = ♆ = XVII) führen zu bereichernden Erkenntnissen (5 = ♃ = 9M), aber im harmonischen Zusammenspiel sicherlich vor allem zu einer vorzüglichen vorausschauenden Begabung. Gleichzeitig ist dies eine verläßliche Quelle steter Impulse für den fruchtbaren Wesenskern (2 = ☉ = III) und den unermüdlichen Drang zur (Selbst-)Verwirklichung (4 = ☾ = IV).

Die HOHEPRIESTERIN

Quintessenz

Die Quersumme aller Karten ergibt 2, die Karte der Hohenpriesterin. Damit wird die intuitive, visionäre Fähigkeit erneut betont. Gleichzeitig ist das eine Aufforderung, diese Kräfte besonders zu nutzen.

Vergleich für den astrologisch interessierten Leser

In diesem Fall liegt mir das Horoskop der betreffenden Person vor, das ich hier zum Vergleich, und um die Sprechweise der Karten besser zu verdeutlichen, wiedergebe (Häuser nach Koch).

Beispiel A

20. 01. 1940, 10.45 MEZ, 7°35′48″ O, 50°21′43″ N

1. Haus 5′40″ ♈	10. Haus 2′17″ ♑
2. Haus 15′17″ ♉	11. Haus 23′23″ ♑
3. Haus 12′37″ ♊	12. Haus 23′37″ ♒

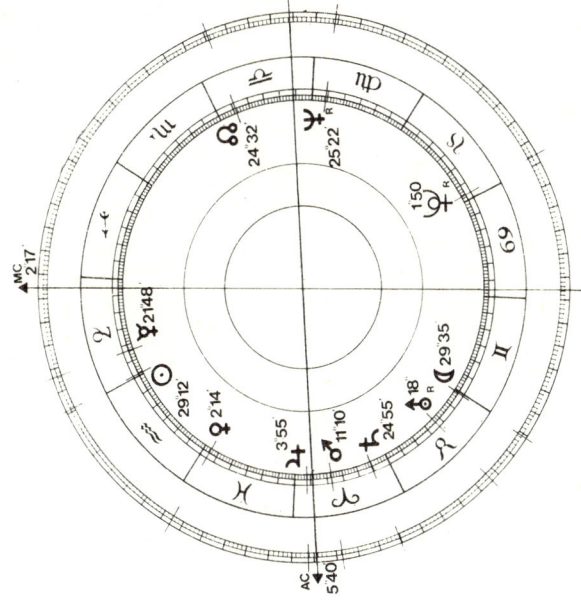

Aspekte

☉ = 29°12′ ♑ = △ 0.4 ☽, ♂ 7.4 ☿, ✳ 4.7 ♃,
　　　　　　　□ 4.3 ♄, △ 3.8 ♆, ☍ 2.6 ♅, □ 4.7 ☊

☽ = 29°35′ ♉ = □ 2.7 ♀, ✳ 4.3 ♃, △ 4.2 ♆, ✳ 2.3 ♅

☿ = 21°48′ ♑ = □ 3.1 ♄, △ 3.8 ⚷, △ 3.6 ♆, □ 2.7 ☊

♀ = 2°14′ ♓ = △ 0.4 ♅, ✳ 0.0 MC

♂ = 11°10′ ♈ = ♂ 7.2 ♃, ♂ 5.5 AC

♃ = 3°55′ ♈ = ∠ 0.9 ⚷, △ 2.1 ♅, ♂ 1.8 AC, □ 1.6 MC

♄ = 24°55′ ♈ = □ 6.9 ♅, ☍ 0.4 ☊

⚷ = 18°00′ ♉ R = △ 7.4 ♆, ⊡ 0.7 MC

♆ = 25°22′ ♍ R = △ 0.8 ☊

♅ = 1°50′ ♌ R = △ 3.8 AC

Beispiel B

Die hier beschriebene Person ist weiblich, Jahrgang 1956.

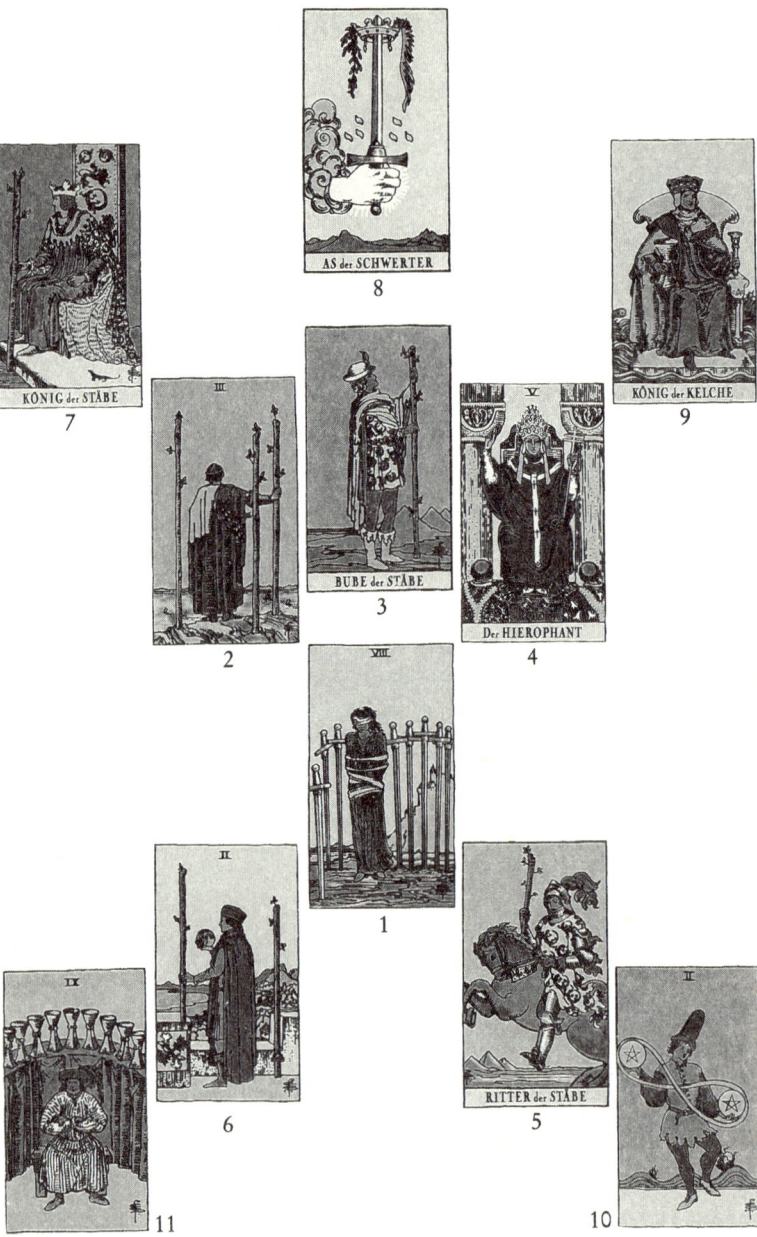

Einzelbetrachtung

1 = ⊕ = 8Sw
Zumindest die momentane Verfassung dieser Person, vielleicht auch ihr allgemeines Auftreten, ist von der Karte gekennzeichnet, die innere Hemmungen oder auch Verbote und Einschränkungen durch die Umwelt darstellt.

2 = ☉ = 3St
Im Wesenskern ist diese Frau sehr gefestigt und – aus einer optimistischen Grundhaltung heraus – stets bereit, das Augenmerk auf neue Horizonte zu richten.

3 = ☿ = BSt
Die Denk- und Erkenntnisebene arbeitet betont subjektiv (Stab-Feuer), dabei jedoch sehr engagiert. Sie ist offen, vielleicht auch angewiesen auf Impulse von außen.

4 = ☾ = V
Die Gefühlsebene ist von tiefem Vertrauen gekennzeichnet. Die Karte, die Fragen des Glaubens und den Kräften des auf der Glaubensgewißheit beruhenden Vertrauens entspricht, kennzeichnet hier eine religiöse Person, deren innerstes Gefühl von tiefer Gewißheit geprägt ist.

5 = ♃ = RSt
Ungeduld, Erlebnislust und Tatendrang werden als Tugenden empfunden. Im Bereich der Überzeugungen steht diese Karte für Auseinandersetzungsbereitschaft und äußerst starkes, inneres Engagement sowie für Lebensoptimismus.

6 = ♄ = 2St
Gerade dieses Engagement scheint aber zum Teil auch als bedrückende Pflicht und als lustloser, aber für notwendig gehaltener Zwang erlebt werden.

7 = ♂ = KSt

Diese männliche Karte an der Stelle des sehr männlichen Planeten Mars gibt eine starke Betonung des Animus und damit eine maskuline Färbung dieser Frau. Sie zeigt darüber hinaus Willensstärke, Auseinandersetzungsbereitschaft und klugen Energieeinsatz.

8 = ♁ = AsSw

Die kühle Karte der klaren Erkenntnis, der höheren Vernunft und der – wenn notwendig – scharfen und eindeutigen Entscheidung und Trennung an der Stelle der Individualität zeigt einen klar und bewußt auf seine Unabhängigkeit bedachten Menschen. Die Schärfe und Vernunftbetonung stehen für eine höchst verläßliche und blitzschnell arbeitende Intuition.

9 = ♀ = KK

Der weibliche Planet ist hier zwar von dem ihm nahestehenden Element Wasser gekennzeichnet und spricht damit für starkes Liebesverlangen und ein großes Harmoniebedürfnis, die männliche Akzentuierung verweist jedoch auch hier auf die starken Animuskräfte und geben damit der Venusseite einen fordernden und nur bedingt zur Anpassung bereiten Charakter.

10 = ♆ = 2M

Der Bereich der Ahnungen und der mystischen Interessen wird von der Karte dargestellt, die einen spielerischen und damit unkomplizierten, vertrauensvollen Umgang anzeigt.

11 = ♇ = 9K

Pluto, der Herrscher über das schwarze Gold und damit über unsere tiefliegendsten Schätze, ist hier durch die Karte der Lebensfreude und des Genießens dargestellt. Damit wird diese Frau sicherlich einen regen Nutzen und eine bereichernde und furchtlose Ausbeute dieser tiefen Urkräfte betreiben.

Zusammenschau

Die hier dargestellte Frau ist gekennzeichnet von einem hohen Maß an Festigkeit (2 = ☉ = 3St), (Selbst-)Vertrauen, innerer Gewißheit (4 = ☾ = V) und einer damit verbundenen Zuversicht (5 = ♃ = RSt und 10 = ♆ = 2M). Die daraus resultierende Stärke kann aber zumindest derzeit nicht frei zum Ausdruck gebracht werden. Innere oder äußere Hemmnisse hindern die Frau daran, wichtige Seiten in sich lebendig sein zu lassen (1 = ⊕ = 8Sw). Die starke Feuerbetonung spricht für ein warmes Wesen. Auf der Ebene des Erkennens (3 = ☿ = BSt) und der Überzeugungen (5 = ♃ = RSt) ist eine forsche, betont subjektive, stark engagierte und diskussionsfreudige Denkungsart zu sehen sowie eine hohe Ansprechbarkeit und ausgeprägte Begeisterungsfähigkeit. Die Gedankenschärfe wird durch die verläßliche und vortreffliche intuitive Begabung (8 = ☊ = AsSw) beträchtlich erhöht und stark beschleunigt. Dabei ist der mit der letztgenannten Karte ebenso verbundene Unabhängigkeitsdrang zusammen mit der ausgeprägten Animusbetonung ein Hinweis auf eine starke, auf Eigenständigkeit bedachte Frau, die trotz hohen Liebesverlangens und eines großen Harmoniebedürfnisses nur eine begrenzte Hingabe- und Anpassungsbereitschaft zeigt (9 = ♀ = KK). Die Tiefen, aus denen sie ergiebig schöpft (11 = ♇ = 9K), verbunden mit einem instinktiven Vertrauen auf seherische Kraft (10 = ♆ = 2M) und der im hohen Maße geschärften Intuition (8 = ☊ = AsSw), zeigen ein starkes Wirken aller überpersönlichen Kräfte und damit verbunden eine faszinierende Ausstrahlung, eine tief inspirierte Denkungsweise und eine hohe Einflußkraft. Gleichzeitig befruchten und verstärken diese Fähigkeiten die bereits im Wesenskern angezeigte Kreativität (2 = ☉ = 3St).

Die HERRSCHERIN

Quintessenz

Die Quersumme aller Karten ist 3 und führt damit zur Herrscherin. Diese Karte betont zum einen nochmals die kreative Veranlagung und zeigt die Fähigkeit, sich den Veränderungen der Lebensbedingungen jeweils rasch anpassen zu können. In dieser Karte könnte auch ein Hinweis auf eine warme, mütterliche Seite enthalten sein.

Beispiel C

Die hier beschriebene Person ist männlich, Jahrgang 1945.

Einzelbetrachtung

1 = ⊕ = XX

Im Auftreten dieses Mannes liegt etwas Befreiendes. Er versteht es, eigene und fremde Probleme zu lösen, zum Wesentlichen vorzudringen und Vergessenes wiederzubeleben. Er ist im hohen Maße kreativ.

2 = ⊙ = 5M

Sein Wesenskern zeigt ihn dagegen ärmlich. Dies kann bedeuten, daß ihn eine stete Existenzangst begleitet, daß er in seinem Innersten verunsichert ist, daß er sich ungeliebt fühlt oder daß sich hinter seinem eher glanzvollen Auftreten eine Aschenbrödelhaltung verbirgt.

3 = ☿ = XVII

Seine Gedanken sind weit in die Zukunft gerichtet und von Zuversicht getragen. Er hat ein tiefes Verständnis für größere Zusammenhänge und einen tiefen Einblick in die kosmische Ordnung.

4 = ☾ = 8Sw

Sein Gefühlsleben ist beengt. Er kann wichtige Seiten seiner Seele nicht lebendig sein lassen. Sei es, daß er sich dies selbst verbietet oder daß er glaubt, seine Umwelt würde diese Seiten nicht tolerieren.

5 = ♃ = QM

Diese Karte läßt sich nicht eindeutig interpretieren. Einerseits kann sie bedeuten, daß eine Frau in der Art des Erdtemperamentes – etwa eine »Mutter Courage« – auf seine Tugend- und Wertvorstellungen nachhaltigen Einfluß ausübt oder ausgeübt hat. Andererseits kann es sein, daß er diese erdhafte – und damit praktische, bodenständige und sinnliche – Frau für das höchste zu erreichende Gut hält.

6 = ♄ = KK

Den Härten, Pflichten, Notwendigkeiten und dem Zwangslauf des Lebens begegnet er in der Art des gefühlvollen Königs der Kelche. Dies kann ihn sowohl zum großen Feigling und Problemvermeider werden lassen (Schattenseite) oder aber ihm die große Weisheit der Nachgiebigkeit und des einfühlsamen Umgangs mit den Schwierigkeiten des Lebens verleihen.

7 = ♂ = XII
Der Platz der Selbstbehauptung und Durchsetzungskraft, des Kampfes und der Sexualität ist hier von dem Opferthema des Gehängten gekennzeichnet. Das zeigt sowohl eine immer wiederkehrende Erfahrung von Frustrationen, das Erlebnis »festzusitzen« und läßt außerdem vermuten, daß er häufig Opfer eigener Aktivitäten wird.

8 = ☊ = 0
Der Narr zeigt Neugier, unkonventionelles Verhalten und staunende Offenheit für alle Erfahrungen des Lebens. Hier wird damit eine außerordentliche Intuition ausgedrückt und die teils etwas sprunghafte Neigung, neue, ungewöhnliche Wege zu gehen. Für einen Menschen mit kreativen Aufgaben ist diese Konstellation sicherlich eine unerschöpfliche Quelle origineller und auch witziger Ideen.

9 = ♀ = 4M
Das Beziehungsleben wird von der Einstellung der Starrheit, des Festhaltens und -klammerns beherrscht. Hier liegt ein Sicherheitsbedürfnis vor, das dazu neigt, jede Lebendigkeit einer Beziehung als Bedrohung zu erleben. Erkalten und Härte sind normalerweise die typischen Folgen.

10 = ♆ = BK
Diese Karte zeigt eine große Aufgeschlossenheit für die Mystik und das Irrationale. Sie zeigt, daß der Frager gerne bereit ist, Impulse aufzunehmen, die aus der Nebelwelt der Visionen und der Ahnungen auf ihn einströmen.

11 = ♇ = XVI
Die zutiefst liegenden archaischen Kräfte sind hier von der Karte der blitzartigen (umwerfenden) Erkenntnis aber auch der Zerstörung dargestellt. Damit

liegt in diesem Bereich sowohl eine gewaltige Er-
kenntniskraft aber auch ein hochdestruktives Poten-
tial, das zum einen den Frager selbst in tiefe Krisen
stürzen kann, ihn andererseits aber auch zum Zerstö-
rer seiner Umwelt machen kann.

Zusammenschau

Auffallend an diesem Bild ist, daß zwischen dem Auftreten dieser
Person und seinem Inneren eine große Kluft liegt. Seine weitsich-
tige Art zu denken (3 = ☿ = XVII), sein höchst origineller und
spritziger Einfallsreichtum (8 = ♏ = 0), seine Offenheit für
visionäre Wahrnehmungen (10 = ♆ = BK) und nicht zuletzt auch
die in seinen Tiefen wohnende Sprengkraft (11 = ♇ = XVI) sind
eine unerschöpfliche Quelle seiner Kreativität und seines geistrei-
chen Auftretens (1 = ⊕ = XX). Ganz im Gegensatz dazu steht
sein ärmlicher Wesenskern (2 = ☉ = 5M) und die Enge und
Hemmungen seines Gefühlslebens (4 = ☽ = 8Sw). Damit scheint
das Fundament seiner Persönlichkeit gegenüber den Dimensionen
seines Auftretens etwas zu klein zu sein. Unbedingte Sicherheit
und Halt sucht er im Beziehungsleben (9 = ♀ = 4M), das an
dieser Haltung ersticken könnte. Problematisch scheint die fru-
strierende Erfahrung der wirkungslos verpuffenden Energie (der
Schlag ins Wasser) oder des dauernden Festsitzens (mit angezoge-
ner Bremse fahren) (7 = ♂ = XII) im Zusammenhang mit der
bedrohlich starken inneren Sprengkraft (11 = ♇ = XVI). Wenn
der Frager sich nicht mit diesen Themen auseinandersetzt, kann
das Gefahr für ihn und seine Umwelt bedeuten.

Quintessenz

Die Quersumme aller Karten ist 1 und zeigt den Weg des Magiers,
den Weg der Kraft, der Einflußstärke und der weißen Magie.
Angesichts der enormen Plutokräfte (11 = ♇ = XVI) ist der
Frager damit aufgefordert, sich der meisterhaften Beherrschung
und damit auch der bestmöglichen Ausbeute dieser tiefliegenden
Energiekräfte zu verschreiben.

Der Stern

Dieses Spiel ist vor allem für die intuitiven Deuter geeignet, die sich bei den anderen Legesystemen zu sehr an den klaren Bedeutungsvorgaben der einzelnen Felder reiben. Dadurch, daß hier jedes Feld eine doppelte Bedeutung erhält, wird der intuitiven Deutung mehr Platz gegeben:

Es kann mit oder ohne Fragestellung gespielt werden. Die 6 Karten werden in der Art des Davidsterns wie folgt ausgelegt.

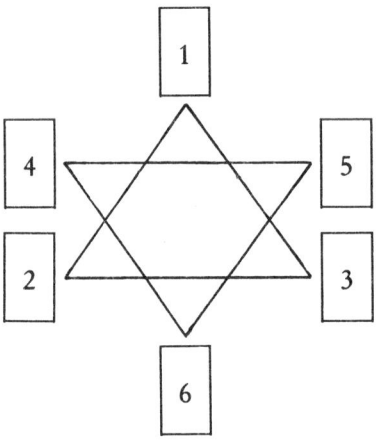

Zur Deutung werden sie jedoch anders zusammengefaßt:

1. Zu zwei Dreiecken,

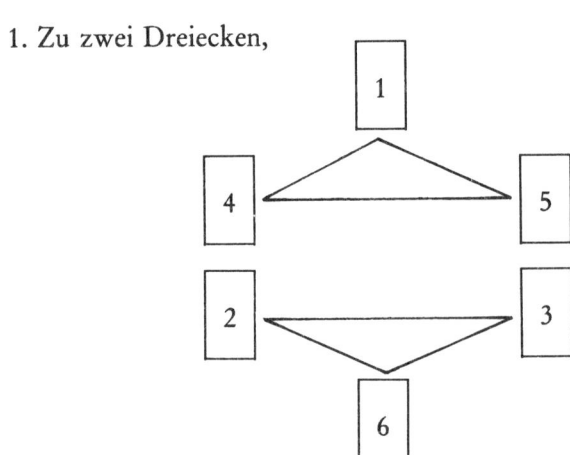

wobei das Dreieck 1, 4 und 5 für die Angelegenheit, die Situation oder die Frage steht, und das Dreieck 2, 3 und 6 uns den Frager und seine Einstellung zeigt.

2. Zu drei Säulen,

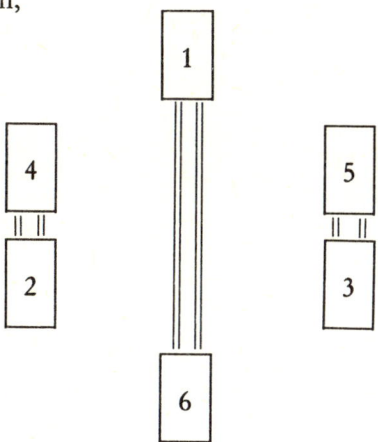

die drei verschiedene Ebenen spiegeln:

2 und 4 Die äußere, materielle, körperliche Ebene
1 und 6 Die bewußte, geistige, erkennende Ebene
3 und 5 Die seelische, intuitive, instinktive Ebene

Beispiel A

Ohne spezielle Fragestellung ergaben die Karten folgendes Bild:

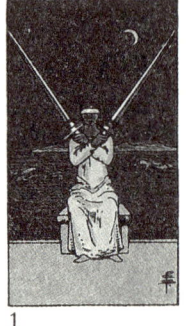

1

4

GERICHT

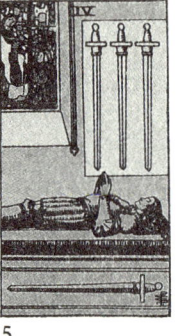

5

2

3

BUBE der MÜNZEN

6

Deutung

Oberes Dreieck 1 = 2Sw, 4 = XX, 5 = 4Sw

Der Frager ist in einer Situation, die heftige Zweifel in ihm auslöst (1 = 2Sw). Offenbar spannt sich der Bogen der Möglichkeiten zwischen Festsitzen, Stagnation und Gefangensein einerseits (5 = 4Sw) und Befreiung, Erlösung und Belebung andererseits (4 = XX).

Unteres Dreieck 2 = 10K, 3 = BM, 6 = 10M

Die Haltung des Fragers ist in hohem Maße positiv, was sowohl seine Glückserwartungen (2 = 10K) wie auch seine materiellen Vorstellungen betrifft (6 = 10M). Allerdings erwartet er dazu einen wesentlichen Anstoß (5 = BM).

Die linke Säule 2 = 10K, 4 = XX

Auf der äußeren Ebene sieht die Angelegenheit am besten aus. Sowohl die befreiende, belebende Seite (4 = XX) wie auch der tief beglückende Aspekt großer Zufriedenheit und Harmonie (2 = 10K) sind eindeutig positiv.

Die mittlere Säule 1 = 2Sw, 6 = 10M

Auf der bewußten Ebene liegen dagegen schwere Zweifel (1 = 2Sw), und sein Augenmerk richtet sich vor allem auf den vielversprechenden materiellen Aspekt (6 = 10M).

Die rechte Säule 3 = BM, 5 = 4Sw

Auf der seelischen Ebene sehen wir die tiefsitzende Angst und die Sorgen vor Stagnation und schweren Hemmnissen (5 = 4Sw). Er hofft und wünscht sich jedoch, einen wirksamen und hilfreichen Anstoß von außen zu bekommen (3 = BM).

Quintessenz

Die Quersumme der Karten ist 1 und verweist auf den aktiven, initiativen Weg des Magiers. Damit ist der Frager aufgefordert, *selbst* die weitere Entwicklung in die Hand zu nehmen, statt auf den entscheidenden Anstoß von außen zu warten (3 = BM).

Hintergrund

In diesem Fall hatte sich der Frager um eine neue Stelle beworben. Er gab sich nach außen hin in der Tat sehr positiv und zuversichtlich. Wie die Karten zeigten, lagen hinter dieser scheinbar sicheren Haltung allerdings nicht unbeachtliche Zweifel und Sorgen.

Beispiel B

Dem Frager war eine interessante berufliche Position angeboten worden, die jedoch mit einem Ortswechsel verbunden war. Er wollte wissen, was dieses Angebot für ihn bedeutet, und wie er sich verhalten sollte.

1

4

5

2

6

3

Deutung

Oberes Dreieck 1 = XXI, 4 = VII, 5 = 8K

Die Angelegenheit selbst sieht vortrefflich aus. Der Wagen, der für den zuversichtlichen Aufbruch steht, zeigt Unternehmungsgeist, Mut und die Bereitschaft an, die vertraute Umgebung aufzugeben (4 = VII). Dieser Schritt führt ihn tatsächlich zu »seinem Platz in der Welt« und verspricht ihm dabei ein hohes Maß an Erfüllung und Zufriedenheit (1 = XXI). Die dritte Karte spiegelt die in der freudigen Aufbruchsstimmung (4 = VII) mitschwingende Wehmut, die Trauer, Vertrautes aufzugeben (5 = 8K).

Unteres Dreieck 2 = KM, 3 = KK, 6 = KSw

Der Frager selbst ist hier markanterweise gleich von drei Seiten dargestellt. Als König der Münzen (2 = KM) ist er der pragmatische und nüchtern handelnde Mensch, der durchaus die finanziell attraktive Seite des Angebotes zu schätzen weiß, sich aber andererseits auch erdverbunden der bisherigen Heimatstadt zugehörig fühlt. Als König der Schwerter ist er der ausgeprägte Taktiker, der kühl und klar kalkulierende Stratege der eigenen Karriere (6 = KSw). Es gibt aber darüber hinaus auch eine tiefe, sehr gefühlvolle Seite in ihm (3 = KK), für die weder Zweckmäßigkeitsdenken (KM) noch objektives Erkennen (KSw) die ausschlaggebenden Entscheidungsfaktoren sind, sondern nur das, was zuinnerst als richtig empfunden wird.

Die linke Säule 4 = VII, 2 = KM

Nach außen zeigt er sich als der Pragmatiker (2 = KM), der sich selbstverständlich und voller Zuversicht auf den aussichtsreichen Weg begibt (4 = VII).

Die mittlere Säule 1 = XXI, 6 = KSw

Auf der bewußten Ebene ist er als der scharfsinnige Mann (6 = KSw) dargestellt, der weiß, daß ihn dieser Schritt an die richtige Stelle bringt und von Erfolg gekrönt ist (1 = XXI).

Die rechte Säule 5 = 8K, 3 = KK

Auf der Gefühlsebene sehen wir ihn als einen Mann von hohem Feingefühl und tiefer seelischer Anteilnahme (3 = KK). Von dieser

Seite her fällt ihm der Schritt nicht leicht. Es ist hart für ihn, Vertrautes aufzugeben und einer – trotz aller »klaren Erkenntnis« – letztlich doch unsicheren Zukunft entgegenzugehen (5 = 8K).

Zusammenschau

Außer einer Wichtung der verschiedenen Karten kann die Zusammenschau keine weiteren Aussagen ergeben. Die zwei Trumpfkarten zeigen auf der »Reise des Helden« die zwei Stationen: Der Aufbruch (VII) und das wiedergefundene Paradies (XXI). Ihr Zusammentreffen ist eine klare Aufforderung an den Frager, das Angebot anzunehmen. Die mitschwingende Wehmut ist der jeden Abschied begleitende Schmerz (5 = 8K), der den Frager aber nicht davon abhalten sollte, seinen Weg zu gehen.

Quintessenz

Die Quersumme aller Karten ist 9 und zeigt den Weg des Eremiten. Vor dem Fragehintergrund bedeutet dies zum einen, daß der Frager in sich gehen soll, um sich seiner Entscheidung ganz sicher zu werden. Zum anderen ist dies auch die Karte der Abgeschiedenheit und des Alleinseins, die ihn in diesem Fall auffordert, Abschied zu nehmen und seinen Weg allein zu gehen.

Beispiel C

Ohne spezielle Frage zeigten die Karten das folgende Bild:

Die LIEBENDEN

1

GERECHTIGKEIT

4

5

2

3

RITTER der STÄBE

6

Deutung

Oberes Dreieck 1 = VI, 4 = VIII, 5 = 3St

In diesem Fall handelt es sich wohl um ein Liebesthema (1 = VI). Dabei ist eine stabile Ebene erreicht, von der sich ein weiter Blick in die Zukunft auftut (5 = 3St). Die Beziehung selbst wird von dem Gedanken der Ausgewogenheit und der Fairneß geleitet (4 = VIII). Gleichzeitig drückt diese Karte aber auch eine etwas kühle, sehr bewußte und eher vorsichtig abwägende Haltung aus (4 = VIII).

Unteres Dreieck 2 = 4St, 3 = 6M, 6 = RSt

Die Fragerin selbst ist als ungeduldig dargestellt (6 = RSt). Dabei genießt sie die Beziehung und ist bereit, sich zu öffnen (2 = 4St). Aus einer echten Großzügigkeit heraus liebt sie es, den Partner zu verwöhnen (3 = 6M).

Die linke Säule 4 = VIII, 2 = 4St

Die äußere Ebene zeigt sowohl die Bereitschaft, sich zu öffnen und sich der Zweisamkeit zu erfreuen (2 = 4St), betont aber auch den vorsichtig bedachten und auf Ausgewogenheit angelegten Umgang miteinander (4 = VIII).

Die mittlere Säule 1 = VI, 6 = RSt

Auf der bewußten Ebene wird die Beziehung als eine große, wertvolle Verbindung erkannt (1 = VI). Gleichzeitig kommt aus diesem Bereich eine ungeduldige Stimmung und starker Erlebnishunger (6 = RSt).

Die rechte Säule 5 = 3St, 3 = 6M

Im seelischen Bereich liegt ein tiefes Wissen um die Stabilität und das feste Fundament der Verbindung und gibt einen vertrauensvollen Blick in die Zukunft (5 = 3St). Außerdem zeigt dieser Bereich sowohl eine sehr tolerante Grundhaltung wie auch die hohe Bereitschaft, sich gegenseitig zu verwöhnen (3 = 6M).

Zusammenschau

Wie die Waagschalen von zwei Karten erkennen lassen, wird diese Beziehung sehr von der Idee der Ausgewogenheit und der Fairneß geleitet (4 = VIII und 3 = 6M). Hinter der vorsichtigen und bemessenen Art des Umgangs, die gleichzeitig damit ausgedrückt wird, liegt eine sehr ungeduldige Stimmung, die lieber alles sofort haben und machen würde (6 = RSt). Das glückliche Erleben ist nicht nur äußerer Schein (2 = 4St). Diese Beziehung hat eine tiefe Bedeutung (1 = VI), ein gutes Fundament und eine weite Zukunft (5 = 3St).

Quintessenz

Die Quersumme der Karten ist 9 und fordert damit auf, den Weg nach innen zu gehen und das Wichtige, Wesentliche und Wertvolle dieser Verbindung zu erkennen und zutage zu bringen.

Die Tür

Dieses Legesystem eignet sich besonders für diejenigen, die aus einer tiefen Intuition heraus deuten und sich ungern durch zu enge Bedeutungsvorhaben festlegen lassen. Durch die bildhafte Ausdrucksweise hat hier jeder Platz eine breite Interpretationsmöglichkeit, die der eigenen Ausgestaltung genügend Raum läßt. Andererseits setzt das Fehlen dieses Haltes eine gewisse Übung voraus, womit das Spiel für Anfänger kaum geeignet ist.

Die 11 Karten werden wie folgt ausgelegt:

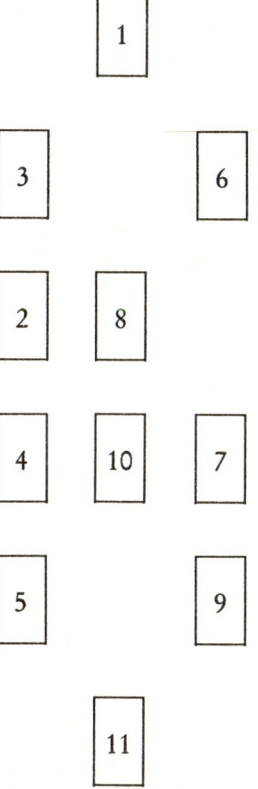

Die Deutung

1 = Der Name der Tür. Darum geht es.
2 = Das Schlüsselloch. Eine erste Idee, was hinter der Tür liegt.
3 = Das Schloß. Es hält die Tür (soweit) verschlossen.
4 = Der Knauf. Man braucht ihn, um die Tür zu öffnen.
5 = Das führt zur Tür.
6 = Hoffnungen und Ängste. Die Erwartungen des Fragers, was hinter der Tür liegen könnte.
7 = Die Einstellung des Fragers zur Tür.
8 = Was tatsächlich hinter der Tür liegt.
9 = Wo die Tür zu finden ist.
10 = Was beim Öffnen der Tür passiert.
11 = Der Schlüssel zur Tür, der zum Schloß (3) passen sollte.

Anmerkung: Wir müssen nicht durch jede Tür gehen. Die Karten können auch vor einer Falle warnen. In diesem Fall ist es das beste, den Schlüssel gut an einem sicheren Ort zu verwahren.

Beispiel A

Ohne spezielle Fragestellung zeigten die Karten die folgende Tür:

3

1   TOD

6

2

8

4

10

7   Die HERRSCHERIN

5

11   AS der MÜNZEN

9   AS der KELCHE

Einzelbetrachtung

1 = XIII
Der Tod als Tür bedeutet, daß der Frager an einer Schwelle steht, an der er etwas, das ihm bislang wichtig und vertraut war, loslassen und aufgeben muß.

2 = 2St
Der Blick durch das Schlüsselloch zeigt, daß hinter der Tür eine Entscheidung auf den Frager wartet, die er nicht nur formal treffen muß, sondern zu der er sich zutiefst im Inneren bekennen muß.

3 = 3M
Das Schloß, das die Tür soweit zugehalten hat, ist hier dargestellt durch die Karte des Vorwärtskommen und der Beförderung.

4 = 3St
Der Türknauf, der eine wichtige Voraussetzung für das Öffnen der Tür darstellt, zeigt den Frager auf solidem Grund, von dem aus er seine Augen zu neuen Horizonten richten muß.

5 = 4Sw
Der Weg zur Tür führt durch die Stagnation. Damit ist er offenbar weiter und wohl auch erschwerlicher, als der Frager annimmt.

6 = 2M
Hinter der Tür erwartet der Frager eine Form von spielerischer Unentschiedenheit, von Unbekümmertsein und Leichtigkeit.

7 = III
Seine Einstellung zur Tür ist von der Herrscherin gekennzeichnet, die ganz im Gegensatz zum Tod (1 = XIII) neues Leben bringt und damit neue, veränderte Lebensumstände und Wachstum verheißt.

8 = 6St
Tatsächlich liegt hinter der Tür Ruhm, Erfolg, Ehre und Anerkennung.

9 = AsK
Jedes As verweist auf Chancen, die in uns liegen. Das As der Kelche steht dabei häufig für den Ruf, den wir innerlich verspüren. Somit zeigt dieser Platz, daß der Frager die Tür in sich selbst findet und den Ruf dazu vernehmen wird oder schon vernommen hat.

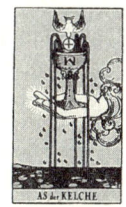

10 = 9St
Wenn er die Tür öffnet, wird er sich bedroht fühlen, ohne daß tatsächlich eine Bedrohung vorhanden sein muß. Die Karte kann aber auch als der selbstabgeschnittene Rückzug verstanden werden und heißt dann, daß er, wenn er die Tür einmal geöffnet hat, unter keinen Umständen zurückkehren wird.

11 = AsM
Der Schlüssel zur Tür ist die Chance zu tiefem Glück, die im Frager liegt.

Zusammenschau

Wir haben es hier offenbar mit einer Erfahrung zu tun, die sich weniger an äußeren Ereignissen festhält. Sowohl der Schlüssel (11 = AsM) wie auch der Ort, an dem die Tür gefunden werden kann (9 = AsK), verweisen (als As-Karten) auf Innenerfahrung. Der Weg dorthin führt durch Phasen der Abgeschiedenheit, der Stagnation und der Zwangspausen, in denen der Frager sich nicht durch Aktivitäten ablenken kann (5 = 4Sw). Letztlich verlangt die Tür selbst die völlige Aufgabe des Bisherigen und ist damit die Vorstufe zu einem Neuanfang (1 = XIII). Dies ist dem Frager wohl bewußt. Sein Blick richtet sich dabei mehr auf den Neuanfang und die veränderte Situation (7 = III) als auf das Ende und die Aufgabe des Alten (1 = XIII). Noch wird die Tür zugehalten durch sein Bemühen um Erfolg, Anerkennung und Vorwärtskommen (3 = 3M). Statt dessen sollte sein Schritt die Würdigung des Erreichten und die gelassene Aussicht auf Zukünftiges sein (4 = 3St) sowie die Erkenntnis, daß der Schlüssel zu tiefster Zufriedenheit (11 = AsM) in ihm selbst liegt (9 = AsK). Der Frager glaubt, daß die Tür ihn zu einem leichteren und unkomplizierteren Leben spielerischer Unentschiedenheit führt (7 = 2M). Statt dessen zeigt der Blick durch das Schlüsselloch jedoch, daß ein klares und eindeutiges Engagement vonnöten sein wird (2 = 2 St).

Quintessenz

Die Quersumme 2 verweist auf den Weg der Hohenpriesterin. Der Frager soll sich bereit halten und geduldig warten, bis seine Intuition ihm zeigt, wann und wie zu handeln ist. Er soll seinem Gespür nachgehen, das ihn zu den in ihm ruhenden wertvollen Chancen führen wird.

Hintergrund

In diesem Fall handelte es sich um eine grundlegende Neuorientierung eines sehr karrierebewußten Menschen.

Beispiel B

Spiel mit umgekehrten Karten

Ohne spezielle Frage wurden die Karten gezogen und zeigten das folgende Bild:

3 Der EREMIT — IX

1 RITTER der MÜNZEN

6 Die LIEBENDEN — VI

2 AS der SCHWERTER

8 — V

4 Die SONNE

10 KÖNIG der KELCHE

7 XI

5 Der NARR

11 Der HIEROPHANT — V

9 Der MOND — XVIII

Einzelbetrachtung

1 = RM
Der Ritter der Münzen steht für eine grundsolide, stabile Tür, wie sie sicherlich vor Schatzkammern zu finden ist.

2 = AsSw ↓
Der Blick durch das Schlüsselloch zeigt, daß hinter der Tür eine klare Entscheidung auf die Fragerin wartet, die sie aber nur ungern treffen wird.

3 = IX ↓
Das Schloß, das die Tür bislang zuhält, ist die ständige aber soweit unergiebige Suche der Fragerin nach der tiefen Gewißheit, was sie eigentlich will.

4 = XIX ↓
Der Knauf, den sie greifen müßte, leuchtet so sehr, daß die Fragerin geblendet ist und ihn nicht zu berühren wagt.

5 = 0
Der Narr, das heißt völlige Unbekümmertheit und die Bereitschaft, etwas ganz Neues zu beginnen, führt sie zur Tür.

6 = VI
Hinter der Tür erhofft die Fragerin der großen Liebe zu begegnen.

7 = 4M ↓
Ihre Einstellung zur Tür zeigt, daß sie entweder in ihrer jetzigen Situation so verhaftet ist, daß sie nicht oder nur sehr schwer loskommt, oder daß sie nicht glaubt, die Tür öffnen zu können.

8 = 5St
Tatsächlich liegt hinter der Tür eine Herausforderung, eine Erfahrung, an der die Fragerin ihre Kräfte messen kann und soll.

9 = XVIII
Sie findet die Tür, wenn sie ihren Gefühlen und Sehnsüchten folgt und ihren Ängsten und Alpträumen begegnet.

10 = KK
Beim Öffnen der Tür begegnet und hilft ihr ein ihr zugeneigter liebevoller Mann, der hier in der Art des Wasserelementes dargestellt ist.

11 = V
Der Schlüssel zur Tür ist die Karte des Vertrauens und die Erkenntnis der tiefen Gründe und der Bedeutung ihrer Situation.

Zusammenschau

Hinter einer soliden (1 = RM), aus Sicht der Betrachterin sehr »heißen« (4 = XIX ↓) und – wenn überhaupt – nur sehr schwer zu öffnenden Tür (7 = 4M ↓) erhofft sie, der großen Liebe zu begegnen (6 = VI). Diesen Mann trifft sie tatsächlich beim Öffnen der

Tür (10 = KK). Die Begegnung ist jedoch eine starke Herausforderung (8 = 5St), die eine sehr schwer zu treffende Entscheidung verlangt (2 = AsSw ↓).

Bisher ist die Tür noch verschlossen, weil die Fragerin auf der Suche nach einer eindeutigen, inneren Erkenntnis erfolglos blieb (3 = IX ↓). Ohne eine solche Sicherheit muß sie nun, um die Tür zu öffnen, alle Kräfte ihres Vertrauens mobilisieren (11 = V) und mit Unbekümmertheit, frei von festen Erwartungen (5 = 0) den Weg gehen, den ihr ihre Gefühle zeigen (9 = XVIII).

Quintessenz

Die Quersumme aller Karten ist 4 und verweist auf den Weg des Herrschers, der zum einen der Weg der klaren Verhältnisse ist und zum anderen auffordert, die eigenen Wünsche und Vorstellungen zu verwirklichen.

Hintergrund

In diesem Fall stand die Fragerin vor der Entscheidung, ihr Haus und ihre Ehe aufzugeben, um mit einem anderen Mann zusammenzuleben.

Beispiel C

Variante der Tür

Eine leichte Variation, die von manchen bevorzugt wird, gibt den Plätzen 5 und 9 die nachstehende Bedeutung:

5 = Der Standort des Fragers
9 = Der Weg zur Tür

Alle übrigen Felder behalten ihre ursprüngliche Aussage.

In diesem Beispiel wollte die Fragerin erfahren: »Was kommt als nächstes auf mich zu?«

3

1

6

2 Die HERRSCHERIN

8 Der HERRSCHER

4

10 KÖNIGIN der KELCHE

7

5

11 Der HIEROPHANT

9 RITTER der SCHWERTER

Einzelbetrachtung

1 = 9M
Die Tür selbst verspricht Glück und Reichtum in innerer und äußerer Form.

2 = III
Der Blick durch das Schlüsselloch läßt vermuten, daß hinter der Tür ein »fruchtbares Feld« liegt, das mannigfaltige Entwicklungs- und Wachstumsmöglichkeiten birgt.

3 – 10K
Harmonie – die Verbindung mit anderen Menschen – hält die Tür bislang geschlossen.

4 = 10St
Der Türknauf, der ergriffen werden muß, zeigt ein belastendes Maß an Verantwortung und Bedrückung.

5 = 5K
Die Fragerin steht derzeit an einem Ort des Kummers. Etwas bislang Wertvolles und Vertrautes ist zu Ende gegangen.

6 = 2Sw
Sie glaubt, daß hinter der Tür schwer lösbare, nagende Zweifel auf sie warten.

7 = 4K
Demzufolge hat sie zur Tür eine eher verdrossene
Einstellung.

8 = IV
Tatsächlich liegt hinter der Tür ein Bereich der Ordnung, Klarheit und der (Selbst-)Verwirklichung.

9 = RSw
Der Weg dorthin führt allerdings durch schneidige
Kälte, durch eine Atmosphäre, in der wohl Konflikte
ausgetragen werden und wo in emotionsloser Kühle
klare Entscheidungen getroffen werden.

10 = QK
Beim Öffnen der Tür wird sich die Fragerin als die
gefühlsbetonte Frau erleben, die zwar furchtsam,
aber von ihrem Gespür geleitet den Schritt vollzieht.

11 = V
Der Schlüssel zur Tür ist der Hohepriester, die Karte
der Sinnsuche, Bedeutungsfindung und des Vertrauens.

Zusammenschau

Die Tür sieht von außen recht verlockend und vielversprechend
aus, wie die Tür zum großen Glück (1 = 9M). Dieser Eindruck
wird durch die weiteren Karten bestätigt: Hinter der Tür liegt

sowohl ein üppiges Feld von Wachstumschancen und neuen Entwicklungen (2 = III) wie auch die Fertigkeit, diese Gelegenheiten zu erkennen, zu nutzen, auszuwerten und zu verwirklichen (8 = IV). Das harmonische Zusammentreffen dieser zwei Trumpfkarten (III + IV) verspricht eine besonders reichhaltige Fülle an neuen Möglichkeiten und deren geschickte Nutzung. Um dorthin zu gelangen, muß ein Weg beschritten werden, der unangenehm, kalt und wahrscheinlich konfliktreich sein wird (9 = RSw). An dessen Ende löst das Ergreifen des Türknaufs noch zusätzliche Bedrückung aus und gibt der Fragerin das Gefühl, sich zuviel zugemutet zu haben (4 = 10 St).

Dementsprechend ist die Einstellung der Fragerin: Sie erwartet vom Öffnen der Tür keine Lösung, sondern eine Phase verstärkter, bohrender Zweifel (6 = 2Sw). Sie steht allerdings bereits an einem Punkt, wo auch der Rückblick in die Vergangenheit Kummer bereitet (5 = 5K). Aus ihrer verdrossenen Einstellung zur Tür ist Unmut und Ablehnung zu ersehen, so als wäre der Versuch, diese Tür zu öffnen, schon mehrfach gescheitert (7 = 4K). Interessanterweise wird die Tür von einer wichtigen Freundschaft zugehalten (3 = 10K). Der Schlüssel, und damit die entscheidende Voraussetzung zum Öffnen der Tür, ist festes Vertrauen und das Verständnis der tiefen Bedeutung ihrer Situation (11 = V).

Quintessenz

Die Quersumme aller Karten ist 7 und verweist damit auf den Wagen. Dies ist der Weg des unverzüglichen und zuversichtlichen Aufbruchs, der der Fragerin verspricht, auch gegenläufige Interessen und Impulse harmonisch miteinander vereinen zu können.

Hintergrund

Für einen Außenstehenden, und im Normalfall auch für den Deuter, ist bis hierhin unklar, um welches Thema es sich eigentlich handelt. Nicht so für die Fragerin, die sofort wußte, daß es hier in der Tat um einen für sie sehr entscheidenden Schritt ging:

Sie war seit geraumer Zeit entschlossen, aus einer Wohnung auszuziehen, in der sie viele Jahre gemeinsam mit einem Freund gelebt hatte (3 = 10K). Sie spürte jedoch erhebliche Angst davor, erstmals allein zu leben. Ein erster Anlauf war vor geraumer Zeit gescheitert, weshalb sie wohl diesem neuen Versuch verdrossen entgegensah (7 = 4K). Ein Zurück gab es aber auch nicht mehr (5 = 5K), womit ihr nur der mühevolle, bedrückende Weg nach vorne blieb (4 = 10St). Sie ging ihn fest entschlossen (9 = RSw) aber letztlich auch voller Vertrauen (11 = V) und fand zu ihrer Freude ein reiches Feld an Möglichkeiten der Selbstverwirklichung (2 = III und 8 = IV).

Der Zauberspruch der Zigeuner

Dieses Spiel hat für mich den spielerischsten Charakter aller hier vorgestellten Legesysteme. Die »magischen Worte« der Zauberformel beschwören einen ahnenden Blick hinter den Schleier der Zukunft. Es ist ein sehr reizvolles Spiel, insbesondere da, wo die Karten eher aus Neugierde oder vielleicht auch zur Unterhaltung gelegt werden. Damit soll aber nicht etwa gesagt sein, daß die Aussagequalität der Karten hier nicht gegeben sei. Die folgenden Beispiele zeigen im Gegenteil die Tiefe der Themen, die durch dieses Spiel ans Licht gebracht werden.

Üblicherweise werden hierbei die Karten ohne spezielle Frage ausgelegt, wobei mit jeder Karte der untenstehende Zauberspruch gemurmelt wird.

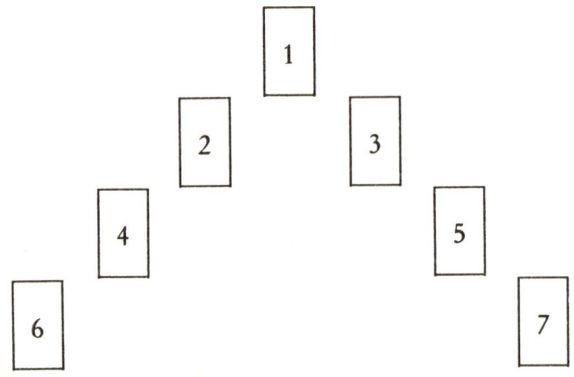

1 = Das ist dein Ich
2 = Was dich deckt
3 = Was dich schreckt
4 = Was dich treibt
5 = Was dir bleibt
6 = Was dir die Zukunft bringt
7 = Was dich zu Boden zwingt

Dabei deute ich die Karten nicht unbedingt getreu dem Wortlaut dieses Spruches, der mir dem Reim zuliebe etwas zu starr erscheint. Ich verstehe die einzelnen Plätze wie folgt:

1 = Die derzeitige Situation des Fragers
2 = Was er nach außen zeigt

3 = Was er dahinter verbirgt
4 = Was er erstrebt
5 = Wie es ihm dabei geht, und was er erreicht
6 = Was als nächstes kommt
7 = Was das (alles) für ihn bedeutet

Beispiel A

Daß dieses Legesystem
durchaus zu tief-
reichenden Aussagen
führt, zeigt das
folgende Beispiel:

1

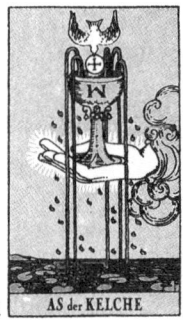

2 AS der KELCHE

3 RITTER der SCHWERTER

4 Der MAGIER

5

6 Die HOHEPRIESTERIN

7

Einzelbetrachtung

1 = 10K
Der Frager befindet sich in einer glücklichen Phase, die von großer Harmonie und innerer Zufriedenheit gekennzeichnet ist.

2 = AsK
Eben dieses Glück und diese Zufriedenheit zeigt er auch nach außen. Damit hat er eine gewinnende, sehr liebenswürdige Ausstrahlung.

3 = RSw
Dahinter verbirgt sich jedoch eine Scheu vor Auseinandersetzung und Konflikten. Er hat Angst vor klarer, bewußter Betrachtung seiner Situation.

4 = I
Angestrebt wird Kraft und Einfluß, eventuell auch Macht, sowie die Harmonie zwischen Bewußtsein und Unterbewußtsein, die Vollendung.

5 = 5St
Der Weg dorthin wird als starke Herausforderung erlebt, als eine Aufgabe, an der er seine Kräfte messen kann und muß.

6 = II
Dabei kommt er zunächst mit den tiefen Quellen seiner Intuition in Berührung. Diese Karte verspricht ihm großen Erfolg auf seinem Weg, zeigt aber auch, daß er ihn mit Geduld und Liebe gehen muß.

7 = 10St

Trotzdem sind die Erfahrungen zumindest in der ersten Phase für den Frager sehr bedrückend. Er hat den Eindruck, sich zuviel zugemutet und dabei die Perspektive verloren zu haben.

Zusammenschau

Der Frager weiß offenbar schon, daß hinter seiner derzeitigen Hochpase (1 = 10K) und der nach außen gezeigten glücklichen Zufriedenheit (2 = AsK) bereits Gewitterwolken aufziehen (3 = RSw). Dabei geht es wohl um die Mühen der Bewußtwerdung und den damit verbundenen, unliebsamen Einsichten auf dem Weg zu weiterer Selbstentfaltung und Vervollkommnung (4 = I). Dieser Weg wird nicht nur als starke, kräftemessende Herausforderung (5 = 5St), sondern nach Erreichen der (dunklen) Tiefen des Unterbewußten (6 = II) auch als sehr bedrückend und teilweise sicherlich als ausweglos erlebt (7 = 10St). Gerade vor diesem Hintergrund darf aber die Qualität der Hohenpriesterin als Schutzkarte als Aufforderung und Ermutigung gesehen werden, den Weg zu gehen, auch wenn er sicherlich um einiges steiniger sein wird, als sich der Frager das vorstellt.

Quintessenz

Die Quersumme aller Karten ergibt 2 und betont damit die Bedeutung der Hohenpriesterin. Der Frager soll sich der Schwierigkeiten bewußt sein und mit Geduld und Bereitschaft gewappnet den mühsamen Weg gehen, auch wenn er kalt (RSw), herausfordernd (5St) und bedrückend (10St) sein wird.

Die HOHEPRIESTERIN

Beispiel B

Ohne spezielle Frage-
stellung zeigten die
Karten das folgende
Bild:

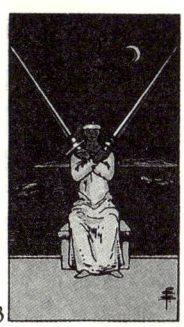

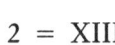

Einzelbetrachtung

1 = 6Sw
Als Hauptthema zeigt diese Karte, daß der Fragerin eine größere Veränderung bevorsteht. Dabei kann es sich um einen Umzug, eine Reise oder auch um eine andere, berufliche wie private Veränderung handeln. In jedem Fall stellt dieser Schritt eine gewisse Belastung dar. Der Fragerin wäre es wohler, das andere Ufer schon erreicht zu haben, noch bevor sie das eine richtig verlassen hat.

2 = XIII
Nach außen zeigt sie, daß dieser Schritt unwiderruflich und endgültig ist, daß ihre Zeit an dem bisherigen Ort oder in den bisherigen Verhältnissen abgelaufen ist.

3 = 2Sw
Hinter dieser klar vertretenen Haltung verbergen sich jedoch nicht unerhebliche Zweifel, die die Fragerin allerdings für sich behält.

4 = 6K
Was sie treibt, ist die Erinnerung. Offenbar steht das, was sie vorhat, in Zusammenhang mit einem früheren Erlebnis, das sie wiederholen möchte, zu dem sie zurückkehren will.

5 = 5M
Mit diesem Schritt sind aber erhebliche Unsicherheiten verbunden. Diese können sowohl materieller Natur sein, oder aber sich im Gefühl des Alleingelassenseins ausdrücken.

6 = 3K
Die Zukunft bringt ihr große Freude und das tiefe Gefühl der Dankbarkeit.

7 = XII
Der dahinterliegende Gehängte verweist aber darauf,
daß die Verwirklichung dieses Schrittes noch durch
manchen unerwarteten Engpaß und andere Hemmnisse verzögert wird.

Zusammenschau

Die Veränderung (1 = 6Sw), vor der die Fragerin steht, ist
weitreichend und tiefgehend, da sie selbst die völlige Aufgabe der
bisherigen Situation damit verbindet (2 = XIII). Trotz der Zweifel
(3 = 2Sw), die sich hinter dieser nach außen gezeigten Sicherheit
verbergen, wird sie den Schritt tun und rückblickend auch sehr
dankbar und zufrieden darüber sein (6 = 3K). Die treibende Kraft
dabei ist ihre Erinnerung (4 = 6K). Doch bis zur Verwirklichung
wird es Verzögerungen geben, die den Plan vorübergehend in
Frage stellen (7 = XII). Dabei werden sie insbesondere finanzielle
Sorgen oder aber Ängste des Alleinseins und des Ungeliebtseins
bedrücken. (5 = 5M).

Quintessenz

Die Quersumme aller Karten ergibt 2. Die Karten weisen ihr
damit den Weg der Hohenpriesterin. Es ist der Weg des Abwartens, der Geduld und des Vertrauens auf die tiefen Kräfte der
Intuition, die ihr die richtigen Zeitpunkte und Gelegenheiten zu
handeln anzeigen werden.

Hintergrund

In diesem Fall hatte die Fragerin die Absicht, wieder in die USA
zu ziehen. Sie hatte zuvor schon mehrere Jahre dort gelebt.
Insofern war die Erinnerung die treibende Kraft. Andererseits
bedeutet natürlich gerade ein solcher Schritt in der Tat die Aufgabe
all dessen, was sie hier in den vergangenen Jahren aufgebaut hatte.

Beispiel C

Ohne spezielle
Fragestellung zeigten
die Karten folgendes
Bild:

1

2 KÖNIG der KELCHE

3 RITTER der SCHWERTER

4 MÄSSIGKEIT

5

6

7

Einzelbetrachtung

1 = 5K
Die Grundsituation ist von Kummer, Schmerz und Bedrückung gekennzeichnet. Der Frager steht noch völlig unter dem Eindruck der betrüblichen Erfahrung, etwas verloren zu haben, was ihm viel bedeutet hat.

2 = KK
Nach außen hin zeigt er sich freundlich, friedfertig, verbindlich, gefühlsbetont und liebenswürdig, vielleicht auch liebebedürftig.

3 = RSw
Dahinter steckt Angst vor Streit, heftigen Auseinandersetzungen und emotionaler Kälte und ebenso die Angst, sich seine Situation in aller Klarheit und in allen Konsequenzen bewußt zu machen.

4 = XIV
Was ihn treibt, ist der Wunsch nach Harmonie, nach tiefem innerem Frieden und Gelassenheit. Der Wunsch, mit sich selbst im reinen zu sein und die eigene Mitte wiederzufinden.

5 = 3M
Aus dieser Situation wird er tatsächlich gestärkt hervorgehen. Sie führt ihn zu einer neuen Erfahrungsebene. Er wird seine mit diesem Erlebnis verbundenen Lektionen lernen und damit zu einem Stadium vordringen, das ihm die Wiederholung gleicher Situationen erspart.

6 = 9St
Trotzdem wird er sich zunächst wie ein gebranntes Kind verhalten. Die Erinnerung an den Schmerz macht ihn verschlossen und hart. Aus dem Bewußtsein der Verletzbarkeit heraus sieht er das Leben als bedrohlich auch dort, wo weit und breit keine wirkliche Bedrohung zu erkennen ist.

7 = 2M
Die dahinterliegende Lösung ist eine lebendig fröhliche Einstellung sowie Leichtigkeit und das intuitive Vertrauen darauf, daß wir nach Erfahrungen der Tiefe zuverlässig wieder zu neuen Höhen kommen.

Zusammenschau

Vor dem Hintergrund einer betrüblichen Erfahrung (1 = 5K) ist der Frager innerlich verletzt und verängstigt und scheut davor zurück, sich ein klares Bild zu machen und die Konsequenzen einer nötigenfalls harten und kalten Auseinandersetzung auf sich zu nehmen (3 = RSw). Statt dessen zeigt er sich nach außen gefühlsbetont, freundlich und liebenswürdig (2 = KK). Dabei treibt ihn seine Sehnsucht nach innerem Frieden und Harmonie (4 = XIV). Die Bewältigung seines Schmerzes und der Enttäuschung bringt ihn jedoch in eine Phase der Verhärtung, der Verschlossenheit und der Abwehr (6 = 9St). Erst die Erkenntnis, daß er durch diese »Prüfung« zu einer neuen Erfahrungsebene vorgedrungen ist (5 = 3M), ermöglicht es ihm, den Weg zu der leichten, unbeschwerten Haltung zu finden (7 = 2M), die er auch als Ziel vor Augen hat (4 = XIV).

Quintessenz

Die Quersumme aller Karten ist 6. Dies ist der Weg der Liebe und der Entscheidung. Der Frager ist damit aufgefordert, in seiner Situation eine klare, eindeutige Entscheidung zu treffen und diesen einmal betretenen Weg mit Liebe (auch zu sich selbst) zu gehen.

Die LIEBENDEN

Kombinationen verschiedener Legesysteme

Zur Betrachtung größerer Fragekomplexe oder wenn wir durch die Karten auf bestimmte Erlebnisbereiche aufmerksam und neugierig gemacht werden, ist die Kombination verschiedener Legesysteme eine spannende und interessante Form, mehr zu erfahren.

Sehr aussagefähig sind dabei vor allem Kombinationen von je einem Spiel der nachstehenden Gruppen mit einem Spiel einer anderen Gruppe:

A Spiele zur Betrachtung einer Situation:

    1. Der astrologische Kreis
    2. Das Beziehungsspiel
    3. Das Partnerspiel
    4. Das Entscheidungsspiel

zu kombinieren mit einem der

B Spiele zur Beschreibung von Trendverläufen:

    1. Das Keltische Kreuz
    2. Die Tür
    3. Das Geheimnis der Hohenpriesterin
    4. Das Narrenspiel

sowie einer abschließenden Betrachtung durch das Kreuz.

Beispiel A

Kombinationen

In diesem Fall ergab sich eine ausführliche Betrachtung als Folge einer scheinbar einfachen Entscheidungsfrage. Die Fragerin hatte von ihrem Partner eine Einladung zu einer Reise in die Karibik erhalten. Einige persönliche Gründe hielten sie aber davon ab, uneingeschränkt zuzustimmen. So fragte sie: »Soll ich die Einladung annehmen oder nicht?«*

Entscheidungsspiel

1

5

7

3

6

2

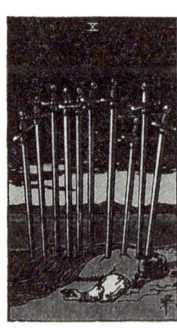

4

Einzelbetrachtung

7 = 5Sw
Der Signifikator verkündet wenig Erfreuliches: Auseinandersetzung, Streit, Demütigung, Gemeinheiten.

Dafür spricht

1 = XI
Die Kraft besagt, daß die Fragerin im Falle ihrer Zustimmung eine Phase voller Kraft, Vitalität, Lebensfreude und Leidenschaft erlebt, aber auch genügend Kraft für die zu erwartende Auseinandersetzung (7 = 5Sw) aufbringt und aus dem Erleben gestärkt hervorgeht.

3 = 2M
Diese Karte spiegelt ihre Art, Entscheidungen spontan zu treffen und dabei auf ihr Gefühl zu vertrauen.

5 = XVIII
Ohne Eindeutigkeit für den Außenstehenden bleibt der Mond an dieser Stelle. Er kann sowohl die Ebene der Sehnsüchte und traumhafter Lösungen symbolisieren und demzufolge ein romantisches »Ja« zur Frage geben, oder aber die Ebene der Ängste, Irritationen und Alpträume darstellen und die positive Entscheidung damit in ein fragwürdiges Licht rükken.

Dagegen spricht

2 = AsSt
Das As der Stäbe weist darauf hin, daß wichtige Gelegenheiten und Chancen der Selbstverwirklichung anderswo auf die Fragerin warten.

---

* Hier ging es um die Grundform des Entscheidungsspiels, mit dem Antwortpaar: »Das spricht dafür und das dagegen.«

4 = 10Sw

Dieser Karte kommt besonderes Gewicht zu, da sie ein plötzliches, unvermutetes und wahrscheinlich willkürliches Ende der Reise in Aussicht stellt.

6 = 5K

Vor diesem Hintergrund ist auch die Karte des Kummers, Schmerzes und der Enttäuschung zu verstehen.

Zusammenschau

Angesichts des eindeutig negativen Signifikators (7 = 5Sw) muß die Mondkarte (5 = XVIII) von ihrer bedrückenden Seite her verstanden werden. Damit finden sich auf beiden Seiten sowohl stark positive wie schwerwiegend negative Faktoren, wobei die letzteren insgesamt zu überwiegen scheinen.

Durch diese Aussage aufmerksam und besorgt geworden, wollte die Fragerin eine allgemeine Übersicht über ihre derzeitige Situation haben und zog dazu die folgenden Karten zum **Astrologischen Kreis**:

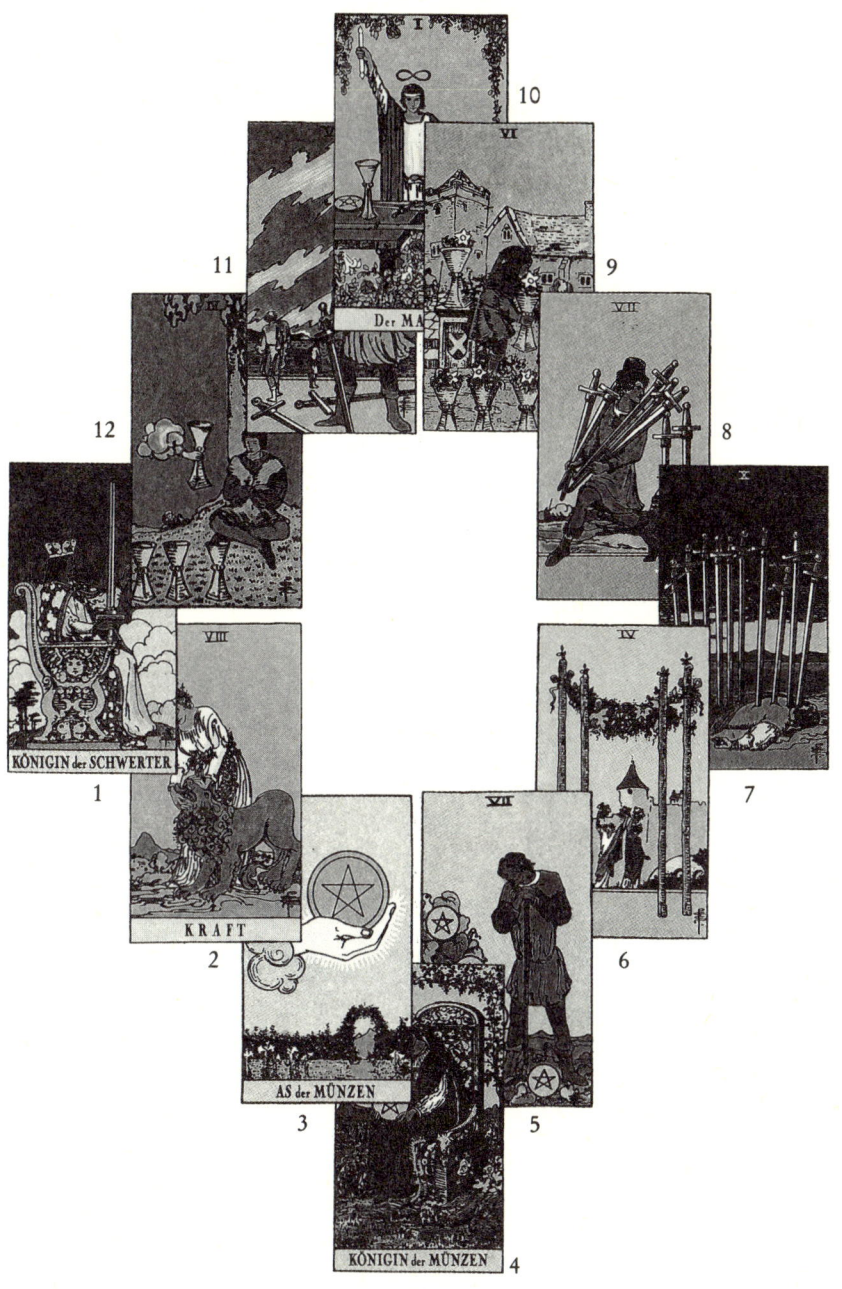

Einzelbetrachtung

1 = QSw
Die die Grundstimmung charakterisierende Karte zeigt die Fragerin von ihrer verstandesbetonten Seite, als eine eher distanzierte, klar erkennende, auch kühl berechnende und entscheidungsfähige Frau.

2 = XI
Die Kraft im Feld der Existenzsicherung zeigt, daß sehr viel Energie in diesen Bereich fließt. Auf einer tieferen Ebene kann diese Karte bedeuten, daß die Fragerin den Umgang, mit der für sie starken Faszination des Geldes (hier der Löwe) erlernt.

3 = AsM
Das Alltagsleben ist reich an wertvollen Chancen. Darin liegen sowohl die Möglichkeiten zu finanziellem Glück (das Geld liegt auf der Straße) wie auch zu tiefer innerer Zufriedenheit.

4 = QM
Zu Hause zeigt sich die Fragerin in anderer Weise, als wir sie aus Feld 1 (1 = QSw) her kennen. Hier ist sie die beständige, verläßliche, treue, umsorgende Frau, die vom Erdelement charakterisiert wird.

5 = 7M
Der Bereich des Vergnügens, der Spiele und Freuden des Lebens ist von der Karte des Wartens und Wachstums dargestellt. Damit sind zwar schöne Erlebnisse in Aussicht gestellt, die Fragerin muß sich aber wohl noch einige Zeit in Geduld üben, da diese Dinge noch Zeit zum Reifen benötigen.

6 = 4St
Am Arbeitsplatz ist mit ermutigenden, erfreulichen Erfahrungen zu rechnen. Die Arbeit macht Spaß und ist erfolgreich.

7 = 10Sw

Diese Karte, die bereits in der ersten Legerunde auftauchte und zu dieser zweiten Frage den Hauptanlaß gab, erscheint hier nun wieder und kündigt ein willkürlich herbeigeführtes, plötzliches Ende der Beziehung an (zumindest in ihrer jetzigen Form).

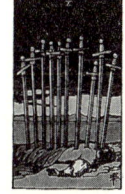

8 = 7Sw

List, Unaufrichtigkeit und Betrug im Feld der Sexualität läßt Untreue in diesem Bereich vermuten.

9 = 6K

Die ursprüngliche Frage an das Entscheidungsspiel hatte gelautet: »Soll ich die Einladung zu der Reise annehmen oder nicht?« Hier im Haus des Reisens erscheint nun die Karte der liebevollen Erinnerung. Sie verweist auf einen träumerischen bis sehnsuchtsvollen Rückblick auf die Zeit zuvor.

10 = I

Der Magier im Berufsfeld verspricht großen Erfolg und Meisterung aller Aufgaben. Er zeigt, daß die Fragerin in dieser Hinsicht große Einflußkräfte nutzen kann, um damit ungewöhnliche Dinge zu bewirken und hohe Ziele zu erreichen.

11 = 5Sw

Im Freundeskreis kommt es zu einer unangenehmen Auseinandersetzung, die denkbarerweise mit Trennung verbunden ist. Auch diese Karte kennen wir aus dem zuvor erfolgten Entscheidungsspiel. Offenbar hat der sich um die Ursprungsfrage ergebende Konflikt weitere Auswirkungen auf den Freundeskreis.

12 = 4K

Diese Karte zeigt die Angst, angesichts hoher Verdrossenheit wertvolle und greifbar nahe Chancen zu verkennen und zu verpassen.

Zusammenschau

Die Hauptachse 1 und 7

Die kühle, berechnende und nüchtern abwägende Seite der Fragerin (1 = QSw) entspricht der Trennungsthematik auf der gegenüberliegenden Seite (7 = 10Sw). Nachdem eine traditionelle Deutung der Königin der Schwerter die verlassene Frau (die Witwe) ist, wäre es verfrüht, an dieser Stelle beurteilen zu wollen, ob die angezeigte Trennung bewußt herbeigeführt oder passiv erlebt wird.

Die Hauptachse 4 und 10

Die praktisch, wirklichkeitsnah und pragmatisch veranlagte Königin der Münzen (4 = QM) erkennt sicherlich die Möglichkeiten, die im Berufsfeld liegen (10 = 1) und versteht sie zu nutzen.

Feuerdreiklang

Die Frau, die eine Trennung erlebt (1 = QSw), schaut einerseits zurück auf die vergangene Zeit (9 = 6K) und wartet andererseits darauf, daß sich neue Kontakte und Gelegenheiten ergeben (5 = 7M)*.

Erddreiklang

Die beiden größten Energiekarten (I und XI) in diesem Dreieck lassen außerordentliche Entwicklungsmöglichkeiten und eine Phase weitreichender Erfolge und großer Anerkennung erwarten. Dabei werden diese Möglichkeiten nicht nur wahrgenommen, sondern auch gebührend geschätzt und gefeiert (6 = 4St).

Luftdreiklang

Möglicherweise beinhaltet eine zufällig entdeckte Chance (die im Alltagsleben auftaucht) die Gelegenheit, »sein Glück zu machen« (3 = AsM) und trägt damit zum Erfolg bei, der im Erddreiklang zu erkennen war. Andererseits scheinen aber auch das Ende der Beziehung und die Auseinandersetzungen im Freundeskreis zu den Folgen zu gehören.

---

* Da unter die Spiele und Vergnügungen des 5. Hauses auch Flirts und unverbindliche Beziehungen fallen, liegt hier häufig das Kennenlernen und damit die Ausgangsbasis für die Beziehung, die wir dann (wenn es »ernst« wird) im 7. Haus finden.

Wasserdreiklang

Eine sehr einfache, in diesem Fall aber auch von der Fragerin als richtig bestätigte Zusammenschau dieser Karten besagt: Die Frau, die sich zu Hause anders gibt, geben muß (4 = QM im Gegensatz zu 1 = QSw), ist dessen überdrüssig (12 = 4K) und beginnt, ihren Partner zu hintergehen (8 = 7Sw).

Sonstige Zusammenhänge

Feld 5, 7 und 8

Das Ende der bestehenden Beziehung (7 = 10Sw) darf mit den Unaufrichtigkeiten im 8. Haus (gängigerweise als »Fremdgehen« bezeichnet) in Verbindung gebracht werden (8 = 7Sw). Die Zeit für neue, anregende Erlebnisse ist jedoch noch nicht reif (5 = 7M).

Feld 12 und 1

In diesem Fall sehe ich die Hoffnungen und Ängste weniger am Feld 1 orientiert als im 3. Haus (3 = AsM). Hier wird die Sorge angezeigt, die sich im Alltagsleben ergebenden Chancen nicht zu erkennen, zu ergreifen und zu nutzen (12 = 4K).

Quintessenz

Die Quersumme aller Karten ergibt 2 und führt damit zum Weg der Hohenpriesterin. Die Fragerin ist aufgefordert, nichts zu überstürzen, sondern die weiteren Entwicklungen geduldig abzuwarten und dabei auf ihr gutes Gespür zu vertrauen. Intuitiv wird sie die richtigen Augenblicke zu handeln erkennen.

Nachdem der astrologische Kreis die Aussagen des Entscheidungsspiels präzisierte, indem er das dort angekündigte Ende
deutlich in den Beziehungsbereich legte, ergab sich die nachfol-
gende Betrachtung im **Beziehungsspiel**:

Einzelbetrachtung

1 = 5St
Der Signifikator zeigt, daß die Beziehung derzeit eine Phase der Herausforderung erlebt.

2 = KM
Der Partner sieht sich als den bodenständigen, verläßlichen, wirklichkeitsnahen und sinnesfrohen Mann, der hier durch das Erdelement charakterisiert ist.

3 = XX
Diese Karte, die auf der archetypischen Reise des Helden der Station der Hebung des Schatzes entspricht, darf hier übertragen so verstanden werden, daß der Partner in der Beziehung und in der Fragerin »seinen Schatz« gefunden hat.

4 = 4M
Vor dem Hintergrund ist es verständlich, wenn er mit allen Mitteln an der Beziehung festhält und dies auch nach außen zeigt.

5 = 6K
Die Fragerin stellt sich nach außen als die verträumt rückblickende Frau dar.

6 = XVIII
Auf ihrer Gefühlsebene sehen wir Irritationen, Bedrückungen und Ängste, eventuell auch ungestillte Sehnsüchte und Beeinflußbarkeit.

7 = 6Sw
Die für die Ausgangssituation entscheidende Aussage
ergibt sich durch diese Karte. Auf der Bewußtseinsebene zeigt sie den zwar ohne Begeisterung, aber doch
mit Entschlossenheit betriebenen Aufbruch. Es ist zu
vermuten, daß sie ihren Partner aus wohlüberlegten
Gründen verlassen wird*.

Zusammenschau

Vergleicht man die beiden Säulen, so ist die Trennungstendenz bei
der Fragerin deutlich zu erkennen. Der Partner wird dagegen alles
tun, um die Beziehung aufrechtzuerhalten.

Quintessenz

Die Summe der Karten ist 5 und weist den Weg des Hohenpriesters, der auch der Weg der Tugend ist. Damit ist keine Aussage
über Trennung oder Fortdauer der Beziehung gemacht. Wohl aber
ist die Fragerin aufgefordert, ihrem Partner gegenüber offen und
aufrichtig zu sein.

---

* Die offenkundige Erleichterung auf dem Gesicht der Fragerin, die sie auch
   durch Worte zum Ausdruck brachte, zeigte, daß ihr das Trennungsthema
   an sich nicht fremd oder überraschend vorkam. Sie war bislang nur
   besorgt, daß sie es sein könne, die verlassen wird.

Abschließend ergab das Kreuz eine Antwort auf die Frage, wie die Fragerin mit diesem Thema am besten umgehen solle.

Das Kreuz

Deutung

1 = 10Sw
Es geht um das Trennungsthema, das uns schon aus den vorhergehenden Deutungen vertraut ist.

2 = RSt
Dabei soll die Fragerin nicht den Weg der Ungeduld
und der überstürzten Ereignisse gehen.

3 = XVII
Statt dessen ist ein weit vorausschauender Blick in die
Zukunft und die vertrauensvolle Gewißheit, daß die
Vorsehung für uns sorgt, der zu beschreitende Weg.

4 = 0
Dies führt zu einem völligen, unbesorgten Neuanfang.

Damit entspricht dieser Weg dem, den die Hohepriesterin als
Quintessenz des astrologischen Kreises empfahl.

Beispiel B

Die Fragerin war derzeit ohne Beschäftigung und wollte eine
Aussage über ihre weitere berufliche Entwicklung haben.

Das **Geheimnis der Hohenpriesterin** zeigte folgendes Bild:

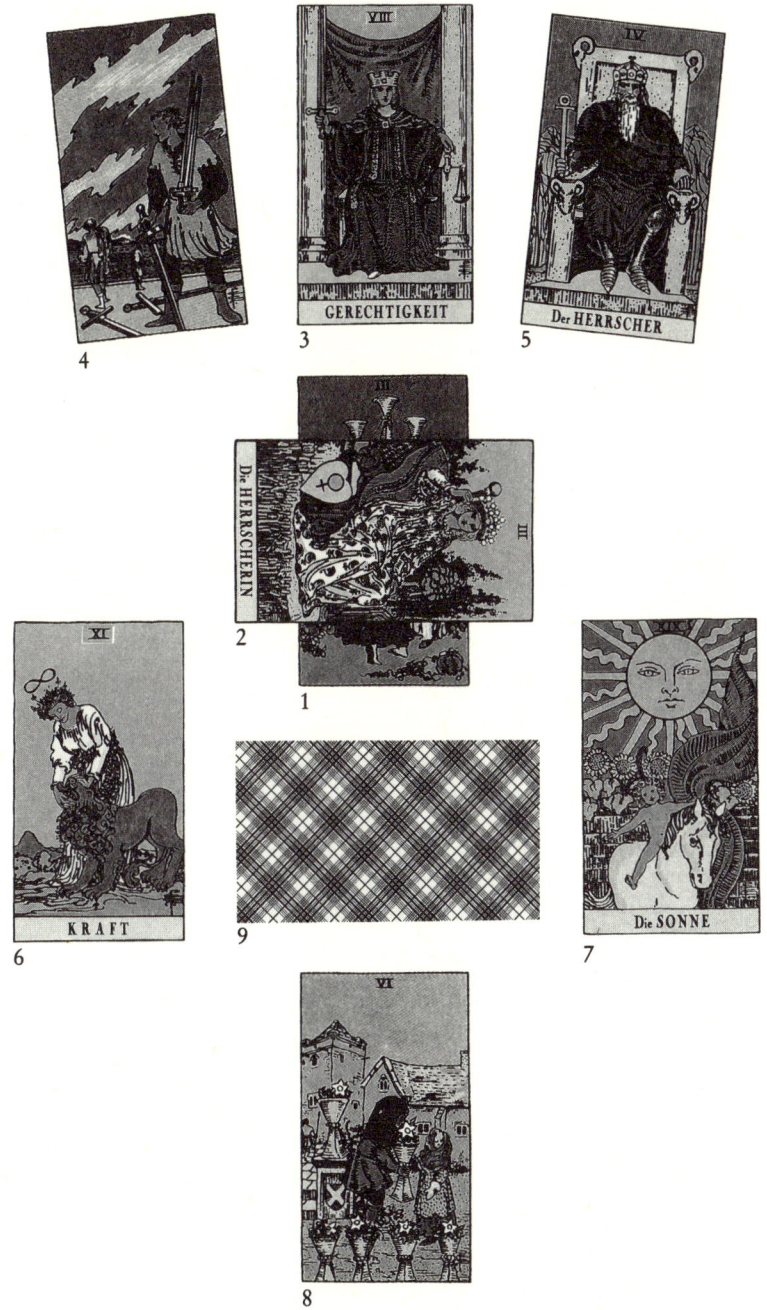

4

GERECHTIGKEIT
3

Der HERRSCHER
5

2

1

KRAFT
6

9

Die SONNE
7

8

Einzelbetrachtung

1 = 3K
Die Ausgangskarten zeigen eine sehr erfreuliche Entwicklung, in der mit Freude und Dankbarkeit

2 = III
das fruchtbare Feld und die Fülle der Möglichkeiten gesehen wird. Diese Karte verspricht darüber hinaus reichhaltige Veränderungen, neue Entwicklungen und Wachstum.

3 = VIII
Der Haupteinfluß ist die Karte der objektiven Erkenntnis und des klaren Urteilsvermögens, die es ermöglicht, aus der Fülle der Möglichkeiten (2 = III) durch bewußte Entscheidung die richtige Auswahl zu treffen. Im übrigen verspricht sie in diesem Zusammenhang eine angemessene, faire Bezahlung.

4 = 5Sw
Der zunehmende Einfluß zeigt eine gemeine, unangenehme Auseinandersetzung und damit einen konfliktbeladenen Einfluß auf das Fragethema.

5 = IV
Der Herrscher versteht es am besten von allen Karten, die Fülle der Möglichkeiten, die die Herrscherin (2 = III) anzeigt, zu nutzen. Sein Einfluß nimmt jedoch ab. Insofern ist es notwendig, sofort zu handeln, um noch ein gutes Ergebnis zu erzielen.

6 = XI
Was noch im Dunkeln liegt und soweit nicht klar gesehen wird, ist die Kraft, die der Fragerin zur Verfügung steht und die sich in der Auseinandersetzung mit dem Thema voll entfalten wird. Mit dieser Kraft kann sie die auf sie zukommenden Konflikte und Auseinandersetzungen (4 = 5Sw) leicht meistern, auch wenn sie das zur Zeit noch nicht sehen oder glauben kann.

7 = XIX

Auf der hellen, bewußten Seite liegt die Sonne, die zeigt, daß die Zeit für die Fragerin günstig ist und sie das auch weiß. Darüber hinaus steht diese Karte für Zuversicht, Tatkraft und Unternehmungslust.

8 = 6K

Der weitere Weg führt in die Welt der Erinnerung, des Rückblicks und der Sehnsucht nach märchenhaften Lösungen.

Zusammenschau

Die Fülle der Trumpfkarten spiegelt die tiefe Bedeutung des Themas. Gleichzeitig zeigt sich das Umfeld fast durchweg als aussichtsreich und voll guter Möglichkeiten. Der heraufkommende Konflikt (4 = 5Sw) ist angesichts der Stärke der übrigen Karten keine wirkliche Gefahr. Die Aussage, wie es weitergeht, bleibt dagegen ein Rätsel. Durch diese passiv verträumte und sich in der Erinnerung verlierende Karte (8 = 6K) stellt sich die Frage, ob der hier gezeigte, aussichtsreiche Weg überhaupt gegangen wird.

Das Geheimnis der Hohenpriesterin

Die neunte Karte war keine Trumpfkarte. Die Hohepriesterin offenbarte somit kein weiteres Geheimnis.

Quintessenz

Die Quersumme aller Karten ergibt 5 und weist den Weg des Hohenpriesters. Die Fragerin ist damit aufgefordert, all ihre Vertrauenskräfte in die berufliche Entwicklung zu setzen und diesen Weg überzeugt und mit innerer Gewißheit zu gehen.

Um eine bessere Aussage über diesen Weg zu erhalten, wurde die Frage nochmals gestellt und dazu das Narrenspiel in der Variation gelegt, in der der Narr den Gegenwartspunkt kennzeichnet.

Das Narrenspiel

Einzelbetrachtung

1 = 10K

Ausgehend von einem harmonischen Umfeld, das entweder eine persönliche Beziehung darstellt oder aber eine wirklich wünschenswerte harmonische Arbeitsatmosphäre, ergab sich

2 = 7K

eine Fülle von Wünschen und Träumen, die in ihrer Vielzahl nicht erfüllbar waren.

3 = 4Sw

Statt der Erfüllung erlebte die Fragerin eine Zeit der Lähmung oder zumindest die enttäuschende Erfahrung verhinderter Aktivitäten. Es war die Zeit, in der die zu hoch geschraubten Erwartungen der zuvor liegenden Karte wie Seifenblasen platzten.

4 = 2K

Eine neue Begegnung, vielleicht aber auch ein Wiederbegegnen gab neuen Auftrieb und schaffte die Basis eines Neuanfangs,

5 = XV

bei dem es allerdings nicht mit rechten Dingen zuging. Die Fragerin sollte unter Mißachtung ihrer persönlichen (moralischen) Lebensgrundsätze Geschäfte machen.

6 = 2Sw

Darüber kam sie in schwere Zweifel und Unentschlossenheit über den weiteren Weg,

7 = 6Sw
die jedoch schnell überwunden wurden, indem sie
sich – wenn auch widerstrebend – von dieser Aufgabe
trennte.

8 = 8M
Sie begann eine völlig neue Laufbahn, bei der sie
zwar wieder von vorne anfangen mußte, die dafür
aber aussichtsreich und solide war.

9 = 9M
Reichliche Belohnung folgte auf dem Fuß. Diese
Karte kann den »großen Beutezug« anzeigen.

10 = XIV
Das führte zu einer Phase innerer Ruhe und Zufriedenheit.

0 =
Gegenwartspunkt. Ohne daß aus der Vergangenheit
ein Grund zu erkennen ist, wissen wir aus der Fragestellung, daß die Fragerin diese zufriedenstellende
Tätigkeit offenbar aufgegeben hat.

11 = 10St
Nun zeigt sie sich bedrückt angesichts der weiteren
Zukunft. Sie hat keine klare Perspektive und fühlt
sich überfordert von dem, was auf sie zukommt.

12 = KSt
In diesem Zusammenhang wird ein Mann für sie
wichtig, der hier im Temperament des Feuerelementes dargestellt ist. Was für eine Rolle er spielen wird,
bleibt im Dunkeln.

Zusammenschau

Obwohl die Frage in die Zukunft gerichtet ist, bezieht sich die
Antwort fast ausschließlich auf die Vergangenheit. Da auch im
vorhergehenden Spiel die weiterführende Karte in die Vergangenheit wies (8 = 6K), muß hier die Antwort auf die Frage liegen.
Offenbar ist es die letzte Aufgabe, die ja als positiv, aussichtsreich
(8 = 8M) und lukrativ (9 = 9M) gekennzeichnet war, der sich die
Fragerin wieder zuwenden soll. Die Bedrückung, mit der sie
dieser Aussicht gegenübersteht (11 = 10St), hat ihre Entsprechung
in den im vorausgehenden Spiel angezeigten aufsteigenden Konflikten (4 = 5Sw). Angesichts der übrigen, sehr hilfreichen Karten
im ersten Spiel sollte sie diese Schwierigkeiten nicht scheuen,
sondern mit leichter Hand meistern.

Quintessenz

Die Summe dieser Karten ist 6 und zeigt den Weg der Liebenden.
Die Fragerin soll sich klar für Ihre Aufgabe entscheiden und
diesen Weg mit Liebe gehen.

Beispiel C

Der Frager hatte seit geraumer Zeit regelmäßig frühmorgens beim
Aufwachen stark bedrückende Ängste und wollte wissen, was sich
dahinter verbarg:

Das Keltische Kreuz

Einzelbetrachtung

9 = QSt
Ein Blick auf die Hoffnungen und Ängste des Fragers zeigt uns in diesem Fall nicht viel. Die feuerbetonte Frau, die dort liegt, könnte vielleicht der Grund seiner Ängste sein. Dafür spricht aber ansonsten nicht sehr viel. Insofern spiegelt sie wohl eher seine Hoffnung, diese Frau könne ihm helfen.

5 = AsSt
Zum Thema führte das As der Stäbe. Es scheint, der Frager hat zuvor eine Chance entdeckt, die ihm Selbstentfaltung ermöglicht, aber auch Mut und Durchsetzungskraft verlangt.

1 = IX
2 = XX
Das zentrale Thema zeigt wohl die eindringlichste Form der »Hebung des Schatzes«. Der Eremit, der für den Weg nach Innen, die Suche nach dem Wesentlichen steht, und die Auferstehung, die die Hebung des Schatzes, die Erlösung aus der erstarrten Form und das Wiederbeleben des Totgeglaubten oder Verschollenen anzeigt.

3 = XVII
Daß dieses zentrale Thema nicht nur ein Strohfeuer ist, sondern ein Erlebnis, dem eine weite Zukunft bestimmt ist, zeigt der Stern. Als Schutzkarte verspricht er darüber hinaus Erfolg.

4 = 9Sw
Diese Karte spiegelt in aller Deutlichkeit den Anlaß der Frage wider. Durch die Intensität der Erfahrung und ihrer Tragweite scheint der Frager zu einem weit entfernten Ziel vorzudringen. Solche tiefgreifenden Wandlungen sind häufig genug von den hier gezeigten großen Unsicherheitsgefühlen, starken Ängsten und Alpträumen begleitet.

7 = 3M
Die Einstellung des Fragers zum Thema zeigt, daß er selbst erkennt, daß ihn diese Erfahrung in der Tat auf eine völlig neue Ebene bringt.

8̇ = 8M
Die Karte des Umfeldes verspricht, daß dies alles erst der Anfang einer langen, erfreulichen Entwicklung ist.

6 = 5M
Die in die nächste Zukunft weisende Karte steht für Existenzängste und für das Gefühl, alleingelassen zu sein.

10 = X
In der weiteren Zukunft wird die ständige Drehung des Rades manches Auf und Ab mit sich bringen. Darüber hinaus verstehe ich diese Karte als Hinweis, daß der Wandlungsprozeß, in dem sich der Frager befindet, eine tiefe, schicksalhafte Bedeutung für ihn hat, ihn letztlich näher zu seinem Selbst führt.

Zusammenschau

Die zentralen Karten (1 = IX und 2 = XX) zeigen, daß der Frager sich in einer großen Umwälzphase befindet, wobei er erkennt, daß sie weitreichendste Auswirkungen hat (3 = XVII). Er hat offenbar die große Chance zur Selbstentfaltung genutzt, die sich ihm in jüngster Vergangenheit bot (5 = AsSt). Obwohl sich auf der bewußten Ebene Zuversicht zeigt (3 = XVII), fehlt ihm das tiefe innere Vertrauen: Im Bereich des Unbewußten finden wir die ihn sehr beunruhigende Karte der Alpträume und des erschreckten Erwachens (4 = 9Sw), die ja auch der Anlaß der Frage war. An dieser Furcht wird sich so schnell nichts ändern, da ihm auf dem weiteren Weg zunächst noch Existenzängste und das Gefühl des Alleingelassenseins begegnen (6 = 5M).

Was die Entwicklungsstufe betrifft, zu der ihn dieser Wandlungsprozeß bringt, so muß der Frager seine Einstellung wohl korrigie-
ren. Er hat den Eindruck, daß es sich hier um sein »Meisterstück«
handelt (7 = 3M). In der Tat zeigt das Umfeld ihn aber noch als
Lehrling (8 = 8M).

Aus dem Bisherigen ist für den Deuter unklar, um welchen
Lebensbereich es hier geht. Der Hinweis auf einen wesentlichen
Aspekt der Selbstentfaltung (5 = AsSt) sowie die Häufung der
Münzkarten lassen vermuten, daß es sich um ein berufliches
Thema handeln könne. Der Frager wußte dies allerdings schon
lange: Nach vielen Jahren des »gesicherten« Angestelltendaseins
machte er in dieser Zeit die ersten Schritte zur beruflichen Selbständigkeit. Daß damit ein erheblicher Schritt in Richtung Selbstverwirklichung (5 = AsSt) und Selbstbefreiung (2 = XX) verbunden war, zeigen die Karten.

Der Stern (3 = XVII) ließ zwar schon an dieser Stelle die Aussage
zu, daß sich das Schicksalsrad (10 = X) im wesentlichen als
Glücksrad erweisen würde. Verständlicherweise sollte das aber
noch in einem eigenen Spiel geklärt werden.

Quintessenz

Die Quersumme dieser Karten ergibt 1, die Karte des Magiers.
Damit soll der Frager die Initiative ergreifen. Er befindet sich
nicht auf einem Weg der Geduld und des Abwartens, sondern
muß Akzente setzen und die Energie, Einflußkraft und Stärke
nutzen, die ihm der Magier verspricht.

Der MAGIER

Das erste Kreuz

Um die Bedeutung des Schicksalsrades genauer zu erkunden, wurden die Karten nach der Art des Kreuzes gelegt mit der Frage:

»Was bedeutet Das Schicksalsrad im vorhergehenden Spiel, und wie soll ich damit umgehen?«

3

1

2

4

Einzelbetrachtung

1 = 6St
Es geht um Sieg, Anerkennung und den Weg des Erfolges.

2 = XX
Die Karte, die im Ausgangsspiel den hinzukommenden Impuls anzeigte, steht hier für das, was (zunächst) nicht getan werden sollte.

3 = IX
Dagegen zeigt die im vorgehenden Spiel als Erstimpuls liegende Karte den Weg.

4 = AsM
Dieser birgt die Chance zu tiefem innerem Glück und Reichtum.

Zusammenschau

Das Rad ist in diesem Fall sicherlich das Glücksrad (1 = 6St und 4 = AsM), aber der Weg ist entscheidend. Schon das zugrunde liegende Spiel zeigte, daß der Frager erst am Anfang stand (dort 8 = 8M). Das Wiederauftauchen der beiden zentralen Karten des ersten Spiels gibt hier einen deutlichen Hinweis, wie mit diesen Themen zu verfahren ist: der Frager soll nicht darauf warten, daß sich der Schatz von selber hebt und auch nicht glauben, daß es mit einer Hebung getan sei (2 = XX). Statt dessen muß er tief ins Innerste hinabsteigen (3 = IX), wo sich ihm immer wieder neue Goldadern auftun (4 = AsM).

Quintessenz

Die Quersumme der Karten ist 9, die Karte des Eremiten, und bestätigt nochmals die Dringlichkeit des gerade beschriebenen Weges.

Das zweite Kreuz

Der Frager, der sich selbst mit den Tarotkarten befaßte, war mit der Deutung der 2 = XX aus dem vorhergehenden Spiel nicht einverstanden. Wir fragten daher:

»Was bedeutet Das Gericht im vorhergehenden Spiel?«

Der MOND
3

1

BUBE der MÜNZEN
2

KRAFT
4

Einzelbetrachtung

1 = 3St
Es geht um ein solides Fundament, von dem aus sich ein weiter Horizont auftut.

2 = BM
Dabei soll er nicht auf Impulse und Initiativen warten, die von außen auf ihn zukommen.

3 = XVIII
Statt dessen muß er in die Tiefen seines Unterbewußtseins hinabsteigen,

4 = XI
wo er Kraft und Mut finden wird.

Zusammenschau

Mit anderen Karten wird hier die vorher gemachte Aussage bestätigt, derzufolge der Frager nicht auf der ersten Stufe (1 = 3St) stehenbleiben soll, in Erwartung weiterer Anregungen und Impulse von außen (2 = BM). Statt dessen soll er immer wieder den Weg in sein Innerstes gehen und damit auch die Begegnung mit seinen Ängsten suchen (3 = XVIII), woraus ihm eine tiefe, innere Kraft erwächst (4 = XI).

An dieser Stelle sollten wir uns noch einmal die zu dem Fragezyklus führende Ausgangssituation in Erinnerung rufen. Es ging dabei um die allmorgendlichen Ängste des Fragers. Die Karten hier sagen ihm nun: »Geh den Weg der Angst! Es ist der richtige Weg, auf dem du Kraft und Mut finden wirst.«

Quintessenz

Die Quersumme 5 verweist auf den Weg des Hohenpriesters, der der Weg der Glaubensgewißheit, der tiefen Sinnfindung und des Vertrauens ist.

Das dritte Kreuz

Trotz all dieser fast durchweg sehr ermutigenden Aussagen war der Frager angesichts der tiefgreifenden Veränderung in seinem Leben immer noch verunsichert und wollte daher abschließend erfahren, wie er diesen Weg der Angst am besten gehen solle.

3

1

2

4

Einzelbetrachtung

1 = 5K
Der Ausgangspunkt ist Kummer und Schmerz über
das, was aufgegeben wurde.

2 = 7K
Dabei soll der Frager sich hüten, in die Welt der
Illusionen und Träume zu fliehen.

3 = IV
Statt dessen soll er den Weg der Wirklichkeit be-
schreiten und dabei seine Ideen und Vorstellungen
verwirklichen.

4 = 6Sw
Das führt ihn zu weiteren, neuen Ufern, wobei die
Angst sein Begleiter ist.

Zusammenschau

Diese Karten zeigen nochmals, wie schwer dem Frager seine
Schritte fallen: Sowohl der noch empfundene Schmerz über das
Vergangene (1 = 5K) wie auch der weitere Weg, der eher mit
gemischten Gefühlen gegangen wird (4 = 6Sw). Sie fordern ihn
jedoch auf, weiterhin pragmatisch an der Verwirklichung seiner
Ideen und Vorstellungen zu arbeiten (3 = IV) und sich auf keinen
Fall durch Illusionen irreleiten zu lassen (2 = 7K).

Quintessenz

Die Quersumme 4 bestätigt die schon gemachte Aufforderung, den konsequenten Weg der Verwirklichung und der Realität zu gehen.

4
NACHSCHLAGETEIL

Register

Mit Hilfe dieses Registers ist es möglich, die Bedeutung aller Karten im Zusammenhang einer praxisnahen Gesamtdeutung nachzuschlagen. Die angegebenen Seitenzahlen verweisen jeweils auf den Beginn des Beispiels in dessen Verlauf die jeweilige Karte besprochen wird. Quintessenzkarten sind hier nicht aufgeführt.

Die 22 Trumpfkarten der Großen Arkana

(nach Zahlen geordnet):

* Planetenspiel Seite ca. 275
  Beispiel A

Die 56 Karten der Kleinen Arkana:

Stäbe

Schwerter

* Planetenspiel Seite ca. 275
  Beispiel A

Münzen

Karte	Seite
König	56, 103, 336, 295
Königin	75, 90, 97, 113, 136, 229, 286, 331
Ritter	154, 167, 185, 223, 227, 239, 252, 307
Bube	69, 355, 229, 292
10	88, 62, 118, 150, 158, 181, 194, 225, 239, 243, 292
9	56, 75, 167, 207, 344, 236, 252, *, 311
8	69, 90, 106, 118, 146, 158, 167, 194, 247, 344, 348
7	69, 331, 225, 229, 252
6	83, 103, 121, 231, 272, 286
5	62, 103, 136, 286, 321, 348
4	88, 67, 69, 97, 172, 211, 239, *, 286, 307, 336
3	62, 172, 303, 324, 348
2	56, 67, 75, 146, 328, 282, 303, 324, 328
As	113, 150, 154, 172, 207, 243, 272, 303, 331, 352

Kelche

Karte	Seite
König	83, 150, 282, 286, 295, 307, 324
Königin	97, 121, 126, 198, 252, 311
Ritter	103, 133, 202, 239, 260, 263
Bube	69, 83, 100, 129, 198, 247, 286
10	121, 126, 142, 181, 185, 190, 202, 252, 263, *, 292, 311, 318, 344
9	88, 211, 247, 282
8	103, 211, 231, 295
7	62, 97, 129, 167, 190, 194, 202, 243, 344, 358
6	83, 146, 207, 227, 247, 272, 321, 331, 336, 341
5	88, 62, 133, 142, 172, 239, 311, 328
4	67, 133, 142, 172, 239, 311, 331
3	225, 263, 321, 341
2	56, 90, 109, 172, 207, 243, 252, 344
As	69, 83, 243, 272, 303, 318

* Planetenspiel Seite ca. 275
  Beispiel A

Danksagung

Bei allen, die zum Entstehen dieses Buches beigetragen haben, bedanke ich mich herzlich.

Vor allem haben mir Judy und Tiu in ihrer malerischen Bucht, dem Nuan Bay auf Koh Samed, einen so schönen Rahmen gegeben, daß es eine reine Freude war, das Manuskript dort zu schreiben.

Mein besonderer Dank gilt aber auch Susanne, die mir wiederum ihren Computer und das dazu dringend notwendige Fachwissen zur Verfügung gestellt hat, meinen Freunden Wolfgang und Ernst-Ludwig, deren Fotokopierer ich für die Illustrationen reichlich strapazieren durfte, und nicht zuletzt Ingrid, die mir bei der Fertigstellung sehr liebevoll geholfen hat.

München im August 1987   HAJO BANZHAF

INFORMATIONEN ÜBER TAROTKURSE UND SONSTIGE ANFRAGEN BEIM AUTOR UNTER FOLGENDER ADRESSE:

HAJO BANZHAF
MAUERKIRCHERSTR. 29/IV
8000 MÜNCHEN 80

HINWEIS: VORAUSSICHTLICH IM HERBST 1988 WIRD IM GLEICHEN VERLAG EIN VON HAJO BANZHAF KONZIPIERTES TAROT-SPIELE-SET ERSCHEINEN. DABEI HANDELT ES SICH UM FALTPLÄNE, DIE DEN HIER BESPROCHENEN SPIELEN IN IHREN VERSCHIEDENEN VARIATIONEN ENTSPRECHEN UND WEITERE, NEUE SPIELE VORSTELLEN. DIE WESENTLICHEN BEDEUTUNGEN DER EINZELNEN PLÄTZE, AUF DIE DIE KARTEN GELEGT WERDEN UND DIE FÜR DIE JEWEILIGE ZUSAMMENSCHAU WICHTIGEN VERBINDUNGEN SIND AUF DIESEN LEGEBÖGEN KURZ BESCHRIEBEN.

Hajo Banzhaf

DAS TAROT-HANDBUCH

Das Tarot-Handbuch überzeugt durch seine übersichtliche Anordnung, seine Anschaulichkeit sowie durch seine Materialfülle. Aufgrund seiner didaktischen Klarheit und der zusammenfassenden Interpretation zu jeder einzelnen Karte eignet es sich als Einstiegsbuch. Den Tarot-Kenner werden vor allem der tabellarische Aufbau, die zahlreichen Ebenen, auf denen die Karten besprochen werden, sowie die Querverbindungen zur Astrologie begeistern.